매운맛의 중국사: 고추의 문화인류학

中国食辣史
© 2019/2022 Cao Yu, A History of Chili Pepper in China
Korean Translation 2025 by Marco Polo Press, Ltd.
All rights reserved.

이 책의 한국어판 저작권은 저자와의의 독점 계약으로 마르코폴로 출판사에 있습니다. 저작권법에 의해 한국 내에서 보호를 받는 저작물이므로 무단전재와 무단복제를 금합니다.

매운맛의 중국사: 고추의 문화인류학

차오위 지음 · 윤지산 옮김

마르코폴로

목차

한국어판 서문 / 9

I. 중국에서 언제 고추를 먹기 시작했나?

1. 고추는 중국에 언제 들어왔나? / 18
2. 고추라는 이름은 어디서 왔는가? / 30
3. 중국인은 정말 매운 음식을 먹을 수 있나? / 41
4. 매운맛은 미각이 아니다 / 49
5. 향신료 대국 / 57
6. 고추는 언제 음식이 되었는가? / 67
7. 왜 귀주에서 제일 먼저 고추를 음식 재료로 사용했는가? / 77
8. 청대 고추의 확산 / 90

II. 고추의 문화적 기호학

1. 의미가 식물 이상인 고추 / 102
2. 고추의 개성 / 106

3. 고추에 관한 중의학의 인식 / 112

4. 상화와 거습 / 126

5. 홍색 혁명과 맛 / 134

6 성(性)을 은유하는 고추 / 150

7. 고추와 벽사 / 160

8. 남북 차이 / 166

III. 고추와 계급

1 중국 음식 문화의 계급적 계보 / 184

2. 서민 음식 / 201

3. 강호로 향하는 고추 / 210

4. 계급 구조의 혁파 / 223

5. 싼 음식을 선호하는 대중 / 229

6. 이주민과 맛 / 237

7. 탈지역화하는 고추 / 244

8. 변방의 고추 / 255

역자의 말 / 274

참고 문헌 / 278

| 일러두기 |

- 저본은 다음 책이다. 曹雨,『中国食辣史』, 北京联合出版有限公司, 2022. 필자가 별도로 한국어판 수정본으로 보내주었는데, 한국어판에는 2장 5절과 3장 4절을 추가했다고 한다. 따라서 원서와 번역본은 많은 부분이 다르다.
- 인명 등의 고유 명사는 '1911년 신해혁명(辛亥革命)'을 기준으로, 한국식 한자 독음과 중국식 병음 한글 전사로 달리 표기하고, 이에 따라 한자도 '번체자(繁體字)', '간체자(簡體字)'로 달리 표기했다. 예를 들면 '공자(孔子)', '마오쩌둥(毛泽东)'와 같이 표기했다.
- 지역명은 상기 원칙을 고려하되, 경우에 따라 한국 독자가 직관적으로 받아들일 수 있는 표기를 선택했다. 특히 옛 문헌에 지역명이 인용되는 경우 한국식 한자 독음을 표기하되, 때로는 독자의 이해를 위해 괄호 안에 중국식 병음을 외래어표기법에 따라 함께 적었다.
- 중국어 이외의 언어는 국립국어원의 규정에 따라 표기했다.
- 인명과 지명에 원서에서는 해당 언어를 병기하지 않은 경우도 있었는데, 역자가 해당 언어를 찾아서 병기했다.
- 서명은 겹낫표(『 』), 편명은 홑낫표(「 」), 신문과 잡지, 영화는 겹화살괄호(《 》), 시, 노래는 홑화살괄호(〈 〉)의 형식으로 표기했다.
- 해당 단어와 독음이 일치하지 않아 부연 설명할 때에는 대괄호([ ])를 사용했다(예: 아메리카[美洲])
- 역자가 원서에서 오류를 발견했을 때, 저자와 상의를 거쳐 수정했다. 별도로 이를 표기하지는 않았다

한국어판 서문

우선 한국어 번역본이 출판되어서 기쁘기 그지 없다. 고추는 한국 음식에서 매우 중요한 식자재이지만, 고추가 한반도에 전래된 역사는 그리 오래되지 않았고, 한국 사람이 고추를 먹은 역사도 길지 않다.

고추에 관한 조선의 첫 기록은 이수광(李睟光)이 1614년에 편찬한 『지봉유설(芝峰類說)』에 등장한다. 그 내용은 다음과 같다.

> 남만초(南蛮椒)는 매우 독하다. 왜국에서 처음 들어왔으므로, 민간에서 '왜개자(倭芥子)'라고 부른다. 지금은 많이 심는데, 주점에서는 맹렬한 맛을 이롭다고 여겨, 때론 소주와 섞어 팔아서, 마시고 죽은 사람이 제법 있다.

이수광은 "일본(규슈일 가능성이 높음)에서 들어왔으며, 고추를 독으로 인식한 사람이 많았다"라는 것을 명확하게 지적했다. 당시 주막에서 질이 나쁜 소주를 고추의 맹렬한 맛으로 가려 팔았고, 이 탓에 목숨을 잃은 사람이 많았다고 한다. 그래서 조선의 음식에서 고추가 한동안 사라진 것 같다. 고추 재배법은 1715년 홍만선(洪萬選)의 『산림경제(山林經濟)』에 나온다. 이후 1766년에 간행된 『증보(增補) 산림경제』에 "조선의 김치는 고추와 마늘로 절여서 만든다"라는 기록이 나오는데, 이는 한반도 고추 김치에 관한 최초의 기록인 것 같다.

고추에 관한 기록은 조선이 중국과 일본보다 다소 늦다. 당시 조선이 중국과 일본과는 달리 서양과의 교류가 더 어려워서 그런 것 같다. 중국에는 마카오항와 닝보항이, 일본에는 나가사키항과 사카이항이 있어 서양 각국과의 무역을 전담했다. 따라서 대항해 시대 때, 외래 물산은 먼저 중국과 일본에 들어왔고, 양국을 거쳐 조선으로 전해진 것 같다.

조선에서 고추를 일상적으로 먹기 시작한 것은 18세기 후반이지만, 고추의 대중화란 면에서 한국은 중국과 일본을 상회한다. 필자는 광둥(广东) 출신이다. 그래서 잘 아는데, 광둥에서는 북부 산악 지역을 제외하고는 거의 매운 음식을 먹지 않는다. 광둥 식당에서 메뉴판을 보면, '매운 음식'이라는 표시를 별도로 해두었고, 주문할 때 종업원이 한 번 더 말해 준다. 매운 음식을 못 먹는데 식당에서 미리 알려주지 않았다면, 음식이 나왔더라도 환불이나 교환이 가능하다. 일본 음식도 대부분 맵지 않으며, 매운 음식은 대개 한국이나 중국에서 넘어간 것이다. '매운 명란(辛味明太子)'과 '마파두부(麻婆豆腐)' 등이 좋은 실례이다. 일본 전통 음식은 맵지 않았고, 매운 음식은 대개 최근 몇십 년 사이에 만들어진 것이다.

한국에서 고추는 국민 음식이다. 사실 한국은 고추 재배에 다소 불리한 추운 기후대이다. 고추는 아열대 기후에서 가장 잘 자라기 때문에 한국에서 고추 생산의 효율성은 높은 편이 아니다. 현재 한국에서 사용하는 고추 상당 부분을 중국에서 수입한다고 한다. 그렇지만 한국인은 고추를 매우 사랑하며, 한국 대중매체의 영향으로 중국인도 한국식 불고기, 김치, 매운 소스, 불닭볶음면, 신라면 등을 아주 좋아한다. 한국 음식을 처음 먹었을 때 필자는 '맵다'라는 인상을 받았다. 연길(延吉)에서 '매운 된장찌개'를 먹었을 땐 정말로 식도가 불타는 것 같았다.

한국인은 왜 이토록 매운 음식을 좋아할까? 한국에서 고추가 성행하는 것은 '서민 문화의 굴기(崛起)'와 관련이 있지 않을까 생각한다. 본문에서 다루겠지만, 중국의 상황도 한국과 비슷하다.

가난한 농민의 음식이었던 고추가 혁명의 상징, 즉 붉은 혁명에 성공한 공산당의 상징이 된다. 청나라 때만 하더라도 관료, 학자, 귀족들은 고추를 먹기를 꺼렸고, 건강에 해로운 거친 음식으로 여겼다. 반면, 서민은 부식(副食)이 부족하자, 창의력을 발휘해 다양한 고추 요리법을 개발했다. 학부 때 『대장금』을 본 적 있는데, '소고기탕', '고려 인삼을 넣은 고기찜', '구운 닭', '약선' 등 귀족의 음식이 다양하게 등장했다. 하지만 필자는 한국 문헌과 영상을 통해서 가난한 사람의 음식을 보았는데, 귀족 음식과는 차이가 많이 났다. 두 계층의 식문화가 완전히 분리된 것이 아닌가 하는 생각이 들 정도였다. 조선의 양반은 하늘에 사는 것 같았고, 백성은 지상에 사는 것 같았다. 사실 이런 광경은 중국이나 일본에서도 흔하다.

필자는 '한국인의 서민 계급은 고생을 잘 견디고, 인내심도 강하며, 특히 매운 음식을 잘 먹는다'라고 생각한다. 중국은 땅이 워낙 넓어서, 민중은 생활이 몹시 힘들면 피할 곳이 많다. 조정이 중앙에서 강력히 통제하고, 또 제도가 엄격할지라도, '가정맹어호(苛政猛於虎)'라는 말에서도 알 수 있듯이, 통제가 안 되는 변방이나 산속으로 숨을 수 있었다(『예기·단궁(禮記·檀弓)』).

메이지 유신 이전 일본은 지방 세력이 강해서, 공권력이 한 곳에 집중되지 않았다. 그래서 백성을 지나치게 억압할 수 없었다. 민중은 여러 세력 사이에서 숨 쉴 공간을 찾을 수도 있었다. 하지만 조선의 민중은 왕조의 '천라지망(天羅地網)'을 피해서 숨을 공간이 없었다. 일반 백성의 음식인 고추는 한반도 민중의 강인한 성품을 잘 대변한다. 고추는 한국인의 일부이므로, 중국이나 일본처럼 잠시 유행했다 사라지는 현상은 한국에서는 일어나지 않을 것이다.

중일에서 고추가 유행한 것은 경제 호황과 밀접한 관련이 있다. 경제가 빠르게 발전할 때, 이주하는 사람이 많아지고 도시화도 급속히 진행된다. 이런 상황에서는 당연히 외식 문화도 크게 성장하는데, 고향과 음식이 맞지 않을 때 입맛을 돋우려고 매운 음식을 찾게 된다. 반면 경기 상황이 정체되면, 인구의 이동은 줄고 덩달아 매운 음식 소비도 줄어든다. 한국은 상황이 약간 다른 것 같다. 경기 변동에 따라 고추 소비량이 달라지기는 하지만, 이제 고추는 국민 음식이어서 상황이 어떻든간에 고추 소비량은 요동치지 않는다.

필자의 생각이지만, 한국의 계급적 상황과 고추 식용은 밀접한 관계가 있는 것 같다. 노동자 계급에게 고추는 자연스럽게 식사 동반자가 된다. 고추는 저렴하고 식욕을 돋게 하며, 고추 덕분에 식사 속도가 빨라진다. 그래서 민중이 매운 음식을 자연스럽게 선택한다. 한국의 전문가는 다른 나라 전문가보다 작업 효율은 높지만, 그 대신 근무 시간은 더 길고, 강도도 훨씬 높다. 그래서 이 계층도 매운 음식을 선호하는 경향이 보인다. 왜냐하면 매운 음식이 스트레스를 풀어주기 때문이다. 매운맛은 통각이므로 먹으면 통증이 생기고, 그러면 몸에서 엔도르핀을 분비하는데, 그때 긴장과 억압을 완화하는 효과가 난다. 사회 최상층의 유산계급이라 해도, 경쟁에서 오는 압박은 다른 계급과 마찬가지라고 들었다. 조금만 방심해도 계급이 추락할 위험을 안고 살아간다. 한국의 유산계급은 대부분 1950~60년대에 형성되었는데, 역사가 짧아 음식 문화를 새로 창조할 수 없었고 예전 습관대로 매운 음식을 선호한다고 한다. 한국은 선진국인데도 여전히 매운 음식을 좋아하며(멕시코, 나이지리아, 미얀마 등 매운 음식을 많이 먹는 국가는 1인당 소득이 낮다), 심지어 선진국 중에서 매운 음식을 가장 많이 먹는 나라이다. 아마도 '계급 격차와 경쟁의 압박' 탓에 이런 현상이 빚어진 것이 아닐까 한다. 일반적으로, 스트레스를 많이 받은 사람은 매운 음식을 좋아한다. 매운맛은 일종의 통각(痛覺)이지만, 그런 고통이 때론 스트레스 해소에 도움이 된다. 한국인은 매운 음식을 먹으면서 스트레스를 해소하는 것이다.

본서는 역사학, 인류학, 사회학의 연구 방법을 종합하여, '중국의 400년 고추' 역사를 고찰한 것이다. 중국 식문화에서 고추의 위상을 아래의 세 관점에서 검토했다. 첫째, 고추의 전파 경로와 식용(食用)의 역사적 배경을 문화유물론적 맥락에서 분석했다. 1장이 여기에 해당된다. 둘째, 중국 문화에서 고추의 은유적 의미를 구조주의적 관점에서 살펴보았다. 2장에 해당한다. 셋째, 중국 내에서 고추와 계급의 상관 관계를 정치경제학적 시각에서 검토했다. 대체로 3장이 이에 해당한다.

각 장과 각 절은 연대와 논리적 연결을 고려해서 순서대로 배치했다. 독자께서 차례대로 읽으면, 고추의 중국 역사를 체계적으로 이해할 수 있을 것이다. 특정 장과 절만 골라 읽어도 이해할 수 있도록 독립적으로 구성했다. 본서를 통해 한중 문화 교류가 더 넓어졌으면 하는 마음이 간절하다. 끝으로 선뜻 번역을 맡아주신 외우(畏友) 윤지산 선생께 심심한 사의(謝意)를 표한다. 번역하면서 정확성을 기하려고 끊임없이 필자에게 문의하셨는데, 학문의 엄밀함을 추구하시는 그 열정에 진심으로 감동받았다. 전도가 불투명한 학자의 길에 무운을 빈다.

2025년 여름
지난(暨南)대학 연구실에서
삼가 한국어판 서문을 쓰다.

I.

1568   1591   1650   1700

중국에서 언제 고추를
먹기 시작했나?

1763 1800 1850 1900

1.
고추는 중국에 언제 들어왔나?

고추는 아메리카 대륙이 원산지이고 융경(隆慶, 1567~1572) 연간, 대략 16세기 말에 중국으로 들어왔다. 이후 상당 기간 관상식물로 재배되었고, 강희(康熙, 1654~1722) 연간에야 비로소 음식으로 인식되기 시작했다.

콜럼버스가 신대륙을 발견한 덕분에 고추는 아메리카에서 전 세계로 전파되었다. 잘 알려진 대로, 콜럼버스는 본래 유럽에서 인도로 가는 서쪽 항로를 개척하면서 인도 향료를 구하려고 했다. 콜럼버스와 그의 선원은 서인도 제도를 처음 밟으면서도, 그들은 바로 고추를 알아보았다. 새로 발견한 향료가 기존 후추와 달랐지만, 그들은 고집스럽게 후추라고 불렀다. 그래서 유럽에서는 고추를 대개 "pepper"라고 부르게 되었다. 1943년 2차 항해에서 콜럼버스와 동행한 의사 디에고 알바레스 찬카(Diego Álvarez Chanca)는 고추를 처음 스페인으로 가져 왔고, 1494년 고추의 약용적 특성에 관해 첫 기록을 남겼다.[1]

고추가 아시아로 전파된 것은 포르투갈과 관련이 더 깊다. 15~16세기 아메리카로 향하는 선박, 이를테면 스페인 선박이든 포르투갈 선박이든 대부분 리스본에서 중간 보급을 받았다. 그래서 포르투갈도 스페인과 같은 시기에 아메리카에서 고추를 들여왔다. 교황이 자오선을 나누면서부터, 포르투갈 선박은 동쪽으로 항해해야만 했고, 그래서 포르투갈이 아시아에 고추를 가져오게 된 것이다. 1510년, 포르투갈의 아시아 식민지 개척에 선봉에 섰던 아폰수 드 알부케르크(Afonso de Albuquerque)는 인도의 고아(Goa)를 점령했는데, 고대 그리스 이후 유럽 국가가 아시아에 안정적 식민지를 건설한 첫 사례이다. 이는 유럽이 아시아를 식민지로 지배하게 되는 서막을 의미한다. 포르투갈인은 고아에 아메리카 열대작물을 대량으로 재배했는데, 그중에 고추, 파인애플, 캐슈넛(cashew nut)도 있었다. 이후 고아는 아메리카 작물이 아시아로 들어오는 관문이 된다.

고추에 관한 최초의 중국 문헌은 고렴(高濂)의 『준생팔전(遵生八箋)』[2]으로, 그중에 「연한청상전·사시화기(燕閑淸賞箋·四時花紀)」 편에 다음과

---

[1] Barth, Joe. Pepper: A Guide to the World's Favorite Spice, Rowan & Littlefield, 2019, p.36.

[2] '어떤 문헌에서 고추를 처음 다루었는가'에 대해서는 학계 의견이 분분하다. 난징대학의 장무둥(蔣慕東), 앙쓰밍(王思明), 딩샤오레이(丁曉蕾), 후이인(胡乂尹) 등은 만력(萬曆, 1573~1620) 19년의 『준생팔전』을 고추에 관한 최초 문헌으로 보고 있으며, 반면 난징사범대학의 청제(程傑)는 이와 의견이 다르다(程傑, 「我國辣椒起源與早期傳播考」, 『閩江學刊』, 2020, 12(03), pp. 103-126, 142-143). 청제는 『군방보(群芳譜)』를 최초의 중국 문헌으로 본다. 고대 문헌의 판본에 대한 논쟁은 많으므로, 판본 문제까지 파고들면 개별 문제를 유의미하게 토론할 수 없다. 명대 중후기에 산동(山東·산둥) 연안은 절강(浙江·저장) 연안보다 번성하지 못했다. 따라서 절강 각 지방지에 고추의 이른 시기에 등장하는 반면, 산동 지방지에서 고추를 언급하는 경우, 대개 대운하 주변 지역으로 한정되어 있다. 고추가 강서(江西·장시)와 절강에서 대운하를 따라 전파되었을 가능성이 지극히 높다. 고추는 더위에 강하고 추위에 약해 북방에서는 잘 자라지 않는다. 이러한 까닭에, 필자는 '고추의 절강 기원설'을 따른다.

같은 글이 나온다. "고추는 총생(叢生)으로 꽃은 흰색이다. 열매는 마치 닮은 붓끝 같으며 붉은색으로 매운맛이 난다. 아주 볼 만하다."[3] 고렴은 항주(杭州·항저우) 사람으로 생몰년도는 분명하지 않다. 가정(嘉靖, 1522-1566)은 원년에서 태어나 만력 말년에 세상을 떠난 것 같다. 일생 대부분을 항주에서 보냈고 잠시 출사한 적이 있다. 그는 은자 같은 문인으로 희곡, 시문, 회화, 원예 등을 연구했다. 청 강희 연간의 문헌인 『화경(花鏡)』[4], 『광군방보(廣群芳譜)』[5] 등에 고추에 관한 기록이 남아 있는데, 이로써 보면, 늦게 잡으면 강희 연간까지 고추를 관상식물로 인식한 것 같다. 고추가 중국에 들어오고 백여 년간(대략 17세기까지) 채소가 아닌 화초로 분류해 기록한 것 같다.

이른 시기, 고추에 관한 기록을 남겼던 세 사람 중 두 사람은 항주(항저우), 나머지 한 사람은 임청(臨淸) 출신이다. 이로써 명말청초(明末淸初) 무렵 항주가 고추 전파에 있어서 중요한 거점이었다는 것을 알 수 있다. 임청은 경항(京杭) 대운하의 중간에 있어 중계 무역의 중요 지점이었다. 현재까지 중국에서 재배한 고추 품종 중 다수를 차지하는 것은 '항추(杭椒)'와 '선추(線椒)'이다.

동아시아 삼국 중에서 제일 먼저 고추 수입에 관해 믿을 만한 기록은 일본과 관련이 있다. 예수회 문헌으로, 1552년 포르투갈 선교사 발타자르 가구(Balthasar Gago)가 규슈(九州) 분고국(豊後國)에 와서, 당시 다이묘(大名)인 오토모 소린(大友義鎭)에게 인도에서 가져온 향료와

---

3   高濂:『遵生八箋』之『燕閑淸賞箋·四時花紀』, 十九卷之十四, 欽定四庫全書本。

4   강희 27년(1688) 출간. 작자는 진호자(陳淏子)로 자는 부요(扶搖)이고 호는 서호화은옹(西湖花隱翁). 만력 40년(1612) 출생. 명나라가 멸망하자 항주 근교에 은거하면서 원예에 심취했다.

5   강희 17년(1708) 간행. 『군방보』의 원 작자는 왕상진(王象晉)으로, 산동 환태(桓台) 출신이다. 원작에는 고추에 관한 기록이 없다. 청(淸) 강희 연간 왕호(汪灝)가 『군방보』를 확충해서 『광군방보』를 편찬했고, 『사고전서총목(四庫全書總目)』에서는 자부(子部) 보록(譜錄)으로 분류했다. 왕호는 자가 문의(文漪)이고 산동 임청(臨淸) 출신이다. 『광군방보』에 '고추' 항목을 넣은 것은 왕호이다.

보물을 선물했는데, 그중에 고추가 포함되었을 가능성이 크다.[6] 중국에서는 최초 기록이 1591년에 나오고, 가장 늦은 것은 조선으로 1614년에서야 문헌에 등장한다. 그러나 중국인이 기록보다 훨씬 일찍 고추와 알게 되었을 것이라 확신하는데, 거기에는 타당한 이유가 있다.

1511년, 알부케르크는 고아에서 말라카(Malacca)로 출발한다. 말라카 술탄국과 고전 끝에 결국 말라카성을 함락하고 식민 지배를 시작한다. 포르투갈인이 말라카로 손을 뻗기 전에, 영락(永樂) 황제가 정화(鄭和)를 여러 차례 말라카로 보냈다. 중국 함대의 통역관이었던 비신(費信)은 저서 『성차승람(星槎勝覽)』에서 현지인을 이렇게 묘사한다. "피부는 칠흑같이 검고, 간혹 피부가 흰 사람도 있는데, 당나라 자손인 것 같다."[7]

말하자면, 1433년 이전에 이미 화교가 말라카에 살고 있었는데, 정착민인지 객가(客家) 상인인지는 확실하지 않다. 천즈밍(陈志明) 교수는 말라카 화교 역사를 체계적으로 연구했는데,[8] 이를 통해서 확실하게 알 수 있는 것은 15세기에 이미 중국 상인은 광동(廣東·광둥)과 복건(福建·푸젠)의 주요 항구에서 말라카를 오갔다는 사실이다. 16세기에는 이미 말라카에서 중국인이 살았고, 심지어 말라카 술탄이 중국 여성을 아내로 맞이한 사례도 있다.

콜럼버스는 신대륙에서 경제적 가치 매우 높은 작물을 많이 들여왔는데, 대부분은 열대 혹은 아열대 작물이어서 유럽 기후 조건에서

---

6 Coleridge, H. J. The life and letters of St. Francis Xavier. The 2nd Volume of 2. The Society of Jesus, 1872.

7 费信:『星槎胜览』, 四卷之一, 明嘉靖古今说海本, 第5页.

8 陈志明、丁毓玲:『马六甲早期华人聚落的形成和涵化过程』, 载『海交史研究』, 2004年第2期, 第15页.

는 재배하기 어려웠다. 그래서 스페인과 포르투갈은 이 작물을 재배할 수 있는 땅을 찾아 나섰다. 스페인은 아메리카 대부분을 식민지로 점령해서 문제가 없었으나, 포르투갈은 이 작물을 재배할 땅이 없어서 애를 먹고 있었다. 이런 상황에서 알부케르크가 고아를 점령하자마자, 여기에서 신대륙의 작물을 재배하려고 서둘렀다.[9] 포르투갈은 고추, 토마토, 감자, 파인애플, 구아바, 캐슈넛을 고아로 들여갔는데, 이 식물의 원산지는 모두 아메리카산이었다. 16세기 이전에 고아에서는 포르투갈풍의 요리를 만들었고, 이런 식자재와 조리법은 고아의 포르투갈 총독이 관할했던 말라카에도 전해졌을 가능성이 크다. 16세기 초에 이미 말라카 화인(華人)도 고추를 접했을 것 같은데, 이에 대한 기록은 남아 있지 않다. 당시 화인들은 남중국 항구를 자주 왕래했으므로, 광동과 복건의 항구에서는 16세기 초에 고추 같은 식물들 이미 알고 있으리라고 추론해도 문제가 없다. 하지만 당시 중국인은 이 식물에 관심이 별로 없었고, 기이한 화초 정도로 눈길을 끌었을 뿐 그 이상으로 활용하지도 않았다.

흥미롭게도 포르투갈인은 고아에서 식용을 목적으로 고추를 지배했고, 또 중미 지역에서도 이미 고추를 조미료로 사용하고 있었다. 중국 상인은 이 점을 알지 못했는데, 고추가 포르투갈인의 손에서 중국인 손으로 전해지는 과정에서 고추라는 물건 자체는 전달되었지만, 고추에 관한 정보는 사라진 것이다. 비유하자면, 중국인이 유럽인에게 벼루를 전해주면서 용도를 설명해주지 않아, 벼루에 관한 사용 정보가 사라진 채로 유럽인이 벼루가 어떤 물건이지 종잡을 수 없어 기이한 돌로 여겨 단지 장식품으로 사용하는 것과 같다.

---

9   Freedman, P. and Chaplin, J.E. and Albala, K. Food in Time and Place: The American Historical Association Companion to Food History. University of California Press, 2014, pp.75-76.

포르투갈인이 중국으로 전했더라도, 고추는 스페인인을 통해 루손국(필리핀의 고대 국가)을 거쳐 중국으로 들어왔을 가능성도 있다. 15세기 중엽에는 복건, 절강과 루손 간의 무역은 활발했고, 16세기에 루손에 침입한 스페인은 현지에 고추를 재배했다. 이런 연유로, 고추는 영파(寧波), 천주(泉州) 등 항구로 전해졌을 가능성이 매우 크다.

종합하자면, 고추가 중국으로 단번에 들어온 것이 아니라 15세기와 16세기에 걸쳐 전래된 것이다. 고추는 중국에 한 번에, 한 지역에, 한 품종만 들어온 것이 아니다. 고추에 관한 기록은 더 일찍 접했던 광동이나 복건이 아니라 절강에서 제일 먼저 나오는데, 절강이 다른 지역보다 문화 및 교육 수준이 높은 덕분이었다.

서양의 항해가나 상인과 달리, 명대 중국 상인이 남긴 문자 자료는 매우 적다. 당시 중국 상인들의 문화 수준이 높지 않았고 기록하는 습관도 없었으며, 또한 문인은 자료 정리나 보존을 잘했지만, 상인들은 문자 전승이라는 전통에 서툴렀기 때문일 것이다. 게다가, 명말청초 남명(南明)과 청(淸)이 중국 남방에서 전쟁하는 통에 문헌 자료가 상당히 많이 소실되었다. 이런 까닭으로, 고렴(高濂)이 기록이 유일한 단서가 된 것이다.

항주에서 고추를 처음 문헌으로 남긴 것은 당시 강남 문인의 미적 취향과 밀접한 관련이 있다. 명대 강남 지역의 문벌들에게 "정원을 가꾸는[造園]" 풍조가 성행했다. 동기창(董其昌), 왕세정(王世貞), 전겸익(錢謙益) 등은 모두 하나 이상의 원림(園林)을 갖고 있었다. 왕세정은 "도시 삶은 소란스럽고, 산속 삶은 적막하고, 오직 정원 삶만이 그 사이에 있다"라고 했다.[10]

---

10 陈继儒:『陈眉公集』, 十七卷之九, 明万历四十三年刻本, 第111页.

당시 강남 세도가들은 장전(莊田), 수작업 공방, 상점 등을 많이 갖고 있었다. 또 해상 무역에 투자하기도 했다. 이들은 자기 원림을 가꾸면서, 자신의 '아취(雅趣)'를 채우면서도 동시에 서로 경쟁하기도 했다. 기화이초(奇花異草)를 갖추려고 다투었는데, 남들이 갖지 못한 특별한 것을 가지고 있으면 그만큼 돋보였기 때문이다. 고기원(顧起元)은 이렇게 말했다.

> 대홍수구화(大紅繡球花)는 본래 중국에 없다. 심생여(沈生予)가 진강(晉江) 책임자로 부임했을 때, 시암(Siam)에서 들어온 선원이 심생여에게 선물했다. 그는 이를 심고 길렀으나 몇 년이 지나서 시들어 죽었다. 생여는 '해상 무역선이 외국에서 기이한 꽃이 많이 들여왔는데, 이 꽃만 한 것이 없었다'라고 했다.[11]

이 대목은 대홍수구화의 내력을 소개하고 있지만, 동시에 강남 원림에서 심심치 않게 외래 식물을 길렀다는 것을 보여준다. 고추 또한 기이한 외래 식물의 일종으로 강남 원림에서 들여왔을 가능성이 매우 크다. 그래서 고렴의 『준생팔전』에 등장하게 된 것이다. 고렴 자신도 꽤나 유명한 원예가였다.

아메리카 대륙에서 원래 고추는 식용 작물이었다. 하지만 당시에는 현지 사람만 고추를 식자재로 사용했고 해당 지역에서만 알려졌으므로, 이러한 지식은 '국지적 지식'에 불과했다.[12] 당시 이런 부분

---

11 顧起元:『客座贅語』, 十卷之一, 花木篇, 明萬曆年刻本, 第43页。
12 고추가 아메리카 대륙에 있어서 '국지적 지식(local knowledge)'이라고 했을 때, '수천 년에 걸쳐 아메리카 토착민이 고추를 식용으로, 또 제사용으로 사용한 경험이 누적되면서, 그 안에 다른 문명에서 알 수 없는 사람과 땅, 언어를 아우르는 지식의 총화'를 의미한다.

을 이해하지 못했던 중국인은 고추라는 외래 작물을 처음 접했을 때 관상적 가치에 우선 주목했다. 그래서 "색이 붉고, 아주 볼 만하다"라고 한 것이다. 중국인이 고추의 불질성을 점차 이해하면서, 각종 의학 서적[藥譜]에 고추가 잇달아 등장한다. 이는 명말청초 중국인은 고추를 약초로 인식했다는 것을 보여준다. 하지만 이 시기에는 여전히 환부에 바르는 용도로 주로 사용했고, 복용하는 사례를 담은 문헌은 아주 적다. 이런 측면에서 보면, 중국인이 음식 재료에 아주 신중하게 접근했다는 것을 알 수 있다. 고추의 물질적 특성을 명확하게 파악할 때까지 경험을 축적하려고 했던 것이다. 중국인은 고추의 약용적 가치를 발견하자, 장강과 주강의 운하를 따라 아주 조금씩 재배하기 시작했다. 그래서 지방지(地方志)의 「약보(藥譜)」에 연달아 고추가 나타난다. 하지만 재배 규모는 아주 적었고, 사용 범위도 매우 제한되어 있었다.

고추가 중국으로 처음 들어온 지점이 한 곳이 아니라는 것은 지방지를 통해서도 알 수 있다. 그렇더라도 내륙 무역을 통해서 들어오는 것은 불가능하고, 해상무역로 통해서만 중국에 유입되었을 것이다. 유입 지점은 대략 네 곳 정도인데, 그중에서 광주(廣州)와 영파(寧波)는 해로로 직접 받아들였다.

대만은 네덜란드가 점령하면서 들어왔는데, 그래서 대만은 고추를 '판장(番薑)'이라고 부른다. 민남(閩南, 복건성 남부)도 '판장'이라고 하는데, 대만을 통해서 민남 지역으로 전파되었을 가능성이 크다. 요녕(遼寧)으로 고추 유입은 대(對)조선 무역과 관련이 깊다. 조선은 바닷길로 고추를 들여왔고 중국 동북 지역과도 무역했는데, 이때 고추가 요녕으로 흘러들어 왔다. 앞서 고추가 네 곳으로 들어왔다고 했는데, 그중 대만과 조선을 통한 전래는 전파 영향력이 비교적 약했다. 조선에서 유입된 고추는 압록강과 도문강(圖們江) 지역에 살던 조선족에게만 유행했고, 동북 한족(漢族)과 만주족은 별로 좋아하지 않았다. 문헌을 보면 청 중기 이전에는 동북 지역에서 고추를 먹는 습관이 아직 들지 않았다.

건륭 29년 『속수대만부지(續修台灣府志)』에 다음과 같은 기록이 실려 있다. "번강(番薑)은 목본 식물(woody plant)이고, 종자는 네덜란드에서 왔다[種自荷蘭]. 꽃은 희고, 열매는 녹색으로 가늘고 길다. 익으면 주홍색으로 변해 사람들의 이목을 집중시킨다. 가운데 씨가 들어 있고, 맛은 맵다. 외국인은 껍질째 먹는다[番人帶殼啖之]. 내지에서는 '번초'라고 부른다[內地名番椒]."[13]

상기 인용문에 중요한 정보 몇 개가 있다. 첫째, '종자하란(種自荷蘭)'에서 볼 수 있듯이, 네덜란드가 대만을 식민 지배할 때 고추가 들어왔다는 것이다. 즉 1642년 네덜란드가 대만에 식민지를 건설할 때부터 1661년 정성공(鄭成功)이 네덜란드를 대만에서 몰아낼 때까지, 그사이에 대만에는 고추가 이미 있었다는 사실을 뒷받침한다. 둘째, "번인대각담지(番人帶殼啖之)"라는 표현으로, 여기에서 말하는 "번인"은 대만 원주민을 가리킨다. 따라서 '당시 대만 원주민은 이미 네덜란드에서 고추를 받아들였다'라는 뜻이다. 당시 문헌을 살펴보면, 네덜란드인을 보통 '홍모(紅毛)'라고 불렀고, 대만 원주민을 '번인'이라고 했기 때문이다. 그러니 대만 원주민은 이미 고추를 식용했다는 뜻이 된다.

이에 반해 대륙에서 고추를 음식 재료라고 보는 지역은 상당히 적

---

13   余文儀: 『续修台湾府志』, 卷十八. 2020/07/07, https://ctext.org/wiki.pl?if=gb&chapter=534773.

었다. 더욱이 민남 일대 한족도 여전히 고추를 먹지 않을 때였다. 셋째, "내지각번초(內地名番椒)"로, 이는 당시 민남과 대만에서는 이미 "번강(番薑)"과 "번초(番椒)"가 이음동의어라는 깃을 알았음을 의미한다. 단지 유입 경로가 달라서 이름이 달라졌을 뿐이다. 또, 대만의 정씨 동녕(東寧) 왕조와 청나라가 대립하면서, 민남과 대만 사이의 무역은 장기간 막혔다. 강희 23년(1684)에 되어서야 청나라는 대만을 수복한다. 비로소 대만과 대륙 사이의 왕래가 조금씩 잦아진다. "번강"이라는 대만 말이 이때 들어왔는데, 민남 사람들은 여전히 고추를 식자재로 여기지 않은 것 같다. 또한 타지역으로 널리 전파되지도 않았다. 그래서 "번강"이라는 이름은 대만과 민남성 몇몇 현에서만 사용되었다.

건륭 28년(1763)에 나온 『천주부지(泉州府志)·약속(藥屬)』에서, "번추 혹은 번강이라고 한다. 열매가 익으면 붉게 변한다. 맛이 매운데 어독(魚毒)을 치료하는 데 좋다."라고 했다. 즉 당시 민남인은 고추를 약용으로 사용했고, 수산물을 많이 먹으면 생기는 "어독"을 치료하는 데 사용했다는 뜻이다. 그런데 이보다 60년 전에 나온 『중수대만부지(重修台灣府志)』에서 이미 '당시 대만에서는 고추를 음식 재료로 사용한다'라고 설명하고 있다.

이상의 기록에 따르면, 대륙과 달리 대만은 고추를 네덜란드로부터 받아들였다. 이후 대만 원주민에게 전파되면서 식자재로 사용되기 시작했고, 대만에 갔던 민남 사람들이 이런 현상을 발견하고, 이런 식습관을 배웠을 가능성이 높다. 따라서 대만의 고추 식용은 대만에서만 발생한 사건이라고 할 수 있다. 나중에 대만과 대륙과 교류가 잦아지면서 각각 달랐던 고추 식용 전통이 서로 영향을 받게 되는데, 이 때문에 각자의 구체적 원류를 분별하기 어렵게 되었다.

광주와 영파 두 항구가 중국으로의 고추 유입에 중요한 역할을 했다. 고추가 중국 본토로 들어오고부터 중국 내부의 전파 경로는 매우 복잡하다. 하지만 이 두 항구에서 시작해서 경로를 추적할 수 있으며, 그중에서도 영파가 더 중요하다. 영파에서 고추는 내륙으로 전파되는데, 장강(長江) 운하와 대운하를 따라서 북쪽으로 올라간다. 화북(華北)과 장강 중류를 거치면서, 안휘, 강서, 호남, 산동, 강소, 호북, 하남, 하북 등 여러 성으로 전파된다. 광주에서 내륙으로는, 주강(珠江) 운하와 남령 무역 공도(南嶺貿易孔道)를 거쳐 서쪽으로 전파된다. 광서, 호남, 귀주, 운남, 사천 등으로 흘러들어 간다. 장강 중류의 호남, 호북, 강서 3성은 광주와 영파에서 전파되는 고추의 영향을 동시에 받는다. 그중에서도 호남은 서부의 귀주, 사천, 운남으로 전파되는 중요한 중계점(中繼點)이다.

중국 동남 연해 지역이 가장 먼저 고추와 접했고, 그다음에는 중국 내륙의 하천 무역의 범위에 있는 지역들, 예를 들어 장강 연안, 대운하 연안, 주강 연안의 무역 도시들로 확산되었다. (강을 포함한) 물류 이동이 원활하지 않았던 지역일수록 고추에 대한 기록도 늦어진다. 지방지 및 관련 사료를 종합해서 연구하면, 고추가 중국 내륙으로 들어온 시점은 만력 말기인데, 이로써 백은(白銀)의 화폐화와 거의 동시대라는 기본 전제를 확정할 수 있다. 고추가 중국으로 유입된 배경에는 아메리카의 백은(白銀)이 통용되면서 무역의 세계화가 자리 잡고 있다. 융경개관(隆慶開關)이라는 역사적 사건이 이를 촉진시켰다. 아메리카의 백은이 통용되어 무역의 세계화가 일어나지 않았다면, 고추의 중국 유입은 좀 더 늦어졌을 것이다. '융경개관'이라는 정책적 요소가 없더라면, 밀수 같은 사적 무역을 통해서만 중국으로 들어왔을 것이다.

2.
고추라는 이름은 어디서 왔는가?

고추[辣椒]가 중국에 들어오기 전, '초(椒)'는 보통 '화초(花椒)'를 가리켰다. '랄초(辣椒)'라는 명칭은 중국 전통 향신료의 명칭에서 차용했고, 동시에 중국인이 향신료 명칭에 대해 갖는 상상과 은유를 계승했다.

고추는 중국어로 다양한 이름으로 기록되어 있다. 비교적 널리 사용한 것은 번초(番椒), 진초(秦椒), 해초(海椒), 랄가(辣茄), 번강(番姜), 랄각(辣角), 랄후(辣虎), 랄자(辣子) 등이다. 이처럼 공간과 시간에 따라 다르게 불렸다. 먼저 '랄초(辣椒)' 두 글자부터 분석을 시작한다.

현대 중국어는 '辢'은 '辣'의 이체자(異體字)라고 규정한다. '辣'은 『강희자전(康熙字典)』에서 도리어 '辢'의 속자(俗字)라고 했는데, '辢'과 '辣'은 서로 이체자가 되는 셈이다. 북송 이전에 문헌에는 대부분

'辢'으로 기록하고 있다. '辢'는 당연히 동한(東漢) 시기에 출현한 것으로, 이전 문헌에는 이 글자가 없다. '辢'가 처음 등장하는 것은 동한 말기로, 『통속문(通俗文)』에서 다음과 같이 적혀 있다. "매우 매운 것을 '랄'이라고 한다[辛甚曰辢]."

이후 삼국 시대 문헌인 『광아(廣雅)』에는 "辢, 辛也"이라고 했고, 『성류(聲類)』에서는 "江南曰辢, 中國曰辛"이라고 했다. 『성류』의 설명이 가치가 높은데, 여기서 '랄(辣)'은 강남(江南) 말로, 아마도 백월(百越) 지역의 말인 것 같다. 화하족(華夏族)이 문자로 '랄'이라고 기록한 것이다('백월'은 남방 민족을 화하족이 부르던 말로, 다양한 민족을 포괄하며, 또 민족의 구체적 기원도 불분명하다). 한자 중에 타민족의 발음을 문자로 기록한 사례는 매우 많다. 이를테면, '江'자가 실례로, 이 글자 역시 백월의 발음에서 왔는데, 그래서 남방의 '하류(河流)'를 '~강(江)'이라고 부른다.[14] 또 연장자를 뜻하는 '哥'는 선비어(鮮卑語)이고, 현재 '驛(역)'대신 많이 쓰는 '站(잔)'은 몽고어(蒙古語)에서 왔다. 근대 이후 외래어가 더욱 많아져 일일이 꼽을 수 없을 정도이다.

중원의 화하족에게 본래 '辛(신)'자만 있었는데, 갑골문(甲骨文)에도 '辛'자가 보인다. 원래 상형자(象形字)로, 앞이 뾰족하고 뒤가 둥근 형도(刑刀)를 형상화한 것이다. 고증에 따르면, 형도는 '얼굴에 먹물을 넣는 형벌[黥面]'을 집행할 때 사용한 도구였다. 여기에서 '극심한 고통'이라는 의미가 파생했고, 따라서 '辛'은 "눈물을 흘릴 만큼의 고통"을 뜻하게 된다. 따라서, '辛'은 '자극적 감각'을 형용하는 말로 사용하게 된다. 이는 그것의 '의미'에서 파생한 것이다. 『주례(周禮)』

---

14   J. Norman and Tsu-lin Mei. The Austroasiatics in Ancient South China:Some Lexical Evidence.Monumenta Serica, 1976, (32):274-301. 장훙밍은 이 의견에 동의하지 않는다(張洪明、顏洽茂、鄧風平,『漢語(江)詞源考』, 載『浙江大學學報(人文社會科學版)』, 2005, 35(1):72-81). 언어 학계에서는 외래어에 대한 토론을 많이 하는데, 의견이 일치하지 않는 때가 매우 잦다.

에 "以辛養筋[신맛으로 근육을 기른다]", 『초사(楚辭)』에 "辛甘行些 [신맛과 단맛이 오간다]"라는 글이 나오는데, 이를 통해 선진 시기에 이미 "辛"으로써 미각을 표현했다는 것을 알 수 있다.

『초사』의 "辛甘行些"는 '초(椒)'와 '강(姜)' 둘 만 가리킨다. 선진 시대 화하족인 신맛을 느낀 음식은 화초와 생강뿐이었다. 이 둘은 원산지가 모두 중국으로, 화초는 진령(秦嶺)산맥 일대가, 생강은 장강과 회수강 사이의 평원이 각각의 산지이다.

진한(秦漢) 시대에 와서 비로소 마늘[蒜], 파[葱], 후추[胡椒] 등이 중국으로 들어온다. 『설문해자』에서 "'辛'은 아파서 눈물이 나는 것"이라고 했는데, 자극적 맛이 나는 식자재를 모두 '辛'이라고 명명한 것 같다. '辣'은 특히 매운 것을 뜻한다. 생강, 후추, 파, 마늘, 부추 등은 모두 자극적 맛이 나므로 '辛'이라고 불렀다. 고추[辣椒]는 앞서 열거한 다른 재료보다 훨씬 더 매워서 '辣'자를 붙여서 부르는 것이 더 없이 적절하다.

'초(椒)'는 『강희자전(康熙字典)』에서 다음과 같이 설명한다.

> 『설문』에서 '출(莍)', 『이아(爾雅)·석목(釋木)』에서는 '추'는 살추(椒䠧) 혹은 구(莍), 『소(疏)』에서는 '살(椒)의 일종으로, 열매는 씨를 안으로 감싸고 있다'라고 했다. 『시(詩)·당풍(唐風)』에서는 "추의 열매를 따니, 씨가 되박 하나를 가득 채우네(椒聊之實, 蕃衍盈升, 자손이 이처럼 번성하네)"라고 했는데, 『육소(陸疏)』에서 "앞서 『시경』에 나온 '聊(료)'는 어기사(語氣詞)이다. 초목은 수유(茱萸)와 비슷하고, 끝이 침처럼 뾰족하다. 잎은 질기고 윤택이 난다. 촉나라 땅 사람은 차(茶)로, 오나라 땅 사람은 명(茗)을 만들어 마신다. 지금 성고산(成皋山)

금문(金文) "辛", 사모신방정(司母辛方鼎) - 상나라 말기.

금문 "辛", 채후존(蔡侯尊) - 춘추 말기.

전초고문자(传抄古文字) "㓼" - '辣'의 본자.

에서 볼 수 있는데, '죽엽초(竹葉椒)'라고도 한다. 동해 여럿 섬에도 초목이 있는데 열매가 길고 둥글지 않다. 귤껍질[橘皮] 같은 맛이 나는데, 섬에 사는 고라니, 노루가 먹는다. 살에서 귤향이 난다"라고 했다. 『한관의(漢官儀)』에서 "황후가 초를 벽을 문지르고 '초방(椒房)'이라 불렀다. 온기(溫氣)를 취하려 한 것"이라고 했다. 『환자(桓子)·신론(新論)』에서 "동현(董賢)의 여동생이 조의(昭儀)가 되었을 때, 거처를 '초풍'이라고 불렀다"라고 했다.『순자(荀子)·예론(禮論)』에서 "초에서는 난초 향이 나는데, 코를 보호하고 병을 예방할 때 쓴다"라고 했다.

선진 문헌에 "생강[薑]과 부추[韭]를 매운 향료로 썼다"라는 말이 나온다.『영추경(靈樞經)·오미론(五味論)』에서 '생강과 부추로 기운을 북돋운다'라고 한 것이 그 실례이다. 생강과 부추는 대개 매운맛을 내는 조미료로 썼다. 당나라 가공언(賈公彥)은 『예기』에 주석을 달면서 "생강은 매운맛이 나고, 소금은 짠맛이 난다"라고 했다.

고추가 중국에 들어오기 전에, '椒'자는 대개 운항과(Rutaceae Family) 화초(花椒) 속(Genus)에 속하는 식물을 뜻했다.『설문』을 따르면, 현재 통용하는 '椒'에 옛 글자는 '椒(초)', '茮(초)' 두 개였다. '椒'는 전체를, '茮'는 열매만 지시했다. 지금은 '화초(花椒)'라고 한다. '椒'자 붙은 식물은 '교목(喬木)이고, 줄기에 가시가 있으며, 열매는 매운맛이 난다'라는 공통점이 있다. 고추 역시 초목 식물이고 다 자라면 모양이 관목(灌木)처럼 보인다.

상고 문헌을 보면 '교목'과 '관목'을 확실하게 구분했다. 교목에 속하는 식물에는 '木'을, 관목에 속하는 식물은 '艸'를 부수로 썼다. 중국 전통 개념을 따르면, '椒'와 '辣椒'는 식물 형태상 차이가 매우 커서 쉽게 구분할 수 있다. '고추[辣椒]'가 중국에 유입되면서 '椒'라고 명명하면서 화초(花椒)와 호초(胡椒) 등과 통용했던 것은 고추에서 매운맛이 났기 때문이다. 중국 고대 문헌에서 '椒'자를 단독으로 쓸 때는 보통 '화초(花椒)'를 지시하는 것으로, '랄초'로 오해해서는 안 될다. 현대 중국에서 사용하는 '화초, 호초, 랄초' 중에서 화초(花椒)만 원래 '椒'와 같은 것이고, 호초(胡椒)와 랄초(辣椒)는 외래 식물 중에서 매운맛이 나는 것을 가리켜 '椒'자를 빌려 썼을 뿐이다.

'랄초'라는 명칭 이외에도, 다른 중국어 이름도 매우 흥미롭다. '번초(番椒, 또는 蕃椒)'는 '랄초'라는 명칭이 널리 퍼지기 전까지 가장 널리 사용되었다. 청나라 중기 이전의 문헌에서는 대부분 '번초'라고 나오는데, 이는 고추가 중국에 들어온 초기 약 100년 동안 외래 식물이라는 특징이 뚜렷했으므로 '番(외래라는 의미)'을 강조한 것이다. 이후 고추가 점차 중국 음식 문화에 자리 잡으면서, 매운맛이라는 미각적 특징이 점점 알려지게 되었다. 이에 따라 점차 '랄초'라고 불리게 되었다. 이 변화가 곧 고추가 중국에서 '토착화'되는 과정이다.

'해초(海椒)'는 중국 서남 지역에서 고추를 흔히 부르는 이름으로, '海'란 글자는 고추가 해외에서 전래했음을 명확하게 지시하며, '番(번)'자와 그 의미가 유사하다. 서남 지역은 바다에서 멀리 떨어져 있으므로, '해'란 글자는 고추가 동남 연해로 들어왔다는 사실을 암시한다. 이 명칭은 고추가 중국에 퍼진 경로, 즉 해안으로 먼저 들어오고 점차 내륙으로 전파되었다는 사실을 보여준다. '진초(秦椒)'는 청대 중원에서 고추를 흔히 부르던 이름이다. 본래 '진초'는 진(秦) 지역에서 나는 화초를 가리키는 말로, 『본초강목』에는 "진초는 화초이며, 진나라에서 나기 시작하였다"라고 했다. 전국시대에는 진초와 촉초(蜀椒)가 진나라의 중요한 무역 상품이었으며, 진나라는 산동(山東) 여섯 나라보다 물산이 부족해서, 화초 무역을 통해 진나라는 무역 적자를 상당 부분 해소했다.

옹정(雍正) 연간의 『섬서통지(陝西通志)』에는 "세상에서 '번초'라고 하는 것은 '진초'이다"라는 글이 나온다. 진초는 원래 화초를 가리켰는데, 옹정 연간 무렵에는 이미 민간에서 진초를 '고추[辣椒]'를 가리키는 말로 바뀌었음을 알 수 있다. 이 원인을 살펴보면, 섬서 지역의 농업은 명말 전쟁 탓에 피해를 크게 입었고, 명말청초 이 시기에 '진초'는 이미 역사적 명사로 남게 된 것이다. 사천으로 고추가 들어오고서, 아주 빠르게 촉의 각 지역으로 퍼져 나갔고, 북쪽 한중(漢中)으로 확산되었다. 진령산맥이라는 장벽을 뚫고 관중(關中) 지역에 재배되면서, 섬서 지방에서 처음으로 재배 기록이 나타난다. 고추는 화동(華東)이나 화중(華中)보다 서부 산지에서 더 빨리 전파되었는데, 따라서 관중을 통해서 화북 평원으로 고추가 전해졌으며, 이미 오래전에 사라진 '진초'라는 이름이 다시 '고추' 대신 부활했고, 다시 북방 지역에 유행하게 된다.

'번강(番薑)'이라는 이름은 대만에서만 통용되었는데, 민남어 발음을 따르면 '판장쯔(番姜仔)'라고 기록해야 한다. 고추에 관한 명칭으로 '薑'자를 쓴 것은 이것이 유일한 사례로, 아마도 대만에는 화초가 나지 않고 생강이 많이 나는 것과 관련이 있는 것 같다.

'랄가(辣茄), 랄각(辣角), 랄자(辣子), 랄호(辣虎)' 등은 모두 '고추[辣椒]'의 별칭이다. 이 각각의 이름이 내포한 함의는 그렇게 풍부하지 않으므로 별도로 설명하지 않는다. 아래에서는 고추가 동아시아 다른 국가에서 어떻게 불렸는지 살펴보겠다.

일본에서는 고추를 '도우가라시(とうがらし=唐辛子)'라고 불렀다. 당개자(唐芥子), 번초(蕃椒)라고도 표기한다. 가마쿠라(鎌倉) 시대 말기부터 도쿠가와(德川) 시대 초기까지 규슈에서는 '난반고쇼(南蠻胡椒)'라고 부른다. 근대 이전, 일본은 외래 물품을 '唐'자를 붙여서 표기했는데,

일본이 외래 물품을 중국에서 수입하는 것이 많아서 그런 것 같다. 하지만 '唐'를 쓴다고 해서 이 물품이 반드시 중국에서 왔다는 뜻은 아니다. 고추가 일본에 유입된 것은 포르투갈 사람을 통해서인 것 같다. 1552년 포르투갈 선교사 발타자르 가구가 전했을 가능성이 매우 높으며, 또 고추가 규슈를 통해 처음 들어온 것도 의심의 여지가 없다. 초기에 사용한 '난반고쇼'라는 명칭은 그것이 서양에서 왔다는 것을 명확하게 보여주는데, 당시 일본은 유럽인을 '난반'이라고 불렀기 때문이다. 따라서 일본 열도 남쪽 바다에서 고추가 들어와서 그렇게 부른 것이다.

한국어로는 '고추(Gochu)'라고 표기하는데, 한자로 쓰면 '고초(苦椒)'이다. 조선에도 고추에 대한 별칭이 많은데, 만초(蠻椒), 남만초(南蠻椒), 번초(番椒), 왜초(倭椒), 랄가(辣茄), 당초(唐椒) 등이다. 어원은 중문과 유사하다. 고추에 관한 조선의 기록은 1614년에 편찬한 『지봉유설(芝峯類說)』에 제일 먼저 등장한다. 아래가 그 일단이다.

"남만추는 아주 독하고, 일본에서 왔다. 그래서 민간에서는 '왜개자(倭芥子)'라고 부른다."

이로써 보면, 고추는 일본을 통해서 한반도 유입된 것이 확실하며, 또 조선 사람들은 고추에 독이 있다고 생각해 오랜 기간 음식 재료로 사용하지 않은 것 같다. 1715년에 와서야, 농학자 홍만선(洪萬選)의 『산림경제(山林經濟)』에 비로소 고추 재배법이 등장한다. 이후 1766년 출간한 『증보산림경제』에 "조선 김치는 고추와 마늘을 넣고 절인 음식"이라는 기록이 나온다. 이것이 아마도 조선에서 김치에 관한 최초의 기록인 것 같다.

　유럽 언어에서도 사정은 비슷하다. 영어로 고추를 흔히 'Chili Pepper'라고 하는데, 'Chili'는 'Chilli' 혹은 'Chile'라고 쓴다. 때론 'Hot Pepper'라고도 한다. 라틴어로는 통상 'Chile'라고 하며, 라틴어 학명은 1753년에 'Capsicum'으로 확정되었다. 고춧가루는 'Paprik'라고 하며, 독일어에서는 고추와 고춧가루를 모두 'Paprik'라고 한다. 스페인어에서는 보통 'Chile'라고 하며, 가끔 'Pimiento'이라고도 한다. 후추[胡椒]는 스페인어는 'Pimienta', 포르투갈어에서는 'Pimentã', 프랑스에서는 'Piment'라고 한다.

　우선, 'Chile(스페인어, 라틴어)', 'Chilli(영어)', 'Chili(영어)'라는 이름은 모두 중미 지역의 나와틀어(Nahuatl)에서 유래한 것이다. 나와틀어는 유타-아즈텍(Utah-Aztec)어족에 속하는 언어로, 고추의 원산지에서 사용한 원래 명칭이었으며, 유럽 언어가 이를 차용한 것이다.

　'Pepper(영어)', 'Pimiento(스페인어)', 'Paprika(독일어, 헝가리어, 슬라브어족)'는 모두 후추의 이름을 차용한 것이다. 고추가 유럽에 유입되기 전, 유럽에서 대량으로 얻을 수 있었던 매운맛의 향신료는 오직 후추뿐이었으므로, 고추 역시 맛이 매워 이렇게 명명한 것이다.

　스페인어에서 'Pimiento(고추)'는 'Pimienta(후추)'에서 파생된 말로, 어미를 변형시켜 두 향신료를 구분했다. 프랑스어의 'Piment(고추)'는 스페인어에서 차용한 것으로, 프랑스어의 'Poivre(후추)'와 명확히 구분했다. 후추는 라틴어로 'Piper', 그리스어로 'Piperi'라 하며, 슬라브어족의 후추 관련 어휘들은 모두 그리스어에서 유래했다. 이들은 라틴 문자로 'Peperke, Piperke, Paparka' 등으로 표기되며, 헝가리어에서는 후추와 고추를 모두 'Paprika'라고 부른다. 고추는

15세기에 스페인인이 아메리카와의 무역을 전개하면서 유럽에 들여온 것인데, 당시에는 독일어권과 동유럽 지역에서는 무역이 아직 활발하지 않았고, 지중해 무역이 유럽 내 교역에서 중심적인 위치를 차지하고 있었다.

고추가 유럽과 레반트(Levant) 지역에 전파되는 것과 오스만 제국은 관련이 깊다. 스페인과 포르투갈이 신항로 개척에 나선 주요 동기 중 하나는 오스만 제국이 동방 무역로를 독점했기 때문이다. 포르투갈이 아프리카 희망봉을 돌아 인도양에 진출하는 데 성공하면서, 오스만 제국은 마치 '뒤쪽에서 불이 난' 상황에 처했고, 무역 패권도 무너질 위기였다. 특히 포르투갈이 인도양 무역에서 우위를 점하고서 페르시아만과 홍해에서 인도로 향하는 항로를 자주 봉쇄하자, 오스만 제국의 후추 무역은 심각하게 위협을 받게 되었다. 그 결과 16세기 전반기에 오스만 제국의 후추 수입량은 급격히 감소했다.[15]

동지중해에 무역 규모를 유지하려면 오스만 제국은 새 향신료를 무역품으로 도입해야 했고, 이때 오스만 제국의 시야에 고추가 들어왔다. 오스만 제국은 가장 먼저 알레포(Aleppo) 인근에 고추를 재배했는데, 이것이 인기를 많이 끌었다. 이후 고추는 동지중해 일대로 빠르게 퍼졌고, 오스만 제국이 지배하던 발칸 반도에서 헝가리까지 확산되었다. 이 지역에서는 고추를 주로 건조한 후 가루로 만들어 조미료로 사용했다. 이 조미료는 부다페스트를 기점으로 중부 유럽으로 퍼져 나갔다. 따라서 헝가리어의 'Paprika'는 고춧가루의 통칭이 되었고, 이 이름을 중유럽, 동유럽, 발칸 지역에서 차용했다. 그래서 독일어와 슬라브어족의 대부분 언어는 고추를 헝가리어의

15　[美] 桑贾伊·苏拉马尼亚姆:『葡萄牙帝国在亚洲:1500-1700(第二版)』, 巫怀宇译, 广西师范大学出版社, 2018年版, 第106-108页。

'Paprika'를 그대로 사용했다. 형태 변화 없이 받아들였으므로, 각 언어에 이미 있었던 후추(Pepper)와 자연스럽게 구분된다.

라틴어 속명(屬名) 'Capsicum'은 학술어로 사용했으며, 유럽 언어에서는 보통 이 명칭을 쓰지 않는다. 속명 앞부분 'Capsa'는 그리스어 'Kapto'에서 유래한 것으로, '숨 막히다, 목이 메다'라는 뜻이고 뒷부분 'cum'은 '~에 속한'이라는 의미로, 분류학에서 흔히 쓰는 '속(屬)'에 해당한다.

고추[辣椒]는 동아시아와 유럽에서 모두 각 지역에서 이미 알려진 매운 향신료의 이름을 빌려 명명했다. 동아시아에서는 원래 '화초(花椒)'를 뜻하던 '椒'라는 글자를 사용했고, 유럽에서는 원래 후추를 의미하던 'Pepper'를 사용했다. 이런 차용 방식은 문명권마다 흔한 것으로, 새로운 사물이 출현하면 유사한 기존 사물의 이름을 빌리는 것이다. 이렇게 이름을 차용할 때, 고추와 후추가 모두 '매운맛'이라는 공통적 특징을 고려한 것으로, 식물의 형태를 염두에 둔 것은 아니다. 고추와 후추, 산초는 각각의 모양이 매우 다르다. '매운맛'이라는 성질에 기반해서 명명한 원리의 배후에는 범주와 유비에 따라 분류하는 고전적 방식이 작동하고 있다. '고추'라는 명칭은 유라시아 대륙의 여러 문명에서 수천 년 동안 축적한 매운 향신료에 대한 상상과 은유의 유산을 계승한 것이다.

3.
중국인은 정말 매운 음식을 먹을 수 있나?

중국인 상당수는 매운 것을 잘 먹는다고 꽤나 자랑스럽게 여긴다. "호남 사람은 매운 음식을 겁내지 않고, 귀주 사람은 매워도 두려워하지 않고, 사천 사람은 안 매울까 두려워 한다"라는 속담이 있을 정도이다. 북미나 유럽 사람들은 '매운맛'을 중국 음식의 특징 중 하나'라는 인상을 갖고 있다. 그렇다면 중국 사람은 정말 매운 음식을 잘 먹을까?

이 문제를 토론하려면, 우선 고추를 두 종류로 구분할 필요가 있다. 하나는 채소용 고추이고, 또 하나는 조미용 고추이다. 중국 농업부에서 발표한 자료에 따르면, 중국의 고추 생산량은 세계 1위이다. 그러나 유엔 식량농업기구(FAO)의 통계에 따르면, 중국의 고추 생산량은 세계 2위로, 인도보다 훨씬 적다. 그렇다면 왜 이런 차이가 발생하는 걸까? 중국과 유엔의 통계에 고추를 포함하는 기준이 달라 이런 일이 발생한다. 중국 농업부는 고추속(Capsicum) 가지과(Solanaceae)에 속하는 모든 식물을 '고추'로 정의하며, 이 통계에는 캡사이신(Capsaicin)이 없는 피망 등도 포함된다. 반면, 유엔은 캡사이신(Capsaicin)이 함유된 고추류 식물만을 통계 대상으로 잡으므로, 두 기관의 통계 수치에는 큰 차이가 발생하는 것이다.

중국 농업부 자료에 따르면, 2015년 중국의 고추 생산량은 세계 1위이지만, 그중 90%는 캡사이신이 아예 없거나 거의 없는 채소용 품종이다. 반면 유엔 식량농업기구는 채소용 고추와 건조 고추를 구분해서 분류한다. 생식용 고추는 보통 채소의 일종으로 간주하는 반면, 건조 고추는 조미료로 분류하므로, 매운맛 조미료 생산 상황을 더 잘 반영한다. 이런 분류 방식은 매운맛의 고추 생산량을 보다 합리적으로 나타낼 수 있다. 본서에서는 조미료용 고추를 논의할 것이므로, 채소용 고추는 제외한다.

2014년 중국의 건고추 생산량은 306,871톤, 재배 면적은 45,442헥타르였다. 1984년의 생산량은 135,000톤, 재배 면적 25,500헥타르였다. 1984년에 비해 2014년에는 생산량은 약 17만 톤, 재배 면적은 약 2만 헥타르 증가한 것이다. 이를 통해서 보면, 단위 면적당 생산성이 크게 향상된 것을 알 수 있다. 같은 해 전 세계 건고추 생산량은 3,818,768톤, 재배 면적은 1,688,082헥타르였는데, 중국은 전체 생산량의 약 8%, 재배 면적의 약 2.7%만을 차지했다. 이런 수치가 나온 것은 건고추 생산 1위인 인도에 비해 중국의 단위 면적당 생산성이 매우 높기 때문이다. 물론 중국은 인도보다 단위 면적당 비료와 살충제를 훨씬 많이 사용한다.

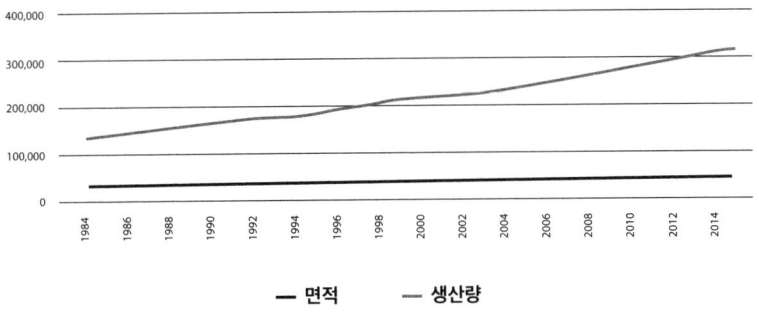

〈도표 1〉 1984~2014년 중국 연간 건고추 생산량과 경작 면적[16]

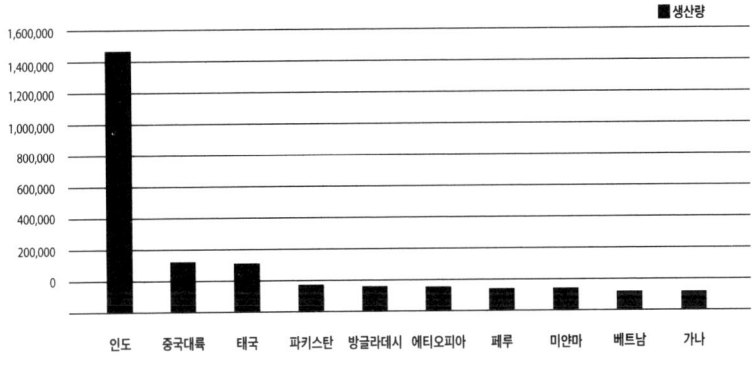

〈도표 2〉 2014년 건고추 생산량 상위 10개 국가[17]

수출입 상황을 살펴보면, 2014년 중국의 건조 고추 수출량은 약 20,000톤, 수입량(캡사이신 함량이 많은 품종은 주로 인도에서 수입된다)은 약 2,000톤 정도이므로, 중국 국내에서 소비한 건조 고추는 약 288,671톤 정도이다. 중국에서 전체 인구의 40%인 약 5억 명 정도가 매운 음식

---

16 자료 출처, FAO STAT http://www.fao.org/statistics/en/
17 자료 출처, 상동.

을 좋아한다. 이들의 연평균 건조 고추 소비량은 1인당 고작 580g에 불과하다. 전체 인구 13억 7,500만 명으로 계산할 경우, 1인당 평균 소비량은 약 210g에 지나지 않는다. 고추를 조미료로 사용하는 현황을 보면, 중국은 매운 음식을 많은 먹는 편이고, 이를 즐기는 인구도 빠르게 늘고 있다. 하지만 전체를 보면, 중국인은 대체로 매운 음식을 잘 먹지 못하며, 인도인, 멕시코인, 동남아인이 중국인보다 훨씬 매운 음식을 잘 먹는다. 수출량을 제외하고 보면, 인도의 건조 고추 연평균 소비량은 약 800g, 멕시코는 약 520g, 태국은 약 700g 정도이다. 이 수치를 보면, 인도인, 스리랑카인은 중국인보다 아주 매운 음식을, 동남아의 태국인, 미얀마인, 베트남인은 약간 더 매운 음식을 좋아한다. 라틴아메리카인과 중국인은 음식을 맵게 먹는 정도가 비슷하다.

고추속(Capsicum) 식물의 주요 재배 품종은 다섯 가지이다. '일년생 고추(Capsicum annuum), 관목형 고추(Capsicum frutescens), 장과 고추(Capsicum baccatum), 유모 고추(Capsicum pubescens), 그리고 중화 고추(Capsicum chinense)'이다. 중화 고추는 1776년 네덜란드 의사 폰 야쿤(N. Von Jacquin)이 카리브해에서 발견했는데, 그는 이 고추가 중국산이라고 오해하여 '중화 고추'라는 이름을 붙였다.[18] 이 5대 품종에서 일년생 고추가 가장 흔하다. 중국의 '항자오(杭椒)', '셴자오(线椒)', '차오톈자오(朝天椒)' 모두 이 품종에 속한다. 거의 맵지 않은 피망도 이 품종이다. 하이난(海南)의 황덩롱고추(黄灯笼辣椒)는 품종이 '중화 고추(Capsicum chinense)'이며, 세계에서 가장 매운 고추로 통한다. 나가바이

---

18 딩지(丁洁)는 저서 『채소도설 : 고추의 고사』에서 '중화 고추(中华辣椒)'를 '황덩롱고추(黄灯笼辣椒)'라고 고쳐 불렀다. 다음을 보라. 丁洁 : 『蔬菜图说 : 辣椒的故事』, 上海科学技术出版社, 2018年版, 第54-55页。

퍼(Naga Viper), 하바네로(Habanero), 인도의 부트 졸로키아(Bhut Jolokia) 등도 모두 이 품종이다. 일년생 고추와 중화 고추를 제외한 나머지 품종 3개는 중국에서 거의 재배하지 않는다.

중국 농업국이 고추 생산량을 집계할 때, 보통 채소용 고추와 조미용 고추를 합해서 계산한다. 이러한 계산 방식 탓에 오해가 몇 가지 발생한다. 채소용 고추에는 피망이나 파프리카처럼 거의 맵지 않은 품종도 있고, 설령 매운맛이 나는 채소용 고추라 하더라도 그 정도는 조미용 고추에 훨씬 못 미친다. 물론 중국 요리에서 채소용 고추 일부가 날것으로 조미료 역할을 하기도 하지만, 연구의 구분 편의성과 정의(定義)의 정확성을 위해, 본 연구에서는 채소용 고추와 조미용 고추 원재료를 구별하여 다룬다.

고추가 조미료로 쓸 때, 가공의 난이도에 따라 건고추, 고춧가루, 고추장으로 나눈다. 고추를 맵게 하는 것은 캡사이신으로, 가지과 식물인 고추속(屬)에만 그 성분이 있다. 한편, 알리신(Allicin)은 마늘, 파, 부추에서 매운맛이 나게 하는데, 캡사이신과 분자 구조는 달라도 인체에서 비슷하게 받아들이므로 먹으면 자극이 유사하다. 생강의 매운맛 성분은 훨씬 더 복잡한데. 단순한 촉각 이상이다. 반면, 화초가 주는 마비 현상은 촉각의 일종으로, 이는 '하이드록시 알파-산스쿨(Hydroxy α-Sanshool)'이라는 성분에서 기인한다. 생강과 화초는 같은 수용체를 자극하지만, 화초는 약 50Hz의 진동을 발생시키므로 '저림' 또는 '마비' 같은 감각을 유발한다. 알리신은 열에 약해 쉽게 분해되어, 마늘과 파를 익히면 매운맛이 사라진다. 반면, 캡사이신은 열에도 강해 조리해도 강한 매운맛이 남는다. 이러한 특성이 있어 고추는 중국 요리에 적합한 향신료이다.

중국은 지역마다 선호하는 맵기 정도가 매우 다르다. 서남방은 아주 매운 것, 북방은 약간 매운 것, 동남방은 거의 맵지 않은 것을 선호한다. 이 현상에 관해서 시난(西南) 대학교 란융(蓝勇) 교수는 주요 이유 두 가지를 제시한다.

첫째, 자연적 요인이다. 장강 중상류는 겨울에 춥고 습하며, 일조량도 적고 안개가 많다. 매운 향신료는 습기를 제거하고 추위를 막는 효과가 있어, 이 지역에서 강한 매운맛이 유행하게 된다. 반면 북방은 춥지만 건조하고 일조량이 많아, 약간 매운맛을 선호한다. 동남 해안은 연중 기온이 비교적 따뜻하고, 겨울에는 다소 습해도 일조량이 충분하여 담백한 음식을 선호한다.

둘째, 사회적 요인으로, 즉 이주민의 영향이다. 매운 음식을 선호하는 이주민이 특정 지역으로 유입되면, 현지 요리는 이들의 식습관에 영향을 받는다.[19] 란융의 주장은 매우 뛰어나지만, 한편으로는 논쟁을 불러왔다. 그중에서도 가장 가치 있는 동시에 논쟁을 불러일으킨 부분은, 바로 일조 시간과 매운맛 섭취 강도 사이의 상관관계에 대한 견해이다.

필자는 란융(蓝勇)의 '일조량 가설'이 이 문제를 충분히 설명하지 못한다고 생각한다. 전 세계로 시야를 넓히면, 인도, 멕시코, 동남아시아처럼 평소 고추 소비를 많이 해도 오히려 일조량이 풍부하고 기온이 매우 높은 지역도 있다. 반대로 북유럽이나 캐나다처럼 일조량이 부족하고 기온이 낮아도 고추를 많이 소비하지는 않는 경우도 있다. 따라서 일조량으로 매운맛 소비의 지역적 차이를 충분히 설명하지 못한다. 그렇더라도 란융의 연구가 전혀 무가치하지는 않다. 만약

---

19 蓝勇:『中国饮食辛辣口味的地理分布及其成因研究』, 载『人文地理』, 2001年 第5期, 第84-88页.

매운맛에 대한 문화적 은유, 즉 '중의학에서 한기와 습기를 몰아내는 것이 중요'하다고 했는데, 고추가 이 역할을 할 수 있다는 문화적 상상력으로 중국 음식이 지역마다 다른 이유를 설명할 수 있지 않을까? 따라서 고추에 관한 중국의 문화적 은유를 깊이 연구할 필요가 있다. 뿐만 아니라, 중국의 성(性) 문화와 혁명 문화가 고추에 특별한 의미를 부여해 왔음을 고려해야 한다. 동시에, 비교 문화적 시각에서 연구해야 한다. 고추에 대해서 여타 문화권은 중국과 유사한 문화적 상상력을 부여해 왔는가?, 아니면 문화적 상상력이 완전히 달랐는가? 또 서로 다른 문화끼리 고추에 대한 상상을 주고받지 않았는가? 20세기 이후 서구 문화가 전 세계로 확산될 때, 다른 문화권이 서양의 고추에 대한 문화적 상상을 참고하지 않았는가?

필자는 2014과 2015년 사이 캘리포니아에서 연구를 진행했었다. 요리를 잘해서 지인을 연회 주방장으로 초대하곤 했는데, 고추를 넣지 않고 향신료만 다양하게 조합해 요리를 내놓았더니 많은 미국인이 놀라워했다. 자세히 물어보니, 매운맛이 중국 요리의 특징이라고 그들은 생각했다고 한다. 만약 매운 요리를 대접했다면, 매운맛이 다른 맛을 눌러버려, 식객은 다른 맛을 정확하게 느낄 수 없었을 것이다. 중국 요리는 조미료를 다양하게 사용하며, 근래 어떤 지방(서남과 동북)의 요리는 조금 자극적이기는 하지만, 그저 맵기만 한 것은 절대 아니다. 중국 음식은 역사가 길어서 지역 간 차이가 크고, 맛도 지극히 복잡하고 다양하다.

지금 중국 음식은 4천 년 동안 여러 시도가 축적된 결과이다. 문명 초기에 형성된 식습관 일부는 아직도 남아 있다. 예를 들자면, 상고(上古) 시대의 '부추 절임[韭菹]'은 화북 지역에서 '부추장[韭醬)]'으로 계승되고 있다. 유구한 역사 속에서 외래 식물이 중국 음식 재료로 제일 많이 유입된 시기는 다음 세 시기라고 할 수 있다.

첫째, 서한(西漢) 때 서역 사신 파견을 계기로 중앙아시아 및 서아시아 지역의 후추, 마늘, 쿠민(Cumin·프란), 참깨, 소회향(小茴香) 등이 중원으로 유입되었다. 둘째, 당나라 전성기 때 인도와 남양(동남아시아)에서 유입된 다양한 향신료, 즉 정향(丁香), 계피(肉桂), 육두구(肉豆蔲) 등 수십 종이 중원으로 들어왔다. 셋째, 명말 청초 시기로, 이때는 고추 등 가지과 식물을 포함한 아메리카 대륙의 작물이 유입되었다.

중국 음식은 조미료의 집대성이다. 역사 내내 사용했던 조미료를 요즘도 널리 쓰고 있으며, 해외에서 들여온 조미료도 마치 본래 것인 양 자연스럽게 활용하고 있다. 또한 중국은 남북 간 거리가 멀고 기후가 각각 달라, 열대 및 아한대의 각종 식물을 재배할 수 있어 다양한 조미료를 생산할 수 있다. 그래서 "요리 하나에서 여러 맛이 나고, 요리가 백이면 맛은 천 가지"라는 평판이 자자하다.

4.
매운맛은 미각이 아니다

매운맛은 일종의 통각(痛覺)이다. 매운 것 먹기 대회는 사실상 인내력 테스트이고, 통증을 잘 참는 능력을 과시함으로써 '신체적 우위'를 드러내는 행위이다.

고추는 매운맛으로 조미료 역할을 하지만, '매운맛'은 사실 미각이 아니라 통각이다. 그래서 미각 세포가 없는 인체 부위도 '맵다'고 느낀다. 혀가 감지하는 것은 신맛, 단맛, 쓴맛, 짠맛 네 가지뿐이며, 고추의 캡사이신 성분이 입과 목구멍의 통각 수용체를 자극하고, 그 신호를 신경을 통해 중추신경계로 전달한다. 신경 반사를 통해 심박수가 증가하고, 호흡이 빨라지며, 체액이 분비된다. 동시에 뇌에서 엔도르핀(endorphin)이 나와 사람은 쾌감을 느끼게 된다.

엔도르핀과 뇌 속 모르핀 수용체와 특이 결합을 하여 모르핀과 유사한 펩타이드(peptide)가 생성되는데, 이 물질이 진통 효과도 내면서 동시에 쾌감을 유발한다. 신체가 통증 같은 자극을 받거나, 산소 부족 같은 위기 상황에 부닥쳤을 때, 뇌는 엔도르핀을 분비하여 통증을 완화시키고, 동시에 마음을 편안하게 하고 쾌감을 느끼게 한다.

'양성 마조히즘(benign masochism)'이라는 개념은 왜 사람들이 매운 음식을 즐기는지를 해명해준다. 고추는 신체에 통증을 유발하는데, 뇌는 이를 실제 위험으로 착각하고 엔도르핀을 분비한다. 이런 메커니즘은 롤러코스터나 낙하 기구를 타거나, 숨이 찰 때까지 달리거나, 공포 영화를 볼 때도 작동한다. 실제로는 모두 위험하지 않지만, 뇌를 속여 엔도르핀을 분비하게 만들고 쾌감을 얻는 메커니즘이다. 그래서 이를 '양성 마조히즘'이라고 한다.

고추는 진통 효과가 있어 오래전부터 중의학에서 이를 활용해 왔다. 오늘날에도 캡사이신을 주요 성분으로 만든 진통 패치가 널리 사용된다. 캡사이신의 진통 원리는 바로 통각 수용체의 작용에 있다. 캡사이신은 신경세포를 계속 자극하여 통각 수용체를 활동하게 한다. 결국 세포 내의 이런 물질이 고갈되면서 통증은 곧 억제된다. 이런 방식의 진통은 중독성이 없지만, 류머티즘성 통증이나 외상성 통증 같은 특정 증상에만 효과가 있으며, 내장의 통증이나 삼차신경통(Trigeminal neuralgia)에는 효과가 없다. 표피, 근육, 관절의 신경 섬유와 내장의 신경 구조와 다르기 때문이다. 고추는 주로 외용약으로 사용하며, 패치나 연고 형태로 흔히 볼 수 있다. 특히 국소적 관절통, 타박상 치료에 효과가 탁월하다.

술 마시는 것과 매운 음식을 먹는 행위에는 유사한 측면이 있다. 둘 다 자신에게 일정한 고통을 가하면서 동료의 신뢰를 얻으려는 사회적 행동이라는 점에서 그렇다. 음주로 왜 신임을 얻을 수 있는지에 대해서 학계에서는 '혈연 사회에서 지연(地緣) 사회로 전환하면서 낯선 사람을 만날 확률이 매우 증가했기 때문'이라고 설명한다. 이런 변화 때문에 사교에 더 많은 '신뢰 자본'을 지출해야 했다. 이 시기에 술은 매우 비싼 상품이므로, 술을 권하거나 함께 마시는 행위는 자신의 경제적 이익을 희생함으로써 상대방의 신뢰를 얻으려는 의미로 작용했다.[20]

산업화 시대가 도래하면서 술 제조 단가는 훨씬 낮아졌고, 반면 알코올 도수는 많이 높아졌다. 그 결과, 술을 권하는 것은 경제적 이익을 희생하는 행위가 아니라, '자해' 행위로 바뀌게 된다. 그래서 동반 음주는 "나는 당신과 함께 고통을 감수하려고 한다"라는 것을 은유하게 되었고, 이를 통해 동료 간의 신뢰가 형성된다. 매운 음식을 먹는 행위도 음주와 같은 메커니즘으로 신뢰 관계를 형성한다. 하지만 매운 음식을 먹더라도 음주처럼 지속적인 상해를 입지는 않고, 다만 일시적 통각만 유발한다.[21] 매운 음식을 함께 먹는 행위는 "나는 당신과 함께 이 고통을 견디려고 한다"라는 뜻을 은유적으로 표현하며, 이러한 공통 정서가 신뢰를 더 깊게 만든다.

매운 음식을 먹는 행위에는 '고통을 견디는 능력을 과시'하려는 의도도 깔려 있다. 이런 의미에서는 문신과 역할이 유사하다. 무술인이 시합에 앞서 종종 문신을 상대에게 보여주는데, "나는 당신보다 통증을 더 잘 견딘다"라는 메시지를 전달하는 행위이다. "싸움을 배우기 전에 먼저 맞는 법을 배워라"는 속담이 있듯, 고통을 견디는

20　王勇、李占红:「饮酒习俗如何建构信任网络──以青海省互助县东河乡尕寺加村的经验观察为切入点」, 载『原生态民族文化学刊』, 2016, 8(03)。

21　이는 일반적인 경우이며, 만약 위장 질환을 앓는 사람이 고추를 먹는다면 병이 악화될 수도 있다.

능력은 실제 대련에서 큰 장점이 된다. 마찬가지로 매운 음식을 먹는 것 역시 통각을 견디는 능력이며, 연습을 통해서 기를 수도 있다.

보통 장기간 매운 음식을 먹으면, 내성이 생겨 통각에 그다지 민감하지 않게 된다. 반대로 오랫동안 매운 음식을 먹지 않으면, 통각을 견디는 능력이 상당히 떨어진다. 그래서 매운 음식을 먹는 행위는 상대에게 통증을 견디는 능력을 과시하면서 신체적인 대결에서 더 우위를 점하려는 의도를 담고 있다. 이런 까닭으로, "어느 지역 사람이 매운 것을 잘 먹는가?"와 같은 질문에는 흥미를 보이지만, 누가 단것 혹은 짠 것을 더 잘 먹는지에 대해서는 눈길조차 주지 않는다. 매운 음식을 먹는 능력은 곧 고통을 견디는 능력이므로, 사람들은 이런 비교를 곧잘 즐긴다.

또한 타인이 매운 음식을 먹는 것을 지켜보는 것만으로 만족감을 느끼곤 한다. 이는 공포 혹은 폭력적 장면을 즐겨보는 심리적 메커니즘과 유사하다. 예를 들어, 세계 곳곳에서 흔한 열리는 '고추 먹기 대회'나, 몇 년 전 소셜 미디어에서 유행했던 '아이스버킷 챌린지' 등 모두 고통을 견디는 모습을 보여주는 퍼포먼스이다. 이런 장면을 즐겨보는 이유는 심리학에서 말하는 '다크 트레이드(dark traid)'와 관련이 있다.

이를 굳이 회피할 필요는 없다. 누구나 마음에 크든 작든 '어두운 면'이 있으며, 이런 부분을 적절하게 충족하면 오히려 더 건강하게 살 수 있다. 사회학 연구에 따르면, 폭력 영화나 폭력 게임은 실제 삶에 오히려 그 반대 방향으로 영향을 끼친다고 한다. 매운 음식을 먹는 행위를 심리학의 '가학/피학'의 차원에서 살피면, 고통과 인간 심리 사이의 보편적 연관성을 쉽게 발견할 수 있다.

매운맛[辛辣]은 결코 미각이 아니지만, 오랫동안 매운 자극을 '매운맛'이라고 습관적으로 불러왔다. 따라서 본서에서도 이러한 관습적 표현을 따른다. 독자 여러분은 본서를 읽을 때 '매운맛'을 성어(成語)로 간주하고, '매운 음식을 섭취할 때 느끼는 감각의 자극'으로 이해하면 된다. 영어의 'pungency'는 매운 음식의 특성을 묘사하는 것으로, 중국어의 '辣味'와 의미가 유사하나 '미각'이라는 뜻은 내포하지 않는다. 이 표현은 보통 학술 용어로 사용되며, 일상 영어로 매운 음식의 특성을 표현할 때엔 'hot(매운)', 'spicy(향료맛이 풍부한)'를 더 자주 사용한다. 흔한 조미료 중 넓은 의미에서 매운맛이 나는 것은 고추뿐만 아니라 생강, 후추 등도 있다. 본서에서 다루는 대상은 고추 및 그것의 조미료로서 매운 특성에 집중된다. 즉 고추가 주는 매운 '자극(pungency)'을 본서에서 다루고자 한다.

국제적으로 통용되는 매운맛 측정 기준인 '스코빌 척도(Scoville heat scale)'는 매운 정도를 수치로 표현한 것이다. 이 측정 방법은 미국인 약제사 윌버 스코빌(Wilbur Scoville)이 1912년에 발명했다. 건고추 일정 무게를 곱게 갈아 알코올에 녹이고(캡사이신은 알코올에 용해됨), 설탕물로 앞서 만든 알코올 용액을 계속 희석한다. 특별히 훈련된 실험자 5명 중 최소한 3명이 매운맛을 전혀 느끼지 못할 때까지를 준거점으로 삼는다.

설탕물 무게와 건고추의 무게가 같을 경우, 그 값이 100스코빌(Scoville Heat Units, 이하 'SHU'로 약칭)이며, 설탕물의 무게가 건조 고추 무게의 10배일 경우, 그 값은 1,000SHU가 된다.[22] 스코빌 지수는 주관적 검사 방식으로, 실험 대상자의 민감도에 따라 결과가 다르게 나올

---

22 Peter, K.V. Handbook of Herbs and Spices. Elsevier Science, 2012. p.127.

수 있다. 비록 스코빌 지수에는 주관적 요소가 개입되지만, 측정값은 상당히 신뢰할 만하다. 이후 개발한 객관적 측정법에서 나온 결과와도 차이가 거의 없다. 식문화 연구에서 이런 미세한 차이는 연구의 유효성에 크게 영향을 미치지 않는다.

1980년부터 미국 향신료무역협회(American Spice Trade Association)는 캡사이신을 더욱 정확하게 측정할 수 있는 고효능 액체 크로마토그래피(High-Performance Liquid Chromatography, HPLC)를 도입했다. 이 방법은 주관적 요소의 간섭을 배제할 수 있어, 캡사이신 함량을 훨씬 정확하게 측정할 수 있다. 이 측정법으로 산출한 지표를 "미국 향신료무역협회 매운맛 단위(American Spice Trade Association Pungency Units)"라고 부르며, 이 단위 1은 약 16SHU에 해당한다. 따라서 두 방식은 호환이 가능하다. 그러나 이 방법은 절차가 복잡하고 비용도 비싸 국제 사회에서 두루 사용하지 않는다. 오늘날까지도 국제 통용 측정법은 여전히 스코빌 지수이다.

〈표 1〉 중국 상용 고추 및 고추 가공품의 매운맛 정도

스코빌 지수	고추 및 고추 가공품
444,133	윈난더훙루시(云南德宏潞西)「샹비솬솬라(象鼻涮涮辣)」(건조)
170,000	하이난황덩롱고추(海南黄灯笼辣椒) (건조)
50,000-100,000	치싱고추(七星椒) (건조)
30,000-48,000	챠오톈고추(朝天椒), 지신고추(鸡心椒) (건조)

12,000-20,000	하이난황덩롱고추장(海南黄灯笼辣椒酱)
10,000-20,000	충칭스주홍(重庆石柱红) (건조)
10,000-18,000	톈잉고추(天鹰椒) (건조)
5,000-10,000	구이저우덩롱고추(贵州灯笼椒) (건조)
5,000-8,000	쓰촨얼징탸오(四川二荆条) (건조)
4,000-5,000	라오간마펑웨이더우츠유고추(老干妈风味豆豉油辣椒)
2,500-5,000	라더우반장(辣豆瓣酱), 유포라쯔(油泼辣子)
2,500-5,000	타바스커고추장(塔巴斯科辣椒酱) (보통판)
2,000-3,000	구이린고추장(桂林辣椒酱)
2,000-2,500	후난둬고추(湖南剁辣椒)
1,000-2,500	스라차샹톈고추장(是拉差香甜辣椒酱)
500-1,500	홍유허우궈탕디(红油火锅汤底)
500-1,000	양줴추(羊角椒)
200-800	항추(杭椒)
0-5	위안추(圆椒)

〈표 1〉에서 알 수 있듯이, 대부분의 건조 가공형 고추는 10,000SHU 이상이며, 채소용 고추는 보통 1,500SHU 이하이다. 중국의 고추 가공품은 소금과 기름 외에 기타 재료도 첨가되므로, 고추장은 보통 건고추보다 맵지 않다. 흔한 고추장은 보통 2,000~5,000SHU 수준이다.

5.
향신료 대국

중국은 향신료를 많이 쓰는 나라로, 오늘날 중국 요리에서 흔히 쓰는 향신료는 크게 두 가지로 나눌 수 있다. 하나는 중국 본토, 즉 화하(華夏) 지역의 자생 품종이고, 다른 하나는 여러 시대에 걸친 세계 각지와의 교류 및 무역을 통해 유입된 다양한 외래 품종이다.

중국 원산의 향신료 중에서 요즘도 늘 쓰는 것은 생강, 산초, 파, 부추 네 가지이다. 이것은 화하(華夏) 지역이 원산지로 확정할 수 있으며, 문헌 기록은 서주(西周) 시대까지 거슬러 올라간다. 하지만 생강, 산초, 파를 화하족 선조가 자생 식물로 인식했는지는 확실하지 않다.

『사기·화식열전(貨殖列傳)』에 "천 휴(畦) 규모의 생강과 부추[千畦薑韭]를 가진 사람은 천호후(千戶侯)와 대등하다"라는 구절이 나온다.

이를 미루어 보면, 생강과 부추는 당시 매우 중요한 경제 작물임을 알 수 있다. 생강의 원산지가 장강과 회수(화이허) 일대일 가능성이[23] 높은데, 서주 시대만 해도 장강과 회수 지역은 아직 중원의 교화가 미치지 않아 그곳 주민을 '회이(淮夷)'라 불렀다.『시경·노송(魯頌)·반수(泮水)』에 "총명하신 노후(魯侯)께 …… 회이도 복종한다[淮夷攸服]"라는 구절이 나온다. 회이의 세력이 북쪽 노나라 국경까지 미치고 있음을 알 수 있다. '姜' 자는 본래 '疆' 자에서 왔다. '疆'은 '밭의 경계'를 뜻하였고, 의미가 '영토의 경계'로 확대되었다. 따라서 '姜'은 화하의 경계에서 온 식물이라는 의미일 가능성이 높고, 또한 "습기를 막아주는 약초[禦濕之菜]"라고 생각해왔다. 따라서 '姜'이란 한자는 '疆' 자에서 파생된 것이다.

화초의 원산지는 대체로 진령산맥 일대이다.『시경·주송(周頌)·재삼(載芟)』에 "有椒其馨(유초기형), 胡考之寧(호고지녕)"이라는 구절이 있는데, 서주 시기 화하(華夏)의 선민(選民) 세력은 아직 진령산맥 지대까지 깊숙이 진출하지 못했으므로, 이때 화하 선민은 화초를 외래 물산으로 여겼을 가능성이 매우 크다.

파는 대략 춘추 시기에 중국으로 유입된 것 같다.『관자(管子)·계(戒)』에는 "북벌산융(北伐山戎), 출동총여융숙(出冬蔥與戎菽), 포지천하(布之天下)"라고 했다. 여기서 말하는 '동총(冬蔥)'은 현대의 대파[大蔥]의 원시 품종이고, '융숙(戎菽)'은 문자 그대로 '융족의 콩'을 뜻한다.『이아(爾雅)·석초(釋草)』에는 "융숙이란 곧 '임숙(荏菽)'이다"고 했고, 곽박(郭璞)은 주석에서 "호두(胡豆)"라고 풀이했다. 산동 사람들은 파를 즐겨

---

23 간체자 '姜'은 '姜'과 '薑'을 모두 뜻한다. 그러나 '姜'과 '薑'은 기원과 의미가 완전히 다르다. '姜'은 고대 씨족명이었는데 나중에는 성으로 쓰였다. '薑'은 식물명이다.『본초강목』에서는 왕안석(王安石)의『자설(字說)』을 인용해서, "'薑은 사기(邪氣)를 잘 물리치므로 그래서 '薑'이라고 한다(薑能疆, 禦百邪, 故謂之薑)"라고 했다.

먹는데, 산둥은 요즘도 대파의 주요 산지로, 역사적 연원이 춘추시대임을 알 수 있다.

세 작물 중 유일하게 부추만 화하 선민의 토착 작물이라는 것을 확정할 수 있다. '韭' 자는 상형 독체자(獨體字: 한 개체만을 가리키는 한 글자를 말함)이며, 위쪽 '非'는 부추 두 잎을, 아래 '一'은 땅을 나타낸다. 한자에서 독체자는 비교적 이른 시기에 출현하는데, 한자 조형 체계의 핵심이다. 따라서 독체자로 명명한 사물은 화하족이 아주 일찍부터 알았던 것이라고 할 수 있다. 부추는 절여 조미료로 사용했다. 『주례(周禮)·천관(天官)』에 다음과 같은 기록이 있다. "해인(醢人), 장사두지실(掌四豆之實), 조사지두(朝事之豆), 기실구저(其實韭菹)." 여기서 '豆'는 반찬이나 양념을 담던 그릇을 말한다. 부추 절임은 작은 뚜껑 달린 그릇에 담는데, 이런 용기는 주로 절인 조미료를 담을 때 썼다. 부추 절임은 향신료를 더한 식초, 즉 '혜장(醯醬)'에 부추를 절인 것으로, 오늘날에도 여전히 부추를 절여 양념을 만드는데, 특히 화북 지역에서 흔히 볼 수 있다.

수유(茱萸)는 중국인이 매운맛을 낼 때 많이 사용했으나, 요즘은 사용하지 않는다. 아마도 수유가 매운맛을 내기는 하나 쓴맛도 나기 때문인 것 같다. 『본초강목』에서는 다음과 설명한다. "(식용 수유는) 맛이 맵고 쓰며, 지방 사람들은 (음력) 8월에 수확하여 찧고 걸러서, 즙을 받아 석회와 섞는다. 이를 '애유(艾油)' 또는 '랄미유(辣米油)'라고 부른다. 매운맛이 나는데, 음식에 넣는다." 『예기·내칙(內則)』에 "삼생(三牲, 돼지·소·양의 고기)에 의(藙)를 쓴다"라는 말이 나오는데, 이 '의(藙)'는 매운 기름을 뜻한다. 『설문해자주(說文解字注)』에 따르면, 주유 열매 한 되[升]와 동물성 기름 열 되를 섞어 '의(藙)'를 만들고, 돼지고기,

쇠고기, 양고기를 먹을 때 소스로 사용했다고 한다. 요즘 고추기름과 비슷하게 사용한 것 같다.

외래 농작물이 중국에 유입될 때 중요한 시기가 세 차례 있었다. 첫째, 장건(張騫)이 서역에 사신으로 갔을 때이다. 이때 외래 작물이 중국으로 많이 들어왔다. 호수(胡荽, 고수), 호산(胡蒜, 마늘), 호도(胡桃, 호두), 호마(胡麻, 참깨), 호과(胡瓜, 오이), 목숙(苜蓿, 자주개자리), 포도(葡萄) 등을 꼽을 수 있다.

둘째, 당나라가 안서도호부(安西都護府)를 설치했을 때이다. 당 제국이 관리한 실크로드를 통해 외래 작물이 중원으로 들어왔다. 대표적인 외래 작물로는 시금치, 수박, 재스민, 후추, 피스타치오, 당근[胡萝] 등이 있다. 이 두 시기에 들어온 외래 작물은 '胡' 자를 붙여 명명한 경우가 많다.

셋째, 명나라 중후기이다. 이때 아메리카 대륙이 발견되었고, 유럽인이 여러 농작물을 유라시아 대륙으로 가져왔다. 중국 역시 항해 대항해 시대를 통해 외래 작물들을 받아들였다. 고추, 토마토[番茄], 가지, 감자, 고구마[番薯], 파인애플, 옥수수[玉米], 땅콩[番豆], 해바라기, 호박, 캐슈넛, 강낭콩[豆角], 담배 등이 있다. 이 작물은 아메리카 대륙이 원산지이다. 이 작물의 이름에 '번(番)' 자를 많이 썼다. 한편, 청나라 이후의 외래 작물은 주로 '양(洋)' 자를 붙여 이름을 지었다. 예를 들어, 양배추[洋白菜], 양파[洋蔥], 양계[洋薊, 엉겅퀴] 등이 그 예다.

농업사학자 스성한(石声汉) 교수는 외래 도입 작물의 명칭에 대해 분석했다. 그에 따르면, 작물 이름의 접두어를 통해 유입 시기와 경로를 유추할 수 있다. '호(胡)' 자가 붙은 식물은 주로 서한(西漢)에서 서진(西晉) 사이에 서북 방면에서 들어온 것이다. '번(番)' 자가 붙은 식물은 대개 주로 남송(南宋)에서 명대 사이에 '번박(番舶, 외국 상선)'을 통해 들어온 것이다. 양(洋)' 자가 붙은 식물은 주로 청대 이후 서양에서 유입된 것이다.[24]

한(漢)에서 당(唐)까지 외래 작물은 주로 육로를 통해서, 송, 명, 청 시대에는 주로 해로를 통해서 외래 작물이 들어왔다. 이는 세계의 구조가 육권(陸權) 중심에서 해권(海權)으로 전환된 흐름과 밀접한 관련이 있다. 전반기에는 북방이 가장 먼저 외래 작물과 접촉했고, 반면, 후반기에는 중국 남방이 기점이 되어 전파되었다. 이를 통해서 중국 경제의 중심이 관중과 화북에서 강남과 화남으로 이동했다는 것도 알 수 있다. 또한 송대 이후 동남아시아에서 정향(丁香), 두구(豆蔲) 등 향신료를 많이 들여왔으나, 이 작물은 기후가 달라 중국 본토 재배가 어려워 수입에 의존해야 했다. 이는 작물 전파 과정과 기후가 밀접히 관련된다는 것을 보여준다.

위도가 같으면 다른 지역에서도 유입한 작물을 쉽게 재배할 수 있지만, 경도에 따라 이동한 식물은 안착하기 매우 어려웠다. 그래서 유라시아 대륙에서 동서 방향의 작물 교류가 남북 방향의 교류보다 훨씬 잦았다. 재레드 다이아몬드(Jared Diamond)는 저서 『총 균 쇠』에서 이렇게 말한다. "곡물 전파는 대략 모양에 따라 속도가 달라진다. 유라시아 대륙은 동서 방향으로, 아메리카와 아프리카는 남북 방향으로 뻗어 있다."[25] 사실 곡물만 기후의 제한을 받는 것은 아니다. 향신료를 포함한 경제 작물도 기후의 영향을 많이 받으므로, 동

24　石声汉:『石声汉教授纪念集』, 西北农学院文集编辑处, 1988年版.
25　[美] 贾雷德・戴蒙德著, 谢延光译, 『枪炮、病菌与钢铁』, 上海世纪出版集团, 2006年版, 第172页.

서 무역보다 남북 무역이 경제적 가치가 더 높을 때도 많다.

한대(漢代)는 외래 농작물이 대거 중국에 유입된 시기로, 향신료 중에서 고수[芫荽]와 마늘[蒜]이 이때 들어왔다. 『본초강목(本草綱目)』에 아래 기록이 실려 있다. "장건이 서역에 사신으로 갔다가, 이 종자를 처음 얻어 와서, 이를 '호수(胡荽)'라 부른다." 고수는 지중해가, 마늘은 남유럽과 중앙아시아가 원산지이다. 중국 고대에서는 '서역'을 '호(胡)'라고 불렀으면 '고수'의 원명은 '호수'이고, '대산(大蒜)'은 '호산(胡蒜)'이다. 현대에서 대개 마늘과 고수의 중국 유입과 장건의 서역행을 연결하지만, 장건이 두 차례 사신으로 가서 들여온 것은 아니라고 필자는 생각한다. 장건이 서역을 개척하고, 한 제국이 서쪽으로 확장하는 과정에서 파생한 장기적, 지속적인 역사 흐름이라고 보아야 한다. 장건의 서역행은 정치적 목적이 매우 강했으며, 경제적 목적은 부차적이었다. 한 제국이 서역에 도호부를 설치하자, 중국과 서역 간의 교역로가 안정되었는데, 이것이 작물 교류의 핵심 조건이다. 한대에 유입된 작물들은 대부분 중앙아시아에서 왔으며, 중앙아시아는 본래 지중해와 무역이 활발했던 곳이므로 일부 지중해 원산 작물이 이 무역로를 통해 중국에 들어올 수 있었다.

당나라 때도 외국 농작물 품종이 들어온 중요한 시기였다. 후추, 육계(肉桂), 회향(茴香) 같은 향신료가 이때 들어왔다. 후추와 계피는 인도가 원산지이며, 중국에도 계피가 있었으나 품종은 인도산과 다르다. 일반적으로 한약재로 사용하는 계피는 중국 계피를, 조미료로 쓰는 계피는 실론(Ceylon) 계피를 가리킨다. 회향은 지중해 지역이 원산지이다. 작물 도입 지역은 한대보다 당대가 훨씬 넓어서 인도와 지중해까지 확장되었다. 당나라와 인도 간 무역로는 두 갈래가 있었는데, 하나는 인더스강 유역에서 북쪽으로 올라가 파미르 고원을 거쳐 다시 동쪽으로 꺾여 당 제국으로 들어오는 육로이다. 다른 하나는 말라카해협을 지나 화남 지역으로 들어오는 해로이다. 이 시기 항해 기술로는 비교적 긴 거리를 항해할 수 있었으나, 항법과 조선 기술은 아직 원양 항해를 감당할 수 없어, 육지에 인접한 근해를 따라 항해해야 했다

명나라 중후기는 아메리카 대륙의 작물이 대거 중국으로 유입되는 때이다. 아메리카 작물의 유입은 중국 농업 생산과 민중 생활에, 나아가 이후 400년에 걸쳐 중국 경제 및 정치 구조에도 지대한 영향을 끼쳤다. 이 시기의 농작물 유입으로 중국 역사의 흐름이 바뀌었다고 해도 과언이 아니며, 그 중요성은 아무리 강조해도 지나치지 않다. 이는 깊이 연구할 가치가 있으며, 이에 대한 학계에서 연구한 성과가 많이 축적되어 있다. 본서에선 각 학자의 견해와 논거를 간략히 살피고자 한다.

옥수수, 고구마, 감자, 이 세 구황 작물이 중국에 전래되자마자, 가뭄이 심한 지역이나 관개가 어려운 구릉과 산지 등지에 널리 퍼졌다. 덕분에 경작 토지 면적이 크게 늘었고, 그 결과 인구도 가파르게 증가했다. 한편, 토지를 과도하게 개발한 탓에 심각할 정도로 수토(水土)가 유실되어, 환경은 나빠졌고, 자연재해도 잦아졌다. 연이은 기근은 민란으로 이어졌고, 이는 명청 양대 정권을 심각하게 위협했다. 동시에, 아메리카 식량 작물이 들어오자 중국 농업은 '반진화(反進化·involution)' 현상을 겪는다. 이 개념은 미국 인류학자 클리퍼드 기어츠(Clifford Geertz)가 제시한 것으로, "어떤 사회나 문화는 일정 발전 단계에 도달하고 더는 고차원의 형태로 전환되지 못하고 정체되

는 현상[26]"을 의미한다. 제한된 토지에 막대한 노동력을 투입하면 총생산량은 증가한다. 반면 한계 수익은 점점 감소하는데 이런 성장의 구조가 중국에도 발생했다. 이것이 실질적 발전은 없고 양적으로 성장하는 '반진화'의 전형적 양상이다.

아메리카 상업 작물 중에서 담배, 땅콩, 해바라기, 아메리카 면화가 비교적 중요하다. 담배는 청말 이후 세수(稅收) 구조를 바꿨으며, 오늘날까지도 담배세는 재정 수입의 주요 항목에 든다. 땅콩과 해바라기는 기름[油] 작물의 구성을 변화시켰고, 이로써 중국인의 식생활과 기호도 크게 변한다.

아메리카 면화는 근대 중국 경제 발전의 중요 동력이 되었으며, 동시에 사회도, 농업 경영 방식도 모두 달라졌다. 아메리카 부식(副食) 작물 중 토마토, 고추, 호박이 중국에 영향이 많이 끼쳤다. 고추는 중국인 식생활에서 미각을 근본적으로 바꾸었으며, 나아가 중국 민족 정체성, 미적(美的) 취향, 부호의 상징체계에도 깊은 영향을 미쳤다. 본서는 바로 이 점을 주요 연구 대상으로 삼았다. 동시에 이 셋 작물은 "원고(園枯=여름철 채소의 부족)" 현상을 해소하는 데도 크게 기여했다. 특히 토마토는 여름철 주요 채소로 자리 잡았으며, 호박 덕분에 남방의 농민재해나 흉년 때 식량난을 해결할 수 있었다.

중화 문명은 개방적이면서 동시에 보수적이었다. 한편으로 중화 문명은 타 문명에서 잘 배웠으며, 외래 품종을 적극적으로 수용했다. 다른 한편으로는 외래 사물에 신중하게 접근했는데, 오랜 시간을 두고 특성을 파악하고서야 일부만 보수적으로 수용했다. 이런 모순적 이중성이야말로 중화 문명의 성숙한 정도를 보여주는 징표이다.

---

26 Geertz, Clifford. Agricultural Involution : The Process of Ecological Change in Indonesia. University of California Press, 1963.

만약 한 문명이 외래 사물을 지나치게 개방적으로 대하면, 그 결과를 두 가지로 나눠 예상할 수 있다. 그 하나는, 외래 사물이 빠르게 문명으로 침투하여 구조적 격변을 일으키고, 이로 인해 문명의 내부 구조가 요동치며, 기존 사회경제적 체계가 짧은 시간에 보조를 맞추지 못해 결국 문명이 붕괴하는 경우이다. 또 하나는, 한 문명이 외래 사물과 그 배후의 사회경제 구조를 모두 수용하여 아예 다른 문명으로 동화되는 경우이다. 완전 붕괴든 전면 전환이든, 이 모두는 해당 문명의 소멸을 뜻한다.

문명이 과도하게 보수적이면 외래 사물을 전면 거부한다. 그러면 외부 환경의 변화에 따라 발전하지 못한다. 이런 문명은 결국 외래 문명이나 외부 세력에 의해 소멸된다. 과도한 보수성 또한 문명의 소멸을 초래하는 중요한 요인이다.[27] 제국주의가 성행하던 때, 아시아와 아프리카의 우수한 문명은 개방과 보수 사이에서 어렵게 행마를 선택해야 했다. 완고한 보수는 종종 외부 세력에 의해 멸망했고, 성급하게 개방해도 즉 서아프리카나 동남아시아의 고대 왕국의 사례처럼 제국이 재빠르게 삼켜버린다. 중화 문명은 지속적으로 외부와 교류해 왔는데, 어떤 때는 외래 사물을 적극적으로 받아들여 외래 사물이 매우 빠르게 중국에 유입되었고, 중국인은 제한된 범위에서 시험적으로 사용했다. 한편 외래 사물을 보수적으로 활용하고 전파하면, 중국 문화와 완전히 융합하기까지는 오랜 시간이 걸렸다. 또한 융합 과정에서 발생하는 악영향을 경계하는 완고한 보수 세력도 늘 존재했다. 이러한 이원성, 즉 개방성과 보수성은 중화 문명이

---

27 문명은 전적으로 보수적이거나 개방적일 수 없으며, 대부분 보수와 개방 사이에서 조절과 균형을 추구한다. 역사적 조건과 상황에 따라 한 문명은 조절의 정도를 달리한다. 중화 문명은 강할 때 평소보다 개방적 태도를 취하며, 반대로 외부 세력보다 열세일 때는 보수적 태도를 취한다.

오랫동안 존속할 수 있었던 창과 방패였다. 도하(渡河)에 비유하자면, 중화 문명은 용감하게 입수(入水)하지만 일단 물에 들어가면 신중하게 앞으로 나아간다.

6.
고추는 언제 음식이 되었는가?

고추가 중국에 전래되고, 가장 이른 문헌 기록은 절강(浙江) 지역에서 나온다. 중국인은 고추를 알고서도 상당히 오랜 기간 동안 식자재로 사용하지 않았고 관상용 화초로 여겨 소규모로 재배했다. 그렇다면 고추는 어떻게 중국인의 식생활 속으로 들어오게 되었을까? 중국인은 어떤 역사적 배경 속에서 고추의 식용 가치를 새롭게 발견하게 되었을까?

고추는 중국에 유입되고도 한참 동안 식자재로 인식되지 않았다. 고추가 식품이라는 정보는 전파 과정에서 우연히 누락되었거나, 고의로 배제했을 수도 있다. 현존 역사 자료 중에, 주로 지방지와 필기(筆記) 등에서 고추가 중국 식문화에 편입된 역사적 경로를 발견할 수 있다.

강희 60년(1721)에 편찬한 『사주부지(思州府志)』에는 "해초(海椒), 속명 랄화(俗名辣火), 토묘용이대염(土苗用以代鹽)"라는 기록이 실려 있다.

이 글이 고추 식용에 관한 가장 이른 기록이다. 전국의 지방지 가운데, 강희 10년(1671)의 절강(浙江) 『산음현지(山陰縣志)』와 강희 23년(1684)의 호남(湖南) 『소양현지(邵陽縣志)』에서 고추를 언급하고 있다. 이는 귀주(貴州·현재의 구이저우)의 『사주부지(思州府志)』보다 빠르다. 그러나 앞의 두 기록은 고추 식용을 명확히 거론하지 않았으므로, 현존하는 도서 중에 고추 식용에 관한 가장 빠른 기록은 『사주부지』이다. 이 책에서 매우 중요한 정보 두 가지를 전한다. 첫째, 고추 식용은 "소금을 대신한(用以代鹽)" 불가피한 선택이었다는 점, 둘째, 고추를 먹는 풍습은 "토족(土族)과 묘족(苗族)"이 시작했다는 점이다.

강희 연간 전문(田雯)이 쓴 『검서(黔書)』 상권에 다음과 같은 기록이 있다.

> "소금이 부족할 때는 '구초(狗椒, 곧 고추[辣椒])'로 대신했다. 구초는 매우 맵다. 매운맛으로 짠맛을 대신했는데, 혀끝만 얼얼했다. 이는 진정한 맛이 아니다."

이 기록도 '고추가 소금의 대용품'이라는 사실을 설명한 것이다.

건륭 연간의 『귀주통지(貴州通志)·물산(物產)』에는 "해초(海椒)는 속칭 '랄각(辣角)'으로, 토족과 묘족이 소금을 대신하여 사용한다"고 했다. 또, 건륭 연간의 『검남식략(黔南識略)』에는 "해초, 속칭으로는 '랄자(辣子)'라 하며, 토족들이 음식을 먹을 때 곁들여 사용한다"라고 되어 있다.

건륭 연간의 이 기록은 귀주 지역이 고추 식용의 기점임을 더욱 확실히 입증해 준다. 귀주 사주부(思州府)에서 "토족과 묘족이 매운맛으로 소금을 대신했다"라는 가장 이른 기록을 남긴 것은 우연이 아니다. 현지 인민이 소금의 대체재를 찾으려고 거듭 시도한 끝에 나온 결과였다. 그래서 고추가 중국 식생활에 널리 전파된 기점은 귀주성이라고 필자는 생각한다. 지방지에 보이는 고추 재배의 시기 또한 이런 주장을 뒷받침한다. 귀주에서 남긴 고추에 대한 최초 기록은 1721년 『사주부지(思州府志)』로, 서남 지방 여러 성 가운데 가장 빠르다. 귀주는 동쪽으로 호남성과 접하고 있다. 호남에서는 1684년 출간한 『소양현지』에서 고추가 처음 등장하는데, 1671년에 나온 절강성 지방지인 『산음현지』 다음이다. 따라서 고추의 전래 경로는 '절강 → 호남 → 귀주'로 보이며, 이 전파 과정에서 귀주가 중요한 거점 역할을 한다. 바로 귀주에서 외래 신종(新種) 식물인 고추는 중국 식문화의 부식(副食) 조미료로 변신한다. 이 과정은 귀주에서 완성된다.

이로써 고추는 절강성에서 장강을 거쳐 호남으로 흘러갔을 것으로 필자는 추측한다. 호남성에서 장강과 인접한 동북부 지역에서는 고추를 처음에는 식용하지 않았고, 단지 관상용이었을 가능성이 매우 크다. 고추는 수십 년에 걸친 완만하게 전파되는데, 호남 동부 지역에서 서부 지역으로 서서히 흘러갔고, 이 과정에서 중요한 무역 거점은 상덕(常德)이었을 것이다. 이후 고추는 상덕에서 서쪽으로 원강(沅江)을 통해 묘족의 토사(土司), 즉 지금의 천시(辰溪) 일대로 흘러갔다. 여기에서 무수(潕水)를 거슬러 귀주 사주부 관할로 유입되었던 것이다.

청나라 강희 연간, 사주부는 장관사(長官司)를 네 곳을 관할했다. 도평아이계만이장관사(都坪峨異溪蠻夷長官司), 도소만이장관사(都素蠻夷長官司), 시계장관사(施溪長官司), 황도계장관사(黃道溪長官司)로, 모두 사주하(思州河)-현재 룽장허(龙江河)-를 따라 설치되었으며, 관할 구역은 대체로 지금의 천공현(岑巩县) 서남부 지역과 전위안현(镇远县) 동북부 지역이다. 옛 사주부는 지금의 천궁현 스양진(思旸镇)에 있었다. 바로 이곳에서 고추는 '먹을 수 없는 식물'에서 '식용 가능한 조미료'가 되었다. 이는 중요한 전환이었다. 동시에 매운맛을 즐기는 음식 풍속이 조금씩 형성되기 시작했다.

필자는 상검(湘黔, 호남과 귀주) 접경 지대에서 현지 조사를 한 적이 있는데, 천공현(岑巩县) 인근이 중국 식문화에서 고추를 조미료로 가장 먼저 사용했다는 실증 자료를 확보하지는 못했다. 매운 음식을 즐기는 식습관은 주변 지역과 비교해도 특별히 다르지 않았다. 지난 300여 년간 문화가 전파/융합되면서, 고추 식용을 시작한 원래 지역과 주변 식문화는 분별할 수 없을 정도로 섞여서 그럴 것이다. 유일한 증거라면, 고대에는 무양하(舞阳河)를 따라 상로(商路)가 실제 존재했다는 것이다. 최근 20여 년 전 도로가 개통되기 전까지, 이 상로는 현지에서 가장 중요한 교역 통로였다. 하지만 이 일대는 산이 높고 물길이 험해 교역이 매우 어려워, 규모도 크지 않았을 것이다. 선충원(沈从文)의 『변성(边城)』은 바로 이 지역, 호남과 인접한 교역 시장인 마을 풍경을 잘 묘사한 작품이다. 이러한 험난한 산길과 급류를 가로질러, 식용으로서의 고추를 먹는 풍습은 다시 동쪽 호남(湖南, 후난)으로 전파되고, 서쪽 투주(渝州, 현재의 충칭)를 거쳐 사천(四川, 현재의 쓰촨)으로, 남쪽으로는 운남(雲南, 현재의 윈난)으로 퍼져 나갔다.

고추가 중국에 처음 들어왔을 때만 해도 식용이 아니라 주로 관상용 작물로 재배되었고, 그 후 약용 식물로 사용했다. 고추의 식용에 관한 중국 최초 문헌은 귀주성 지방지이다. 고추에 대한 기록은 귀주와 인접한 성 지방지에서 차례로 등장하는데, 지방지의 「물산지(物產志)」 편에 수록되어 있다. 20세기 초에 이르면, 고추 식용 습관은 양쯔강 중상류 대부분 지역으로 확산되었고, 운남, 쓰촨, 후난, 후베이(湖北), 강서 등의 농촌 지역에서는 매운 음식을 즐기게 되었다.

강희 연간에 고추는 비로소 중국인 식생활로 들어오지만, 지역 범위는 매우 좁았다. 주로 귀주 동부와 호남-귀주 접경의 산악 지역의 불과 몇 개 부(府)와 현(縣) 지역에 국한되어 있었다. 명나라 만력(萬曆) 말년(1690년대)부터 청나라 강희 중엽(1790년대)까지 약 100년에 걸친 이 시기는, 고추가 외래 식물에서 중국 식문화의 조미료로 정착해 가는 과도기였다. 귀주 지방에서 소금이 늘 부족해서 다른 것으로 소금을 대체해야 했던 객관적 현실이 고추를 식용하게 하는 변화의 동인이었다.

이 시기는 마침 명말청초 교체기였으며, 전쟁과 기근으로 사회 전체가 극도로 불안정했다. 그래서 고추에 관한 기록을 많이 남길 수 없었다. 고추가 중국에서 어떻게 전파되었는지를 입증할 수 있는 연속적이고 체계적인 역사 자료를 찾기란 매우 어렵다.

또한 이 시기 고추는 지역마다 다른 이름으로 불렸는데, 이는 고추가 아직 사람들의 일상생활 속에서 흔히 접할 수 있는 일반적인 산물로 정착하지 못했음을 보여주는 또 하나의 단서이기도 하다. "번초(番椒)", "랄호(辣虎)", "랄각(辣角)", "랄가(辣茄)" 등 상이한 이름은 결국 "랄초(辣椒, 중국 발음은 라자오)"로 통일된다. 이는 고추가 중국인 일상으로 널리 보급되고 정착되어 간 역사적 과정을 잘 보여준다. 그러나 고추가 들어온 초기에는 지역마다 명칭이 제각각 달라, 오늘날 이 분야를 연구하는 학자도 적지 않은 어려움을 겪고 있다.

다음의 〈표 2〉는 완전하지 않지만, 고추의 다양한 명칭을 정리한 목록이다.

〈표 2〉 고추의 다양한 명칭들

이름	시기	지역	출처
랄추(辣椒)	만력 26년	남직예(南直隸)	『목단정(牡丹亭)』"辣椒花, 把陰熱窄"
	옹정 11년	광서(廣西)	『광서통지(廣西通志)』"每食爛飯, 辣椒爲鹽"
번추(番椒)	만력 19년	절강	『준생팔전(遵生八箋)』"番椒叢生白花"
랄각(辣角)	강희 12년	직예	『남피현지(南皮縣志)』"野生落藜……辣角"
해추(海椒)	강희 23년	호남	『보경부지(寶慶府志)』"海椒"
	강희 61년	귀주	『사주부지(思州府志)』"海椒, 俗名辣火, 土苗用以代鹽"
	동치 13년	사천	『회리주지(會理州志)』"海椒, 『花鏡』番椒, 一名海瘋藤, 俗名辣茄, 又名辣子"

랄가(辣茄)	강희 33년	절강	『항주부지(杭州府志)』"又有細長色純丹, 可爲盆幾之玩者, 名辣茄, 不可食"
랄호(辣虎)	건륭 4년	절강	『호주부지(湖州府志)』"辣虎, 一作火"
진추(秦椒)	건륭 9년	섬서	『직예상주지(直隸商州志)』"番椒, 俗呼番椒爲秦椒, 結角似牛角, 生靑熟紅, 子白, 味極辣"

고추는 청나라 초기에는 더디게 퍼지다가, 이후 점점 속도가 빨라진다. 강희(康熙), 옹정(雍正), 건륭(乾隆) 시기에는 매우 느렸고, 가경(嘉慶) 때부터 점차 확산 속도가 빨라진다. 다시 말해, 19세기부터 본격적으로 고추는 중국인의 식생활 속으로 빠르게 스며들었다. 20세기 초에 이르면, 고추의 식용 범위는 귀주를 중심으로 북쪽으로는 후베이 서부, 동쪽으로는 후난과 강서, 남쪽으로는 광시(广西) 북부, 서쪽으로는 위저우(渝州), 쓰촨, 위난 지역까지 확대되었다. 이로써 20세기 초에는 구이저우를 중심으로 하는 "장강 준상류이 매운맛 벨트"가 형성된다.

고추의 확산과 동시에 중국 농업은 '반진화' 현상을 겪는다. 인구가 증가하면서, 토지가 부족해져 농민이 선택할 수 있는 부식(副食)의 폭은 점점 좁아졌고, 수확성이 높은 주식(主食)에 토지 대부분을 할당해야 했다. 고추 재배는 땅이 많이 필요 없었고, 토질이 좋지 않아도 문제가 없었으며, 산출량도 많아서, 이를 좋아하는 소농들이 점점 늘어났다. 이 때문에 고추는 남방 산간 지역으로 신속하게 확산되었다. 가경(嘉慶), 도광(道光), 함풍(咸豊) 무렵에 이르면, 고추의 명칭은 거의 고정되나, 여전히 사천, 운남, 귀주 대부분 지역에서는 '해초(海椒)', 화북과 서북에서는 '진초(秦椒)', 동남 연해에서는 '랄초(辣椒)'라고 불렀다. 아직 다양한 별칭이 존재했지만, 의미는 대체로 명확하여 소통에는 문제가 없었다. 이는 고추에 대한 개념적 인식을 이미 완성되었고, 이미 중국 음식 문화의 일부가 되었음을 보여준다.

고추는 남방 산간 지역의 빈농들 사이에서 인기가 많았으며, 그래서 '가난한 이들의 부식'이라는 계급적 낙인이 찍히게 되었다. 이런 인상 탓에 고추는 상류 사회에 진입하기 어려웠다. 고추를 식용해왔던 지대 내 대도시에서도 수요가 많지 않았고, 관리나 부호도 별로 좋아하지 않았다. 하지만 1911년 이래 일련의 혁명으로 계급마다 달랐던 식생활 구도가 무너지면서, 양상이 달라지기 시작했다. 그제야 사회 각 계층이 고추를 수용할 수 있는 조건이 마련되었다. 그래서 음식 이면에 감춰져 있던 계급적 구분이 사라졌는데, 달리 말하면, 중국 사회의 계급 구조 자체가 재편된 것이라 할 수 있다.

음식에도 적용되었던 사회적 계층 구조가 무너지자, 고추는 다시 조명을 받았다. 하지만 정작 중국 전역에서 고추를 식용한 것은 1978년 개혁개방 이후이다. 1978년부터 현재까지 중국에서 도시화가 급박하게 진행되었고, 수억 명이 도시로 이주했다. 이 이주민은 중국 인구의 절반가량으로, 이들이 '도시의 매운맛 식문화'를 창조했다. 이 현상에는 원인이 여러 가지이지만, 그중에서 중요한 것은 두 가지이다.

첫째, 식품의 상품화로 값싼 조미료가 대량으로 시장에 나왔고, 고추를 주재료로 만든 조미료는 맛이 강해 질이 나쁜 재료의 맛을 효과적으로 가렸다. 그래서 맵고 싼 요리가 비교적 소득이 낮은 도시 이주민들 사이에서 유행했다. 막 도시로 온 사람들은 외식을 많이 했고, 도시에 기반이 약했던 이들은 사회적 교류가 필요했다. 따라서 그들에게 매운 요리와 이 요리를 전문으로 하는 식당이 찾았다. 도시 이주민의 등장은 매운맛이 유행하게 된 주요한 원인으로 작용한다.

둘째, 기존 식문화의 구조가 무너졌기 때문이다. 도시의 신흥 시민은 과거 귀족의 식문화를 따라할 수 없었고, 그래서 음식의 계급적 구분이 모호해졌다. 이러한 상황에서 매운 요리는 과거의 편견을 깨고 널리 인정받게 된다. 다른 원인으로, 한의학의 고추에 대한 긍정적 인식, 고추가 내포한 성적 암시와 은유, 그리고 조리법이 쉬워 이주민도 쉽게 요리할 수 있다는 것 등이 있다.

고추가 중국에 유입된 400년 역사를 4단계로 구분할 수 있다.

- 1단계(1600-1700): 고추가 '먹을 수 없는 것'에서 '먹을 수 있는 것'으로 인식이 바뀌는 시기이다. 이가 고추가 중국 식생활에 진입한 제1단계이다. 이 시기에 중국인우 '식자재로서 고추'를 새롭게 발견한다.

- 2단계(1700D-1800): 고추가 지역 식문화로 완만하게 확산되는 시기이다. 이 시기에는 점점 많은 중국인이 식자재로서 고추를 접했고, 자기 방식으로 고추를 달리 명명한다. 고추에 대한 경험적 개념을 정립하기 시작한 것이다. 중의학에서 고추를 인식했고, 인민은 유비(類比)와 은유를 통해 고추와 중국 전통의 매운 조미료 개념과 연결한다.

- 3단계(1800-1900): 고추가 지역 식문화 속에서 빠르게 확산되는 시기이다. 이때 중국인은 고추를 단순한 경험적 개념에서 상징/기호로 이해하기 시작한다. 물론 이 상징적 개념은 중국에 본래부터 있었고, 이를 고추에 전이했을 뿐이다. 이 시기에 고추의 지역적 구도가 어느 정도 자리를 잡았고, 오늘날 중국인이 생각하는 '전통적 식고추[食辣] 지역'이 형성되었다.

- 4단계(1900-2000): 고추가 중국 식생활 전반에 스며드는 시기이다. 혁명과 이주로 고추를 새롭게 인식하며, 본질적/기호적 개념을 재정립한다. 그래서 20세기 중국의 정치·경제 구조가 급변하는 과정에서 고추는 두각을 나타내며, 중국 음식 문화에서 중요한 자리를 차지한다.

7.
왜 귀주에서 제일 먼저
고추를 음식 재료로 사용했는가?

중국으로 고추가 들어올 때, 동남 연해 지역에서 고추를 가장 먼저 접했고, 중부 교통 요지가 그다음이다. 하지만 이 지역은 한동안 고추의 식용 가치를 발견하지 못했다. 그런데 교통이 불편한 내륙 귀주에서 고추 식용에 관한 가장 먼저 나온다. 왜 이렇게 된 것일까?

고추가 어떻게 식자재로 되었는지를 파악하려면, 우선 식생활에서 고추의 위상이 어떤지부터 분석해야 한다. 고추는 당연 '부식(副食)'으로 분류되며, 부식은 주식(主食)보다 덜 중요하고, 뺄 수도 더할 수도 있으며, 입맛과 계급에 따라 선호가 다르다. 특히 고추는 부식적 가치가 매우 두드러진다. 부식의 유형도 두 가지이다. 하나는 영양 섭취가 목적인 육류, 단것, 채소, 과일 등이 그렇다. 또 다른 하나는 조미 목적으로 식용하는 것으로, 절인 채소, 기름에 절인 고추, 간장, 두시(豆豉), 삭힌 두부(豆腐乳) 등으로, 맛이 매우 강해 그 자체로 먹기 어려우며, 주로 주식을 보조하는 역할을 한다.

지방지에 따르면, 고추는 중국 서남 지역에서 조미용 부식으로 중요시했으며, 이 지역에서 고추가 널리 재배한 시기는 청나라 중기 중 가경(嘉慶), 도광(道光), 함풍(鹹豐) 연간인 1796년부터 1861년 사이로 거슬러 올라간다. 그래서 다음과 같은 질문에 답이 필요하다. "왜 이 시기에 고추가 조미 부식으로 중요해졌는가?"

주식과 부식의 관계를 역사에서 살피려면, 곡물 생산력과 농민의 생활 수준에 대해서 먼저 이해해야 한다. 경지의 면적과 수확량, 세금에 따라 농민은 주식과 부식의 비율을 결정한다. 다행히 역사학자들이 역대 토지 제도에 대해서 연구를 많이 해왔다. 명청 시대에 고추가 중국 식생활로 들어왔으므로, 본서는 이 시기의 역사학 연구 성과만 참고했다. 량팡중(梁方仲)의 『중국 역대 호구, 토지, 전세 통계』에 따르면, 명대부터 청말까지 1무(畝)당 평균 곡물 수확량은 안정적이면서도 약간 증가한다. 그런데 인구가 증가하면서 1인당 경지 면적은 계속 감소한다. 가경(嘉慶) 중기에 오면 만력(萬曆) 때보다 절반 이하로 줄어든다. 따라서 농민의 1인당 곡물 생산량은 계속 줄어들게 된다.

명 만력 연간에는, 1무(畝)당 평균 생산량에서 자기 소비를 제외하고 458시근(市斤)[28]을 시장에 공급할 수 있었다. 건륭 때는 441시근, 가경 때는 121시근으로 줄었다. 광서 때는 50시근에 불과했다. 한 가족이 다섯 명이라고 가정하면, 연간 잉여 곡물은 250근에 지나지

---

28 여기서 다루는 '시근'(市斤)은 청대의 시근을 가리키며, 이는 600g에 해당한다. 다음부터는 따로 주석을 달지 않는다.

않았고, 청말의 표준 은가(銀價)로 환산하면 약 은 3냥 정도이다. 이 돈으로 혼례, 장례, 질병, 노후 등 각종 부가 지출을 감당하기 어렵기 때문에, 식량 소비를 가능한 낮출 수밖에 없었다.

〈표 3〉 명청 시대 인구 및 인당 경작지 추정표[29]

시기	총인구(명)	총경지 면적(묘)	인당 경지 면적(묘)
1655년(순치 12)	14,033,900	387,756,657	27.63
1711년(강희 50)	24,621,324	693,090,270	28.15
1734년(옹정 12)	27,355,462	890,146,733	32.54
1753년(건륭 18)[30]	102,750,000	707,947,500	6.89
1766년(건륭 31)	208,095,796	740,821,033	3.56

인구는 급증했지만, 경지 면적은 크게 늘지 않아, 농민은 자가 소비량을 최대한 낮출 수밖에 없었다. 그래서 농민은 주식(主食) 생산에 더 집중해야 했다. 청말 1인당 연간 곡물 소비량은 약 350시근(市斤 =210kg)이었다. 1975년 유엔식량농업기구(FAO)는 1인당 연간 곡물 소

29　량팡중의 『중국 역대 호구, 토지, 전세 통계』를 근거해서 정리했다.

30　1734년부터 1753년까지, 불과 20년 만에 인구가 거의 4배 가까이 증가했는데, 이런 급증의 배경에는 옹정 연간부터 건륭 초년에 걸쳐 시행한 '탄정입묘(攤丁入畝)' 정책이 있다. 인두세(丁稅)를 토지세에 포함시키자, 세금을 피하려고 식구를 숨길 필요가 없어졌다. 그래서 공식 통계에 잡힌 인구수가 급격히 늘어난다. 반대로 각종 세금을 토지세로 통합하면서 통계상 전답 면적은 오히려 줄어드는 현상이 나타난다. 이전에 세금을 줄이려고 허위 신고했는데, 그럴 필요가 없어져 수치가 실제와 가까워진 것이다. 토지는 사람과 달리 숨기기 어렵기 때문이다. 결론적으로 〈표 3〉에서 제시한 1753년과 1766년의 수치가 실상에 더 가깝고, 1655년, 1711년, 1734년의 수치는 단지 참고만 했으면 한다.

비의 '적정 기준'으로 400kg을 제시했는데, 중국의 1인당 곡물 소비량은 오랫동안 이 기준에 미치지 못했으며, 1984년에서야 비로소 390kg을 넘기며 기준에 근접했다가 이후 완만하게 증가한다. 바로 이 시기, 중국 정부는 오랜 기간 고수했던 '이량위강(以粮为纲, 곡물 중심)'[31] 정책을 공식적으로 포기하고, 부식 작물을 다양하게 생산하도록 장려하는 정책으로 전환했다.

필자는 중국 남방의 농촌을 조사한 적 있는데, 농민이 구술한 역사를 들어보면, 20세기인 1980년대 이후에야 비로소 식량 부족 문제가 해결된 것 같다. 이전까지 식량이 늘 부족해서 식사는 주식이 위주였으며, 부식은 거의 없었고, 혹여 있더라도 조미용이었다고 한다. 조사 중 농민들은 종종 이렇게 말했다. "예전 한 끼를 먹을 때, 식용유도 고기도 부족해서 그저 밥만 먹었다. 반 근(250g)을 먹어도 배가 부르지 않았다. 지금은 고기도 채소도 있고 기름도 많아, 밥을 두세 냥(100~150g)만 먹어도 배가 부르다." 이 말을 통해 식단 구성에 대한 농민의 인식을 엿볼 수 있다. 주식이 중심이고 꼭 있어야 한다. 만약 양식이 부족하면 우선 주식을 확보한다. 부식은 부차적인 것으로, 양식이 넉넉해야만 부식을 챙길 수 있다. 그러므로 부식의 종류를 늘리고 질을 높이면, 이에 따라 경제적 지위도 높아졌다.

식량이 장기간 부족하자, 식사 스타일은 특이하게 변한다. 즉 고기는 적게, 채소는 많이 쓰며, 조미에 중점을 둔다. 주지하다시피, 중국 내지 농업 조건을 고려하면, 가축을 기를 수 없는데 가축이 곡

---

31 "이량위강(以糧爲綱)"은 1958년 이래 중국 정부가 채택한 농업 생산의 기본 방침으로, 1980년대에 와서야 공식적으로 폐기한다. 이 정책은 고대 법가의 '경전(耕戰)', 유가의 '사농공상(士農工商)' 계층 구분 같은 사상과 뿌리가 같다. 생산력이 부족한 사회에서, 주곡 생산을 최우선으로 삼았던 실천적 경험의 총결이라고 할 수 있다.

물을 많이 소비하기 때문이다. 그래서 중국 농민은 고기를 잘 먹지 않는다. 채소는 땅을 많이 차지하지 않으며 노동력도 많이 투입하지 않아도 된다. 또한 수시로 채취할 수 있으니 부식으로는 안성맞춤이다. 그래서 채소는 중국 음식 문화 중에서 위상이 특별하다. 그래서 원래 '먹을 수 있는 풀'이라는 뜻인 '菜(채)'가 부식을 통칭하는 말로 바뀌게 된다.

광동어 "餸(송)"은 여전히 '입맛을 돋우는 반찬'을 의미하는데, 반면 "菜(채)"는 오로지 채소만을 지시한다. 주식을 많이 먹고 부식이 부족한 상황에서는 조미료가 매우 중요한 역할을 한다. 그래서 중국 음식은 보통 '절인 채소, 절인 두부, 고추장' 같은 맛이 강한 소스를 부식으로 사용하게 된다. 지금도 빈곤한 산간 지역을 조사해 보면, 소금에 절인 채소나 고추 같은 부식으로 주식을 많이 먹는 모습을 볼 수 있다. 곡물이 부족한 상황에서 부식 경작을 줄이고 주식을 많이 확보하는 것은 가장 현실적 방안일 것이다. 맛이 강한 부식으로 반찬을 대신하는 것, 말하자면, 현대 중국어에서도 자주 쓰는 "샤판(下飯=하반)"은 저렴하게 주식을 많이 먹는 방법의 일종이다.

중국 음식에서 "샤판" 역할을 하는 조미(調味) 부식은 대체 세 가지 맛으로 분류할 수 있는데, 신맛, 짠맛, 매운맛이 그것이다. 이 셋을 조합하기도 한다. 서양인이 좋아하는 단맛은 중국 음식에는 비중이 상대적으로 낮다. 중국 음식에서 단맛의 위상은 연구할 가치가 있다. 유엔 식량 농업기구(FAO)의 2018년 자료[33]에 따르면, 중국인의 1인당 연간 설탕 소비량은 약 14kg으로, 1990년의 7kg에 비해 두 배

---

32 『說文解字』: "菜, 草之可食者, 從草采聲".

33 Chapter 5. Sugar, OECD-FAO Agricultural Outlook, 2018-2027, FAO. ORG. 2.

로 증가했지만, 북미와 유럽의 1인당 연간 평균 소비량인 약 40kg에 비하면 격차가 크다. 일본(18kg)과 한국(32kg)의 설탕 소비량도 중국보다 훨씬 많다. 이로써 본다면 중국인은 단맛을 그다지 선호하지 않는다는 것을 알 수 있다.

설탕으로 주로 단맛을 내는데, 값이 비싼 편이다. 산업 시대 이전에, 인민은 음식에 설탕을 쉽게 사용할 수 없었다. 중국이 산업화를 시작한 것은 불과 수십 년 전이므로, 중국 전통 음식에서 단맛은 두드러지지 않는다. 궁중 요리나 관청 요리에서만 설탕을 많이 썼고, 일반 서민은 명절 음식에만 설탕을 사용했다. 산업화가 빨랐던 영국이나 미국 음식과 비교하면, 중국 음식은 단맛이 약한데, 단맛 간식이나 가벼운 탄산음료, 사탕의 종류나 제조 기술도 비교적 단순한 것도 이를 뒷받침한다. 따라서 중국 전통 음식은 설탕을 많이 사용하지 않았다는 결론을 내릴 수 있다.

시드니 민츠(Sidney Mintz)가 『달콤함과 권력(Sweetness and Power)』에서 말했듯이, 1650년 이전 영국은 단맛을 꿀과 과일에서 얻었다.[34] 중국 상황도 매우 유사했다. 그러나 1650년 이후, 유럽과 미국에서 설탕은 사치품/희귀품에서 일용품/필수품으로 바뀐다. 자본주의가 발전하자, 생산은 폭발했으며 또 자본을 획득하려고 더 많이 생산하려는 욕망이 들끓어 사치품은 대중화된다. 하지만 중국 음식에서 단맛의 발전 양상은 상당히 독특하다. 종주국의 유행을 따라 설탕을 권력의 상징으로 삼았던 카브리해 식민지 같지도 않았고, 또 영국처럼 생산력이 폭발한 이후에도 설탕은 일상 음식으로 스며들지 않았다.[35]

---

34 [美] 西敏司:『甜与权力:糖在近代历史上的地位』, 朱健刚、王超译, 商务印书馆, 2010年版, 第13页.

35 [美] 西敏司:『甜与权力:糖在近代历史上的地位』, 朱健刚、王超译, 商务印书馆, 2010年版, 第 156-159页.

카브리해 식민지를 식민주의 음식의 전형으로, 또 영국을 현대주의 음식의 전형으로 가정하고 중국 음식 문화를 평가한다면, 중국은 이 둘 모두에 해당하지 않는다. 중국 음식 문화는 식민주의도 현대주의도 아니다. 필자가 어릴 때만 해도 설탕은 여전히 값이 비쌌다. 다바이투(大白兎) 캔디는 설날이나 결혼식 사탕 상자에서나 볼 수 있었다.

1990년 이후 중국이 급속히 산업화되어 설탕값이 싸지면서, 다바이투 캔디는 도시에서 쉽게 구할 수 있는 상품이 된다. 그렇지만 필자 주변 사람들은 여전히 단것을 과다하게 섭취하지 않는데, 아직 그런 습관이 형성되지 않았기 때문이다. 유럽이나 미국으로 유학한 중국 학생들은 종종 디저트가 지나치게 달아 먹을 수 없다고 토로하기도 한다. 중국인이 선호하는 간식은 대부분 짠맛과 매운맛이 강하다. 그래서인지 매운맛 두부와 육포는 온라인에서 늘 상위권을 차지한다.

옛날 영국에서는 설탕이 사치품에서 대중화되었지만, 중국에서는 그런 과정이 없었고 또 설탕이 비싸지도 않았다. 그런데도 대중적으로 유행하지 않았으며, 나아가 유럽과 미국처럼 단맛 중독 문제도 발생하지 않았다. 그렇다면 왜 중국에서는 단맛이 유행하지 않았을까? 단맛이 아니라 매운맛이 어떻게 현대 중국의 식문화에서 두드러졌을까? 인간은 천성적으로 단맛을 좋아하지 않는가? 본서는 '중국에서 매운맛의 유행'이라는 단서로 진행하지만, 만약 '단맛이 왜 주류가 되지 못했는가'를 주제로 다루어도 의미가 상당할 것이다.

부식에서 종종 신맛, 매운맛, 짠맛이 잘 어우러지기도 한다. 현대 중국 부식은 짠맛을 제일 중요시한다. 짠맛을 내는 주요 부식은 '장아찌[酱菜]'인데, (콩을 발효해서 만든) 더우츠(豆豉), 더우장(豆酱), 더우푸루(豆腐乳) 등도 꼽을 수 있다. 채소로 주재료로 짠맛을 내는 부식은 장과(酱瓜), 동차이(冬菜), 셴차이(咸菜) 등이 있다. 이러한 부식은 대개 짠맛이 두드러지지만, 가끔 매운맛이 중요할 때도 있다. 사천의 더우반장(豆瓣酱), 호남의 마오위(猫余)는 짠맛과 매운맛이 모두 강하게 난다. 신맛이 나는 주요 부식은 옌차이(腌菜, 절인 채소)인데, 요즘 유행하는 북과 사천의 파오차이(泡菜)가 실례이다. 농사를 짓는 지역 대부분에서는 절임 채소를 만드는 전통이 내려오며, 신맛을 매우 중요하게 여긴다. 일부 지방에서는 짠맛과 매운맛을 동시에 내기도 한다.

조미료/부식의 형태는 지역과 긴밀히 연결되어 있다. 동남 연해에서는 해산물, 콩으로 만든 것, 채소를 원재료로 사용한다. 광둥의 차오저우(潮州)에서는 새우젓, 짠 생선, 두반장, 절임 채소(짠지) 등을 모두 부식 겸 조미료로 사용하는데, 선택 폭이 비교적 넓다고 할 수 있다. 또한 연해 지역은 소금 산지라서 짠맛을 내는 부식/조미료는 구하기도 쉽고 별로 비싸지도 않다.

호남, 강서 같은 중부 지역은 해산물을 얻기 어려워 조미료 겸 부식은 주로 채소와 콩류 제품을 원재료로 많이 사용한다. 하지만 이들 지역은 하천 수로의 중심이고 상업 무역도 발달해, 소금은 비교적 쉽게 구할 수 있다. 따라서 절임 채소, 더우츠(豆豉), 더우푸루(豆腐乳) 등이 비교적 흔하며, 가격도 비싸지 않다.

서부 지역은 세 가지 유형을 나눠 살필 필요가 있다. 첫째, '정염(井鹽)=광염(礦鹽)' 산지와 가까워 소금을 쉽게 얻을 수 있는 곳이다. 둘째, 소금 산지는 아니지만 비교적 교통이 편리한 곳이다. 셋째, 소금 산지도 아니고 교통도 불편해 소금이 비싼 곳으로, 이 지역 인민은 인구가 급속히 증가할 때면 부식을 포기하고 주식 위주로만 식사해야 한다. 또 소금이 주재료인 조미료/부식을 구할 수 없으면 전통적 부식 이외에 다른 활로를 찾아야 했다.

주지하다시피, 남부에서는 소금이 제일 부족한 지역이 귀주이다. 그곳은 소금이 생산되지 않고 교통도 매우 불편하여, 소금 가격이 필연적으로 높아질 수밖에 없다. 북서부 지역에도 또한 정염(井鹽) 생산은 많지 않은 대신, 교통과 운송이 서남 지역보다 훨씬 편리한 덕에 소금 부족 상황이 귀주만큼 심각하지 않다. 귀주는 교통이 불편하고 정염을 채취할 수 없다는 자연적 요인 탓에 소금이 심각할 정도로 부족하지만, 한편으로는 중국 역사상 매우 중요했던 염업 전매 제도와도 관련이 매우 깊다. 전통 농촌 사회가 처한 경제적 조건을 살펴보면, 소금은 생활필수품이었고, 현지 자급이 어려운 상품이었다. 따라서 염세(鹽稅)는 서한 이래 역대 왕조의 중요한 재정 수입원이었고, 중앙 정부의 지방 통제력을 강화하는 데 크게 일조했다.

소금 전매제는 춘추시대 제(齊)나라에서 시작되었는데, 관중(管仲)이 처음으로 소금 전매 제도를 창안했다. 『관자(管子)』에서 관중은 다음과 말했다. "지금 만약 소금을 공급하는 정책을 시행하면, 수백 배 수익이 군주께 돌아오며, 백성은 이를 피할 수 없다." 서한 때, 상홍양(桑弘羊)이 주도해서 소금 전매 제도를 개선했다. 한나라에서 당나라까지 소금 전매 제도는 흥망성쇠를 반복한다. 안사(安史)의 난 이후, 소금 전매는 국가 제도로 안착되면서 천 년 이상 지속되는데, 2014년 4월 21일 중화인민공화국 국가발전개혁위원회가 식염(食鹽) 전매 허가증 관리 방안을 폐지한다고 발표함으로써 마침내 역사 속으로 사라졌다.

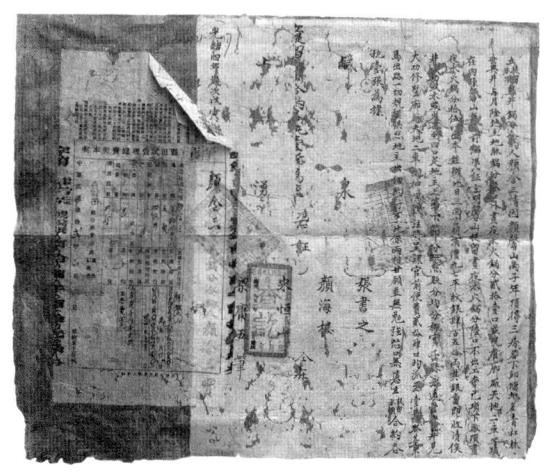

1878년 사천 자공(自貢) 정염(井鹽) 계약 문서 – 세흥(世興) 정염 분배 계약서

명 홍무(洪武) 3년(1370), 정부는 '개중법(開中法)'을 시행하면서, 소금 전표[鹽引]를 매개로 상인을 모집해 변경에 군량 등 전략 물자를 운송하게 하였다. 귀주를 살펴보면, 홍무 15년(1382)에 시행한 '납미급 염책(納米給鹽策)'에 따라, 쌀 두 섬 다섯 말을 납부하면 사천 소금 200근(약 120kg)과 교환할 수 있는 전표를 받았다. 귀주에서 곡물을 납부한 상인은 전표를 받은 후에 정부가 지정한 사천의 자류정(自流井)과 오통교(五通橋) 염장에서 소금을 수령하고, 이를 다시 자비로 귀주로 운송하고 판매했다. 귀주 이외에 다른 지역에서는 소금을 팔 수 없었다.

이 설명에서 잘 드러나듯이, 개중법은 염상(鹽商)에게 제약이 많았고, 소금과 쌀의 교환 비율도 고정되어 있었다. 상로가 험난하고 사천에서 귀주로 운송 비용도 비쌌기 때문에, 염상은 참여하지 않으려 했다. 그래서 귀주의 소금 부족 상황은 더욱 악화되었다. 명말부터 청말까지 전매 제도는 서서히 무너졌고, 전표는 조정 권세가의 재산 축척 수단으로 전락했다. 이런 탓에 전국에서 소금값은 폭등했고, 본래 소금이 부족했던 귀주에서는 "소금을 유통하려는 상인은 없고, 백성은 싱거운 음식을 먹을까 걱정한다"[36]라는 말이 나올 정도가 된다.

식용 소금이 모자라자, 서남 지역에서는 조미를 달리하는 즉 '소금을 대신하는[代鹽]' 조미 방식이 흔하게 나타났다. 기록에 따르면, 주요 '대염(代鹽)' 방식은 네 가지라고 한다. 즉 '풀과 나무의 재[草木灰]', 신맛, 고추, 그리고 초석(硝石)으로 소금을 대신하는 방법이다.[37] 인체가 체액을 일정하게 유지하려면 소금이 꼭 필요한데, 쌀과 채소를 위주로 식사하는 사람이 오랫동안 소금을 전혀 먹지 않으면 생사를 장담할 수 없다. '초목재(草木灰)'의 이온 성분은 물로 해리되며, 또 염분 소량과 탄산칼륨(K_2CO_3), 수산화나트륨(NaOH)도 들어 있다. 초목재로 혈액 내 이온을 어느 정도를 유지할 수 있어, 결과적으로는 소금 소비가 줄어든다.

한편 소금 대체재로 고추를 선택한 것은 순전히 '맛' 때문이었다. 소금처럼 고추도 침 분비를 촉진한다. 귀주 산간의 묘족(苗族), 동족(侗族) 등은 고추가 전래되기 전부터 신 것으로 소금을 대신했다. 오늘날에도 이런 식문화는 여전히 뚜렷하게 남아 있다. 다만 현재는 신맛과 매운맛이 완전히 융합되어, 귀주 산간에만 있었던 시고 매운맛이 요리가 등장하게 된다. 대표적인 예로, 쏸탕차이(酸汤菜), 쏸라미펀(酸辣米粉), 쏸라로우(酸辣肉食) 같은 요리를 꼽을 수 있다.

---

36 "귀주성에서 광둥 소금을 할당받아 병사 급료를 지불하려고 논의했으나, 문제가 많아 시행하기 어렵다"라는 광서 5년(1878) 10월 6일 자의 상소를 참고할 것.

37 李鹏飞:『历史时期"代盐"现象研究』, 载『盐业史研究』, 2015年 第1期, 第72-79页。

우선 다음 기록을 보자. 강희 연간에 나온 전문(田雯)의 『검서(黔书)』 상권에 아래와 같은 글이 나온다.

> 소금이 부족할 때, 고추로 대신한다. 고추는 성질이 맵다. 매운맛으로 짠맛을 대체하는데, 혀끝이 얼얼하니, 참된 맛은 아니다.

강희 60년에 출간한 『사주부지(思州府志)』는 다음과 같이 말한다. "해초(海椒)는 고추의 속칭으로 '랄화(辣火)'라고 하며, 토족과 묘족은 이를 소금 대신으로 쓴다."

귀주 산간 인민은 소금이 심각하게 부족해서 고추로 대체할 수밖에 없었고, 고추로 소금을 대체하기 전에 그들은 다양한 방법을 시도했다는 것을 반드시 짚고 넘어가야 한다.

『광서통지(廣西通志)』에도 고추로 소금을 대신했다는 기록이 다음과 같이 실려 있다. "진밥을 먹을 때마다 고추로 소금을 대신했다." 고추 식용은 토족, 묘족, 동족과 같은 소수민족이 시작했으며, 이로써 중국 식문화가 다원적 문화(heterogeneous culture)임을 입증할 수 있다.

고추를 조미료로 사용한 것은 중국 식문화에서 매우 중요한 역사적 장면이며, 토가족, 묘족, 동족 등 소수민족이 시작했다는 것도 주목할 만하다. 발효육(醱酵肉) 또한 남서부 소수민족에서 유래했다. 이 외에도 북방 오호(五胡)에서 시작해 당대(唐代)에 유행한 '괴식(块食)', 즉 찐빵[炊餠] 같은 음식이 있었고, 마카오의 포르투갈식 제과나 홍콩의 영국식 음료처럼 외국 민족에서 유래한 식문화도 있다. 이런 식습관은 중국 식문화라는 거대한 체계 안에 편입되었으며, '밥과 반찬을 구분하는 중국 전통의 식사 체계와 규칙, 음식에 대한 중의학적 해석 체계' 등과 어우러져, 이 거대한 유기체의 일부가 되었다.

8.
청대 고추의 확산

청대 중후기에 고추는 전국으로 확산되었고, 고추 식용의 '판도(版圖)'가 바뀌게 된다. 가경제에서 동치제까지, 이 시기에 고추는 중국 서남부 산간 지역에 빠르게 퍼졌으며, 요즘도 매운 음식을 많이 먹는 귀주, 사천, 후난, 운남, 강서 같은 지역은 모두 이 시기에 고추를 식용하기 시작했다.

강희 말년 이래, 옹정(1723-1735)과 건륭(1736-1795) 두 황제의 치세를 거치는 동안, 귀주 각 지역의 지방지에는 "고추를 다량으로 식용했다"라는 기록이 나온다. 건륭 연간에 와서는, 귀주와 인접한 운남의 진웅(鎭雄)과 귀주 동쪽인 호남 진주부(辰州府)에서도 고추를 먹기 시작했다. 가경제(1796-1820) 이후에는 검주(黔州=귀주), 상주(湘州=호남), 천주(川州=

사천), 공주(贛州=강서) 등 여러 성에서 고추를 널리 재배했다. 가경제 때 여러 지방지에서 고추가 전파되는 상황을 다루고 있는데, 강서, 호남, 귀주, 사천 등지에서 이미 "채소처럼 재배했다"라고 기록하고 있다. 『청패류초(淸稗類鈔)』에서 음식을 다루면서 다음과 같이 말한다.

> 도광 연간(1821-1850)에 귀주 북부에서는 끼니마다 꼭 고추를 썼고, 백성은 신맛과 매운맛을 즐기고, 술도 좋아했다. 운남, 귀주, 호남, 사천 지역 사람들은 매운맛을 즐겼다. 호남, 호북 사람은 하루 두 끼를 먹는데, 매운맛을 즐겨 진수성찬이라도 고추나 겨자가 없으면 젓가락을 들지 않았고. 국에도 고추가 많이 넣었다. 동치 연간(1862-1874)에 와서는 귀주 사람은 사계절 내내 고추를 먹었다.

만약 '귀주에서 소금이 모자라 음식을 맵게 만들기 시작했다'는 가설이 타당한다면, '귀주에서 처음 고추를 조미료로 사용했고, 차츰 사천, 호남으로 퍼져 나갔다'라고 추론할 수 있다. 이 두 성은 이후 고추 확산에 있어서 중요한 기점이자 결정적 역할을 했다. 한편, 사천과 호남에서 고추를 조미료로 사용하기 시작할 때, 거기에는 객관적인 조건이 매우 달랐다.

사천 사람은 옛날부터 향신료를 즐겨 사용해 왔다. 진(晉)나라 상취(常璩)의 『화양국지(華陽國志)·촉기(蜀記)』에, "촉(蜀) 사람은 맛을 중시하고, 매운 향신료를 좋아한다(尙滋味, 好辛香)"라고 했다. 당시 촉 사람은 화초, 생강, 수유(茱萸)를 애용했다. 이 셋 향신료를 '삼향(三香)'이라고 부른다. 화초와 생강은 지금까지도 사천 요리에서 주요 조미료로 사용하지만, 수유는 고추로 거의 대체되었다. 사천 사람은 향신료를 좋아해서 고추를 쓸 때도 다른 조미료도 같이 넣었다. 그래서 사천 요리는 '마라(麻辣)'가 두드러진 맛으로, 매운 향신료가 조화롭게 여러 맛을 낸다.

사천의 지리 또한 '마라맛'이 성행하는 요인이다. "촉도(蜀道)는 험하다"라는 옛말이 있을 정도로 사천 분지는 교통이 불편했고, 다른 성과 물자 교류도 거의 없어, 토산 향신료를 위주로 한 독특한 음식 스타일을 만들었다. 고추와 화초는 사천 토양에 적합하고 재배 단가도 낮아, 사천 사람이 가장 선호하는 향신료가 되었다.

다른 지역에서 사천으로 인구가 유입한 것이 고추 확산에 있어서 또 하나의 계기였다. 명말 청초, 사천에서 전염병이 창궐했고 전쟁이 크게 발발해 인구가 급격히 감소했다. 그러자 청나라 조정은 정국을 안정시키고 전란을 평정하고서, 강희 33년(1694)에 『백성을 사천으로 보내는 조칙(招民填川詔)』을 반포해, 호북, 호남, 강서, 광동에서 모집해 사천으로 많이 보냈다. 강희 말년부터 건륭 초기까지, 각지에서 이주민 수십만 명이 잇따라 사천으로 들어왔는데, 이들은 동시에 다양하고 다채로운 음식 문화도 함께 가져왔다. 하지만 사천의 지리적 여건에 적응하려면 이주민은 자신의 식생활을 바꿔야만 했다. 외지에서 사천으로 물자를 들어오기도 어려워서, 전에 썼던 조미료나 식자재를 쉽게 구할 수도 없었다. 그래서 이주민은 어쩔 수 없이 식생활을 바꾸어야 했는데, 사천 원주민의 음식 문화를 참했다. 그 결과 저렴하고 맛도 좋은 고추와 화초를 이민자는 애용하게 된다.

"맛을 중시하고 매운 향신료를 상용하는" 촉나라 원주민의 음식

문화를 외래 이주민은 빠르게 받아들였다. 가경 연간에는 사천 각지의 현지(縣志)에 '고추를 재배했다'는 기록이 많이 나온다. 금당(金堂), 화양(華陽), 온강(溫江), 숭녕(崇寧), 사홍(射洪), 홍아(洪雅), 성도(成都), 강안(江安), 남계(南溪), 비현(郫縣), 협강(夾江), 건위(犍爲) 등 여러 현의 지방지[縣志]는 한결같이 고추를 다루고 있다. 가경 연간의 『성도부지(成都府志)』, 『금당현지(金堂縣志)』, 『만아현지(滿雅縣志)』, 『납계현지(納溪縣志)』 등이 실례이다.

도광 연간의 『성구현지(城口縣志)』에서, "검추(黔椒)는 종자가 모두 검성(黔省=귀주)에서 나온 것이다. 민간에서는 '랄자(辣子)'라고 부른다. 맛이 매우 맵다. '해초', 혹은 '호초'라고도 한다. 열매는 뾰족하면서 둥글다. 어릴 때 녹색이다가 자라면 붉게 변한다. 빻아서 가루를 쓰기도 하고, 생식하기도 하고, 장아찌로 담가 반찬으로도 먹는다"라고 했다.

이 책에서는 고추씨의 유래가 귀주라고 설명한다. 이는 귀주에서 매운맛 음식 문화가 시작했다는 주장을 뒷받침한다. 이외에도 '빻아서 가루로 쓰거나, 생식하거나 절여서 먹는다'라는 설명을 곁들였다. 이는 '절임 고추[泡椒]'에 관한 가장 이른 기록이다. 청말(淸末) 부숭거(傅崇矩)의 『성도통람(成都通覽)』에는 "성도 지역의 음식 문화 속에서 고추가 이미 중요한 조미료로 자리 잡았다"라는 글이 실려 있고, 같은 시기 문인인 서심여(徐心餘)의 『촉유문견록(蜀遊聞見錄)』에는 "오직 사천 사람만이 고추를 먹는다. 반드시 가장 매운 것을 골라 사용하며, 매 끼니에 매운 음식이 없으면 안 될 정도이다"라고 했다.

호남은 사천보다 고추를 다소 늦게 음식으로 사용한다. 가경 연간의 『호남통지(湖南通志)』에는 '번초(番椒), 랄초(辣椒), 해초(海椒)를 식용했다'는 기록은 없으나, 같은 시기의 『장사부지(長沙府志)』에는, "번초는 진초(秦椒)라고도 한다. 3월에 씨를 뿌리고 4월에 작은 흰 꽃이 피며, 5월에 붓끝처럼 생긴 반들반들한 열매가 열린다. 어릴 때 청록색이고, 익으면 선명한 붉은색으로 변하니, 볼 만하다"라고 했다.

여기서는 고추를 다시 '진초(秦椒)'라고 부른다. 귀주와 사천의 '번초(番椒)'나 '해초(海椒)'라는 명칭과는 다르고, 오히려 북방 여러 성에서 쓰는 명칭과는 같다. 따라서 당시 장사(長沙)의 고추는 북방에서 온 교역품이었을 가능성이 높다. 호남의 상황은 지역별로 나누어 살펴보아야 한다. 호남 서부 산간 지역인 영순(永順), 진주(辰州), 연주(沅州), 정주(靖州) 등은 귀주성과 인접해 있어, 이 지역 지방지에는 고추에 대한 기록이 비교적 이른 시기인 가경 연간에 등장한다. 이는 매운맛을 즐기는 식습관이 귀주에서 전해졌음을 보여준다.

호남 북부 중 수로가 모이고 지세가 평탄한 상덕(常德), 악주(嶽州), 장사(長沙), 예주(澧州) 등의 지방지에서도 고추에 관한 기록이 대체로 이른 시기인 가경 연간에 등장한다. 하지만 명칭은 제각각으로, 예를 들어 상담(湘潭)에서는 '반초(斑椒)'[38], 악주와 장사에서는 '진초(秦椒)'라 부른다. 고추가 아직 민간에 유행하지 않은 외래품이라 지역적으로 통용되는 이름이 없어서, 상인들이 원산지 명칭 그대로 부를 수밖에 없어서 그런 것 같다. 호남 남부의 구릉 지대인 영주(永州), 보경(寶慶, 현재의 사오양), 형주(衡州), 진주(郴州), 뇌양(耒陽) 등지는 고추 식용이 가장 늦었는데, 대략 도광에서 함풍 연간 사이에 나타나고, 늦어도 동치(同治) 연간을 넘어가지는 않는다.

도광 연간의 『영주부지(永州府志)』에서는 『상교문견우기(湘僑聞見偶

---

38 '반초'는 '번초'를 현지 발음으로 기록한 것일 가능성이 매우 높다. 상주(湘州) 언어에는 경순음(輕脣音)이 없으므로 'fān(番)'을 'bān(斑)'으로 발음했을 것이다.

記)』를 인용해서 다음과 말한다. "근래에 번초(番椒)가 크게 유행하는데, 영주에서는 해초(海椒)라고 부른다. 토착민은 청색일 때 껍질째 먹으며, 매운맛이 여느 고추보다 훨씬 강하다. 또한 '랄자(辣子)'라고도 부르며, 평상 음식에서 늘 사용한다. 그래서 이 지역 사람들 가운데 눈병과 혈액 질환이 많다. 번초가 중국에 들어온 지 오래되지 않았고, 남서에서 동북 방향으로 나쁜 습관까지 전파되어서 그런 것 같다."

이 기록은 매우 중요하다. 첫째, 영주(永州)에서는 고추를 '해초(海椒)'라 불렀는데, 이는 귀주와 이름이 같고, 상북(湘北) 여러 지역과는 다르다. 둘째, 도광 연간에 영주에서 고추가 이미 유행했다고 했는데, 고추를 식용하는 문화가 자리 잡았음을 뜻한다. 셋째, '서남에서 동북으로 전파되었다'라고 했는데, 고추 식용이 영주 서남부인 귀주에서 성행하면서 점차 동북 방향으로 퍼졌음을 의미한다. 이는 호남 서부 지역의 매운 음식 문화가 귀주에서 왔음을 뜻한다. 고추를 식용하면서 '눈병과 혈액 질환을 앓는 사람이 많다'라는 말은 중의학 관점에서 고추를 배척하는 태도를 드러낸 것이다.

『상교문견우기』의 저자인 강소상(薑紹湘)은 전당(錢塘) 출신의 진사로 당시 영주 지부(知府)였다. 그의 고추에 대한 태도는 당시 중국 사대부 계층의 일반적 인식을 반영한다. 즉 지나치게 자극적인 조미 방식은 당시 상류층 취향과 맞지 않다는 것이다.

종합하면, 동치제 이전에 이미 호남 거의 전 지역에서 고추가 유행했다. 도광 연간은 고추가 호남 전역으로 퍼져 나간 중요한 시점이다. 『장사현지(長沙縣志)』, 『신화현지(新化縣志)』, 『평강현지(平江縣志)』, 『상향현지(湘鄉縣志)』 등 여러 지방지에서 모두 이 시기에 고추를 지역 특산물로 등재하고 있어, 당시에 고추가 유행한 것을 알 수 있다.

함풍, 동치 연간에 활약했던 호남 상향(湘鄉) 출신인 명신 증국번(曾國藩)도 고추를 매우 좋아했다.『청패류초』에는 다음과 같은 기록이 적혀 있다.

> 증문정(曾文正, 증국번의 시호)은 고춧가루를 매우 좋아했는데, 증문정이 양강(兩江)을 감독할 때, 한 관리가 그의 식성을 알아내 환심을 사려고 측근에게 뇌물을 주었다. 그는 "필요한 것은 다 있으니, 쓸데없이 참견하지 마시오. 매번 요리가 올라올 때마다 내가 눈으로 확인하는 것으로도 충분하오"라고 말했다. 잠시 후, 연회에 요리가 나오자 그 측근은 자세히 살폈다. 그러고는 대나무 용기에 든 고춧가루를 요리에 마구 뿌렸다. 무엇인지 묻으니, 측근은 "고춧가루입니다. 끼니마다 드시니, 뿌려드리면 매우 좋아하십니다."라고 대답했다. 결과는 그 말대로였다.

이 책에서 증국번이 매운 음식을 즐겼던 일화가 등장한다. 증국번이 양강총독(兩江總督)으로 재임할 때, 그의 식성을 알아내어 환심을 사려는 하급 관리가 몰래 증국번의 측근에게 뇌물을 건넸다. 그러자 그는 "필요한 것은 다 준비되어 있으니, 잘 만들려고 애쓰시지 말고, 요리가 상에 올리기 전에 저에게 한 번 보여주시기만 하면 됩니다."라고 말했다. 잠시 후, 제비집 요리가 나와 측근에게 보여주었더니, 그는 상향(湘鄉) 대나무로 만든 용기에 든 고춧가루를 요리 위에 뿌렸다. 하급 관리가 급히 나무라자, 그는 "이것은 고춧가루입니다. 끼니마다 반드시 있어야 합니다. 이렇게 해야 칭찬을 받을 수 있습니다."라고 대답했다. 이후 실제로 그의 말처럼 되었다. 당시 신분이 귀하고 지위가 높았던 중국번이 고추를 즐겨 먹었다는 것은, 증국번의 평소 습관, 즉 고향 상향의 식습관이 어떠했는지를 보여준다. 하급 관리는 증국번의 입맛이 고급스럽고 세련되어 매운 음식을 먹지 않을 것이라 오해했으나, 실제 상황은 그의 예상과 완전히 달랐다.

여러 문헌을 종합해 보면, 청나라가 멸망 전후, 즉 20세기 초에는 고추 식용 문화는 대체로 장강 중상류, 이를테면 운남, 사천, 호남, 호북, 강서 등에 이미 퍼져 있었다. 북쪽으로는 관중(關中)과 한중(漢中)까지 고추를 식용했는데, 관중 지역에서는 이미 고추를 재배하기 시작했다. 관중과 한중보다 위인 북쪽 지역에는 고추 식용에 관한 기록이 많지 않다. 남쪽 경계는 유주(柳州) 인근이고, 유주 아래인 남쪽 지역에도 고추 식용 기록이 적다. 동쪽 경계는 절강의 구주(衢州)인데, 구주 서쪽 산악 지역에서는 고추를 많이 먹었지만, 오어(吳語) 지대로 들어가면 고추를 먹었다는 기록이 많지 않다. 서쪽 경계는 티베트까지이며, 청해(青海)에서 고춧가루를 먹었다는 개별적 기록이 있다. 섬서(陝西)에서 흘러들어 서녕(西寧) 부근까지는 퍼졌으나, 거기에서 멈춘 것으로 보인다.

짚고 넘어가야 할 부분이 있는데, 매운 음식을 즐기는 지역 내의 대도시(성도, 장사, 무한, 서안)의 부유층은 매운 음식을 많이 먹지 않았다는 것이다. 당시 매운 음식은 여전히 가난한 계층의 식습관으로 인식되어, 상류층은 이를 꺼리는 경향이 있었다. 그러나 농촌은 사정이 달랐다. 부농이나 지주 계층이더라도, 매운 음식을 종종 즐겨 먹기도 했다.

고추가 중국에 전해진 초기 100년 동안, 즉 1571년의 『준생팔전』에서 1671년의 『산음현지』까지의 시기에는 주로 관상식물로 재배되었고, 가끔 약용 식물로 외용(外用)되기도 했다. 이후 고추는 장강 상로를 따라 호남으로 전해졌고, 호남에서 다시 소금이 부족한 귀주의 묘족, 동족의 주거 지역으로 전파되었고, 이후 18세기 초부터 중국 식문화 속에서 조미료로서 여정을 시작한다. 그 후 200여 년에 걸쳐 서서히 확산되었는데, 그 경로는 다음과 같다. 북쪽으로는 호북, 동쪽으로는 호남과 강서, 남쪽으로는 광서 북부, 서쪽으로는 유주(渝州, 현 충칭), 사천, 운남까지 퍼졌다. 그래서 20세기 초에는 귀주를 중심으로 하는 '장강 중상류의 강한 매운맛 벨트'가 형성된다. 이것이 20세기 초까지 고추를 조미료로 활용한 지역적 분포이다.

필자의 생각으로는 '고추가 중국에서 조미료로 사용한 창의적 전환이 단 한 번, 혹은 귀주 한 지역에서만 발생한 사건은 아닐 것'이다. 실제로, 드물기는 하지만 동부 연해에서도 고추를 조미로 사용했는데 단지 전 지역으로 확산되지 못했을 뿐이다. 국지적 현상이 그 자체에서 발생한 것인지, 아니면 귀주를 중심으로 한 '강한 매운맛 지대'의 영향을 받아 파생했는지는 문헌 부족으로 명확하게 판단하기 어렵다. 필자는 '다른 지역과 격리된 채 산재하는 매운맛 식문화 지대는 자체 발생'된 것이라고 생각한다. 다만 환경적 제약으로 주변 지역으로 확산되지 못했을 뿐이다. 그렇다면 어떤 조건이 특정 지역에서 매운맛 음식 문화가 정착되고 확산되는 데 결정적이었을까? 필자는 다음 세 가지 조건이 핵심이라고 생각한다. 첫째, 장기적인 소금 부족, 둘째, 상업 교류 및 이동의 어려움, 셋째, 인구와 환경의 부조화이다. 이 조건에서 하나라도 뺄 수 없다.

안휘(安徽)성 완난(皖南)의 흡현(歙縣) 허촌(許村)에서는, 태평천국 전쟁 때 일시적으로 소금이 부족하여 고추로 대신하기도 했다.[39] 하지만 전란이 끝나자, 이 방식은 이내 사라졌다. 『광서통지(廣西通志)』에도 "진밥을 지을 때, 고추로 소금을 대신했다"라는 기록이 등장한다. 다른 지역과 격리된 채, 고추를 식용한 지역 중 광동 조주(潮州)에서는 고추를 소스[蘸料] 중 하나로 사용했다. 특히 해안과 떨어진 게양(揭陽)과 보녕(普寧) 두 지역의 고추장은 특히 유명하다. 그러나 이 지역은 부식이 매우 풍부하고, 장도 종류가 많아서 '식용 고추 문화'가 정착되지 않았다.

다른 부식이 풍부하고 소금 또한 부족하지 않으므로, 매운맛을 조미용 부식으로 많이 사용할 필요가 없었다. 화북과 화동 등 상로가 원활했던 지역은 수공업 제품으로 부가 수입을 창출할 수 있었고, 화폐가 흔했으며, 상업 무역이 발달하여 조미용 부식을 쉽게 구할 수 있었다. 따라서 이 지역에서도 고추를 조미 부식으로 사용할 필요가 없었다. 동남부 지역 대부분은 명청(明清) 이후 인구와 토지의 모순 관계가 심하되었어도, 해안이나 강가에서는 어류로 부식을 보충할 수 있었다.

상로가 완전히 막힌 지역은 애초에 고추 자체가 유입될 수 없었으므로, 매운 음식을 먹는 식습관을 하는 것은 무의미하다. 길이 험하더라도 어느 정도는 통해야 한다. 청나라 중기까지 서북, 장성 이북, 동북 지역은 인구와 토지가 적절한 균형을 유지했고, 육류도 비교적 쉽게 먹을 수 있었다. 그래서 이들 지역은 부식이 부족하지 않았다.

39　許琦,徐玉基:『箬嶺古道明珠:許村』, 合肥工業大學出版社, 2011年版, 第181頁.

II.

1568　　　　1591　　　　1650　　　　1700

고추의 문화적 기호학

1763　　　1800　　　　1850　　　　1900

1.
의미가 식물 이상인 고추

현대 중국인이 '고추'라는 말을 들으면, 음식 재료로서 고추뿐만 아니라 '문화적 상징'도 함께 떠올린다. 열정적이고 당당하며, 매력적인 여성을 '라메이쯔(辣妹子)'라고 부르기도 하며. 누군가가 책임지고 과감하게 행동할 때 "고추 먹은 것 같다(吃了辣子)"라고 표현하기도 한다. 또, 농가는 액운을 막고 경사를 더한다는 의미로 고추를 대문에 걸기도 하고, 호남 요리(湘菜) 전문 식당은 손님을 끌려고 입구를 붉게 장식하기도 한다.

고추는 중국 음식 문화에 스며들면서, 그때부터 단순한 식물이 아니게 된다. 프랑스 인류학자 레비-스트로스(Lévi-Strauss)가 말한 '신화'란 바로 이런 상황을 가리킨다. 그는 "인간이 자연에서 문화로 진입할 때 고정된 사고 구조를 따른다"라고 하면서, "모든 신화는 자연에서 문화로의 이행 이야기를 반복한다"라고 했다. 따라서 이러한 구조를 파악하면, 인간의 보편적 사고 체계를 밝힐 수 있다는 것이다.[40] 중국인은 고추에 끊임없이 은유를 부여했고, 이것이 축적되면서 고추는 외래 식품에서 '중국 고추'라는 문화적 의미도 띠게 되었다. 중국인은 이 아메리카 작물에 수없이 문화적 은유를 새겼는데, 이렇게 은유가 쌓이면서 고추의 식용도 부단하게 증가한다.

자연계에서 고추는 수많은 식물 중 하나에 지나지 않는다. 그러나 인류의 식단[食譜]에 들어와 조미료가 되면, 그때부터 인류의 언어와 사고라는 가공을 거쳐서 인류 사회의 일부가 된다. 시간이 흐르면서 고추에 부여한 은유가 점점 축적되고, 고추에 관한 문화적 내포도 끊임없이 풍부해져, 마침내 어느 정도 안정된 '은유 체계'를 형성한다. 상세하게 말하면, 고추의 은유 체계는 층위가 세 가지이다.

인간 사회에서 고추의 의미 층위는 두 가지이다. 하나는 경험적이며, 다른 하나는 추상적 개념이다. 고추가 처음 조미료로 사용될 때, 고추는 사용자에게 '열(熱)'이라는 느낌을 주었고, 이 느낌이 확장돼 '화(火)'와 연결되었다. 이후 상상과 문화적 해석이 덧붙여지면서, 중의학은 고추를 '신열(辛熱)'이라는 속성으로 파악한다. 이 시점부터 고추는 경험적 '열'이 아니라, 중의학의 추상적/문화적 '열'로 바뀐다. 말하자면, 중국인은 고추를 경험적으로 받아들이다가, 점차 추상적 개념으로 이해하게 된 것이다. 경험적 '열'이 첫 층위라면, 추상적 '신열'이 두 번째 층위가 된다.

경험과 사고에서 비롯된 상징체계는 추상적 개념에서 파생된 것으로, 문화마다 상징체계가 다르다. 중국 문화에서 고추에 관한 추

---

40 [法]列维- 斯特劳斯:『结构人类学』, 谢维扬·俞宣孟译, 上海译文出版社, 1995年版。

상 개념 중 대표적 예는 중의학의 '상화(上火)', '거습 (祛濕, 습한 기운의 제거)'이다. 이런 추상적 개념은 여전히 '물질' 개념에 속하는 것으로, 화초(花椒), 호초(胡椒) 등 다른 향신료와도 특징을 공유한다. 하지만 '방탕(放蕩)', '벽사(辟邪)' 개념 같은 세 번째 층위의 의미를 부여받으면, 정신적 층위의 개념이 된다. 이제 고추는 기호 혹은 문화적 개념이 되면서 '물질'이라는 범주에서 벗어나게 된다.

철학자 에른스트 카시러(Ernst Cassirer)는 『인간에 관한 에세이』에서, 인간은 "이성적 동물이라기보다는 기호적 동물"이라고 했다. 즉 기호를 활용하여 문화를 창조할 수 있는 동물로 인간을 정의한 것이다. 인간과 동물의 근본적 차이는, 동물은 '신호'에 대해 조건 반사만 할 수 있지만, 인간은 '신호'를 의미 있는 '기호'로 바꿀 수 있다는 점이다.[41] "인간의 삶에서 가장 두드러진 특징은 상징화된 사고와 상징화된 행위이다. 인류가 발전시켜 온 모든 문화는 이 조건에 의존한다." 따라서 이 장에서 논의하는 고추의 은유는 기호학적 의미에서의 문화적 은유이다. 포유동물 대부분은 고추에서 매운맛을 느끼지만, 인류만이 매운맛을 성적 자극과 연결하고, 매운맛과 방탕한 성행위 사이에 일련의 관계를 만든다.

중국 송대 이래, 리학(理學)의 핵심은 "격물치지(格物致知)"이며, 주희(朱熹)는 이를 "사물의 이치를 궁구하여 지성(知性)을 최고 경지로 고양한다"라고 해석했다. 이처럼 고추 그 자체의 특성과 중국인이 고추에 부여한 문화적 표현을 깊이 연구함으로써, 고추가 중국 음식 문화에서 차지하는 위상과 문화적 의의를 지극히 높은 수준에서 이해하고 있다. 문화를 이해하고 논의하려면, 반드시 구체적 대상물이

---

41 [德] 恩斯特·卡西尔:『人论』, 甘阳译, 上海译文出版社, 2004年版, 第34-35页。

있어야 한다. 문화란 지시하는 대상이 있어야 하며, 그렇지 않으면 공허해진다. 문화는 항상 형식으로 표현된다. 중국 음식 문화는 식사 예절로, 혹은 젓가락, 솥과 같은 식기 및 조리도구, 조리법으로 표현된다. 기예, 수법, 의식 같은 문화적 표현은 반드시 실존하는 사람 혹은 사물과 연관해서 연구해야 한다. 그래서 이런 논의는 항상 공간을 동반해야 하며, 시간 안에서 이루어져야 한다. 따라서 문화적 표현은 보고, 듣고, 냄새 맡고, 만지고, 맛볼 수 있는 구체적 형태로 나타난다. 그러므로 음식 문화에 대한 관찰 역시 '사물에 관한 민족학(ethnography of object)'인 셈이다.

'고추를 먹는' 행위에 관한 은유는 그 체계 자체가 복잡하다. 칸트는 "인간의 이성은 자연계의 입법이다"라고 했는데, '입법'하려면 반드시 '입법 메커니즘'이 있어야 한다. 미국 인류학자 주디스 파쿠어(Judith Farquhar)는 『식탐: 포스트 사회주의 중국의 음식과 성』에서 '약선(藥膳)'의 은유를 언급한 바 있다. 즉 이성이 음식의 효능을 어떻게 인식하더라도 음식을 삼킬 때 느끼는 순간적 경험은 사라지지 않으며, 육체가 자극을 받으면, 그것은 곧 주관적 체험을 저장하는 문화적 영역으로 향하게 된다.[42]

본 장에서는 중국 문화 속에서 고추와 관련된 은유가 생산되는 메커니즘을 핵심 주제로 다루고자 한다.

---

42 [美] 冯珠娣:『饕餮之欲：当代中国的食与色』, 郭乙瑶、马磊、江素侠译, 江苏人民出版社, 2009年版, 第64页.

2.
고추의 개성

인간에게만 '개성'이 있고, 사물에는 이른바 '개성'이란 것이 없다. 사물은 그 자체의 특질만 있을 뿐이다. 예컨대 인간은 쇠를 보거나 만지면 '단단하고 차갑다'고 느낀다. 누군가를 두고 '철의 심장'이라고 표현할 때, 이는 인간의 개성을 쇠의 특질에 빗댄 것으로, 인간 개성 중 '냉혹함'과 '강인함'을 부각해서 쇠와 비교한 것이다. 고추도 마찬가지다. 사람이 고추를 먹고 자극, 통증, 뜨거움을 느낄 때, 이런 물질적 반응을 의인화하면, 고추에 마치 개성이 존재하는 것처럼 보인다. '고추의 개성'은 고추라는 물질의 특질에 기반한 것으로, 이 특질은 곧 한계로 작용한다.

고추의 문화적 은유를 분석할 때, 은유를 기원에 따라 두 가지 양상으로 나눌 수 있다는 데 주목할 필요가 있다. 첫째, 고추를 먹을 때 신체적 감각을 은유한 것으로, 이를 '원생 은유(原生隱喩)'라 부르고자 한다. 둘째, '매움'이라는 문화적 은유를 차용하기 전, 말하자면 고추가 전래 이전에 중국 문화에 "매움"에 대한 은유가 있었고, 고추가 유입되면서 중국 고유의 은유가 전이된 경우로, 이를 '유비 은유(類比隱喩)'라 명명한다.

『홍루몽(紅樓夢)』에서 유비 은유의 명확한 사례를 볼 수 있다. 임대옥(林黛玉)이 처음 가부(賈府)에 들어섰을 때, 모두가 숨죽이고 조심스러워하는데, 왕희봉(王熙鳳)만은 당당하고 분방했다. 이에 가모(賈母)는 웃으면서 말한다. "얘는 몰락한 집안 아가씨인데 이 동네에서 소문이 자자하지. 남방에서는 이런 아이를 '랄자(辣子)'라고 부르지. 그냥 '봉랄자(鳳辣子)'라고 부르면 돼." 『홍루몽』의 저자 조설근(曹雪芹)은 옹정제, 건륭제 시대에 살았고, 여기서 말하는 '남성(南省)'은 '남직예성(南直隸省)'을 지시하려고 창작한 것 같다. 그의 생애를 염두에 두면, 이 이야기는 강녕(江寧, 현 난징)의 풍속을 그린 것 같다. 옹정제와 건륭제 때, 강녕에서 '고랄자(苦辣子)'라고 하면 곧 '랄초(辣椒)'를 의미했다. 따라서 고추는 왕희봉의 시원시원하고, 단호하며, 때로는 독한 성격을 은유하면서, 동시에 멋지고 아름다운 자태를 암시한다.

가모는 이것이 "남성(南省)"의 화법이라고 분명히 밝혔는데, 이로써 그녀가 나이가 많고 견문이 넓다는 것을 알 수 있다. "랄자(辣子)"라는 표현은 북방에는 흔하지 않았는데, 고추 식용과 사람의 성격을 고추로 비유하는 것은 남방에서 먼저 유행했다는 하나의 증거가 된다. 또한 『홍루몽』 30회에서, 보옥과 대옥, 보채 세 사람이 말다툼하다가, 왕희봉이 장난스럽게 말한다. "한여름에 누가 생강을 먹었어?" 이로써 '상황의 어색함'과 '모두의 얼굴이 붉은 고추처럼 붉다'

라는 것을 에둘러 표현했다. 이를 통해서, 당시 부유층에서는 여전히 생강으로 '매운' 성격을 은유했다는 것을 알 수 있다. 그래서 왕희봉이 '어색한 분위기'를 형용할 때, 자연스럽게 '생강 먹는다'라는 표현을 썼던 것이다. 또한 지위가 높았던 가모는 '매운 음식을 먹는 이'를 마땅치 않게 여겼을 것이다. 왕희봉을 '파락호'와 '고추'에 빗댄 것은, 격이 낮은 인물이라는 풍자적 의미도 담고 있다.

먼저 짚고 넘어가야 할 사실이 있다. 사람 성격에 빗대어 '랄(辣)'자를 쓴 비유는 고추가 중국에 들어오기 전에 이미 있었다는 것이다. 예컨대 '랄랑(辣浪, 제멋대로)'과 '랄수(辣手, 매정하고 가차 없는)' 같은 표현이 실례이다. '랄랑(辣浪)'은 송대 화본(話本)인 『오대사평화(五代史平話)』에서 처음 나온다. 다음이 그 내용이다. "奈知遠是個辣浪心性人, 有錢便愛使, 有酒便愛吃, 怎生留得錢住(나지원은 성격이 제멋대로라, 돈은 있는 대로 써버리고, 술은 있는 대로 마시니, 어찌 돈이 남겠는가)?" '랄수(辣手)'는 원대 화본 『경본통속소설(京本通俗小說)』에 처음 등장한다. "欲待信來, 他平白與我沒半句言語, 大娘子又過得好, 怎麼便下得這等狠心辣手(소식을 기다렸지만, 그는 평소 나에게 한마디도 하지 않는다. 마님은 잘 지내시는데, 어쩜 이렇게 매정하고 매몰차게 굴 수 있는가)!" '랄랑(辣浪)'은 시원시원하고 한량 같은 성격을, '랄수(辣手)'는 독하고 과감한 성격을 의미한다. 이 두 표현은 고추가 중국에 유입되기 전에 나타나므로, 이후 고추가 이런 문화적 은유를 함의하게 된 것은 기존 개념과 유비 추론을 거쳤기 때문일 것이다.

중국에는 아주 오래전부터 '육체가 수용하는 자극적 감각'을 묘사하는 글자가 있었다. '신(辛)'이 그 사례이다. 이후 '辛'보다 더 강한 감각을 '辣' 자로 사용했다. 생강, 부추, 겨자, 산초 등은 '辣'이라는 감각을 주는 식자재였다. 이를 바탕으로, 신체가 수용하는 감각으로 추상적 성격이나 주관인 체험을 표현해왔다. 이후 고추가 중국에 들어오고, 고추가 '몹시 맵다[辛辣]'라는 고추의 특징과 기존의 '辣'의 은유를 유비 추론하면서, 고추라는 분명하고 개별적인 물품에 이런 의미가 붙게 된다. 그렇게 해서 "봉랄자(鳳辣子)"라는 표현이 탄생하게 되었다.

〈라메이쯔(辣妹子)〉는 1999년 중앙TV 설날 저녁 가요 프로그램에서 쑹주잉(宋祖英)이 불렀다. 예쁘고 날씬한 여성이 성격도 시원시원하고 당차고 대범하다는 가사이다.

> 라메이쯔는 어릴 때부터 매운 걸 안 무서워하고
> 라메이쯔는 커서도 매운 걸 안 무서워하며
> 라메이쯔는 시집가서는 안 매운 걸 더 무서워하네
> 고추 한 꿰미 입술에 톡 닿으면 펄쩍!
>
> 라메이쯔는 어릴 때부터 매운 걸 안 무서워했는데
> 라메이쯔는 매운 것을 무서워하지 않는 성격이라네
> 라메이쯔는 집을 나서면 안 매운 게 걱정이네
> 고추가 한 줌만 있어도 말을 잘하네
> 라메이쯔라, 라메이쯔라……
>
> 매운 것 먹고 땀을 흘리면 땀마저 맵다네
> 매운 것 먹고 눈물을 흘리면 눈물마저 맵다네
> 매운 것 먹고 불이 나면 불마저 맵다네
> 매운 것 먹고 노래를 부르면 노래마저 맵다네

라메쯔는 말도 화끈하게

라메쯔는 일도 시원시원하게

라메쯔는 사람도 열정적으로 만나네[43]

  현대 중국어인 '라메이쯔(辣妹子)'는 고대 한어의 '랄수(辣手)', '랄랑(辣浪)', '독랄(毒辣)'처럼 부정적 의미로 쓰지 않는다. '라메이쯔'는 '정면에서 말을 시원시원하게 하고, 일은 단호하고 과감하게 처리하며, 대인관계에서도 대범하고 긍정적이다'라는 의미로 사용한다. 또한 '몸매와 외모가 수려하다'라는 함의도 담겨 있다. 이런 변화는 고추의 문화적 의미가 부정에서 긍정으로 전환하는 과정을 보여준다. 『홍루몽』의 '봉랄자(鳳辣子)'와 현대의 '라메이쯔'를 비교하면, 우선 '봉랄자'는 중성적이면서도 약간 부정적 함의를 띤다. 그래서 가모(贾母)가 이 표현을 다소 장난스러운 어투로 사용했다. 반면 '라메이쯔'는 역시 중성적이지만 다소 긍정적 뉘앙스를 띤다. 요즘 어떤 여성을 '라메이쯔'라고 부를 때, 물론 장난기가 약간 섞여 있지만, 이렇게 불러도 여성은 대체로 부정적으로 받아들이지 않는다. 이런 전변은 고추와 연관된 계급적 속성이 변화하면서 시작된다. 청말에 발발했던 일련의 혁명을 거치면서, 고추는 기존의 계급적 한계를 뚫고 널리 퍼졌고, 이에 따라 고추에 대한 문화적 상징도 변하게 된다. 고추와 계급의 관계에 대해서는 다음 3장에서 자세히 다루겠다.

  고추의 문화적 함의는 지역마다 다르다. 예를 들어, 고추를 비교적 많이 먹는 호남에는 고추의 문화적 함의가 풍부하고, 고추와 관련한 속담도 많다. 고추를 별로 안 먹었던 광동이나 복건에는, 고추

---

43 〈辣妹子〉, 歌手:宋祖英, 填词:余志迪, 谱曲:徐沛东.

의 문화적 함의가 빈약하고 속담이나 노랫말도 거의 없다. 객가(客家)에 "생강 세 근을 먹을 수 있으면 총 세 발도 견딘다(敢食三斤薑, 敢頂三下槍)"라는 속담이 있다. 여기서는 고추 대신 생강이 '맵다'는 의미를 나타내는 매개이다. 이는 그 사람이 성격이 "맵다라는 뜻이다. 문화적 의미의 정도를 좌지우지하는 변수는 두 가지이다. 첫째, '그 지역에서, 고추를 먹는가?' 둘째, '그 지역의 문화가 얼마나 발달했는가, 또 외부와 얼마나 교류하는가?' 고추 많이 먹는 지역에서는 자연스럽게 고추를 사람에 많이 비유하게 되고, 그렇지 않은 지역은 그 반대이다. 운남과 귀주는 고추 소비 자체는 사천이나 호남보다 적지는 않지만, 문화는 발전하지 못했고, 인구도 적었으며, 유동 인구도 많지 않았다. 그래서 문화적 확장력이 사천이나 호남에 뒤졌다. 이런 까닭으로 사천과 호남의 고추 문화는 영향력이 커서 다른 지역에까지 퍼져 나갔고, 운남과 귀주의 영향력은 상대적으로 제한적이었다.

인터넷의 보급으로, 문화 교류는 전례 없이 쉽게 이루어진다. 청대 북방인은 '고추(辣子)'로서 사람 성격을 형용하는 것에 익숙하지 않았을 것이다 현대 중국어를 쓰는 이들은 여성을 '라메이쯔(辣妹子)'라고 부른 것을 아주 잘 알고 있다. 이는 특정 지역에서 형성된 문화적 함의가 전체 문화권으로 확장된 사례이다. 현재 중국 각지에는 고추와 사람의 성격을 연결하는 속담이 많다. 예컨대, 화북에 "매운 것도 못 먹으면서, 어찌 집안을 이끌 수 있겠는가(吃不得辣, 當不得家)"라는 속담이 있다. 매운 음식을 먹는 능력과 가장의 책임을 연결하고 있다. 즉 '매운 음식을 잘 먹는 사람은 단호하고 유능하며, 가족을 책임질 수 있다'라는 뜻이다. 고추의 문화적 의미에 있어서, 남북 간의 차이는 이제 완전히 사라졌다.

3.
고추에 관한 중의학의 인식

중의학에서 고추를 어떻게 인식하느냐에 따라, 중국 문화에서 고추에 관한 담론이 달라진다. 고추는 이런 형식으로 중국의 방대한 식이요법 또는 민족적 인식 체계로 스며들었다. 그 영향력은 아무리 강조해도 지나치지 않다.

매우 이른 시기부터, 중의학은 고추에 관한 기록을 남겼는데, 고추를 식용하기 전부터 중의학은 이 외래 식물의 강한 매운맛에 이미 주목하고 있었다. 명말 요가성(姚可成, 17세기 중엽)이 저술한 『식물본초(食物本草)』에서, "고추는 맛이 맵고, 성질은 따뜻하며, 독이 없다"라고 했다. 1765년에 간행된 『본초강목습유(本草綱目拾遺)』에는 "고추는 성질이 뜨거워 한기를 몰아내고, 수습(水濕)을 제거한다"라고 했다. 두 문헌은 모두 고추의 기본적 특성 두 가지, 즉 '한기를 몰아내고 습기를 제거하는 것'을 언급한다.『본초강목습유』의 설명은 당시까지 알려진 고추의 약성을 종합한 것이다.

중의학의 사상 체계는 중국 전통 철학에서 나왔다. 유진 앤더슨(Eugene Anderson)은 『중국 음식』에서 "'연역 추론법'을 채용한 서양철학과 달리 중국 철학은 '유비 추론법'을 사용한다"라고 했다.[44] 연역적 추론은 삼단 논법에 기반을 둔다. 예를 들어 'A > B'이고, 'B > C'이면, 'A > C'라는 식으로 결론을 도출한다. 반면 유비 추론법은 두 대상이 속성을 일부 공유하면, 다른 속성도 유사할 것이라고 추론하는 방식이다. 논리적 측면에서 보면 유추법(類推法)은 연역법보다 신뢰성이 떨어지지만, 실생활에서 사물을 분류하고 일반적 규칙을 도출할 때는 유추법이 더 유용하다. 중의학에서는 유추법을 널리 활용했는데, 오행(五行), 오미(五味), 오장(五臟) 등의 상관관계가 대표적인 실례이다.

〈표 4〉 중국 전통관념에서 드러나는 유비 관계

오행	오장	오부	오규 (五竅)	오색	오미 (五味)	오후 (五候)	오액 (五液)	오취 (五嗅)
목	간	쓸개	목	청	신맛	풍	눈물	누린내
화	심장	소장	설	적	쓴맛	화	땀	탄내
토	비장	위	구	황	단맛	온	침	향내
금	폐	대장	비	백	매운맛	조	콧물	비린내
수	신장	방광	이	흑	짠맛	한	가래	썩은내

44 [美] 尤金·安德森 :『中国食物』, 马嬛、刘东译, 江苏人民出版社, 2003年版, 第191-192页。

이 분류 외에도, 중의학은 음식을 냉(冷), 열(热), 건(干), 습(湿)으로 나눈다. 이 분류는 고대 그리스 의학과 유사하다. 고대 그리스 의학에서는 인간을 담즙질(膽汁質), 다혈질(多血質), 점액질(黏液質), 우울질(抑鬱質)의 네 가지 유형으로 나누었다. 담즙질은 열이 많고 건조하며, 다혈질은 열이 많고 습하며, 점액질은 차갑고 습하며, 우울질은 차갑고 건조하다. 이러한 체질 구분은 사계절 또는 세계를 구성하는 네 가지 기본 원소—지수화풍(地水火風)—와 상응하고, 이에 따라 발병 양상도 다르며, 치료도 달리한다.

하지만 중의학은 '이러한 인소(因素)는 상호 작용하며, 동시에 타고난 체질과도 관련이 깊다'라고 복잡하게 인식한다. 중의학은 우선 맛, 색, 냄새 등을 직접 체험하고 음식/약물의 성질과 작용을 분류한다. 이때도 유추법을 사용한다. 일반적으로 말하면, 수중 동식물은 '량성(涼性)'으로 분류된다. 연근이나 다시마 같은 식물이나 새우, 게, 조개류 동물이 이에 해당한다. 맛이 쓴 음식도 대체로 '량성'으로 분류되며, 여주와 연밥 등이 여기에 속한다. 소고기나 양고기 같은 육류는 '열성(热性)'으로 간주된다. 단, 돼지고기와 닭고기는 예외로, '중성(中性)'으로 분류된다. 매운맛이 나거나 향이 강한 조미료는 대개 '열성'으로 분류된다. 먹으면 바로 열이 나기도 하고 또 이런 조미료는 더운 지역에서 자라므로 이렇게 분류한 것이다.

또한 중의학은 "기(氣)"의 작용을 강조한다. 동식물 모두 기를 가지고 있고, 기는 음양으로 나눌 수 있다. 기는 일종의 에너지이지만, 단순히 에너지로만 이해하는 것은 충분하지 않다. 영양이 풍부한 물질을 섭취하면 기를 보충할 수 있는데, 본래 영양이 별로 없는 물질도 인체에 들어오면 인체의 기를 자극할 수 있다. 음식 소화에도 기가 소모되며, 기를 많이 보충해주는 음식은 소화하는 데도 기가 많이 필요하다. 소고기는 양기를 많이 보충해주지만, 소화에도 기가 많이 필요하므로, 체질이 허약한 사람에게는 소고기가 적합하지 않다.

중의학에는 독특하게도 "독(毒)"이라는 개념이 있다. 흔히 독으로 분류하는 아코니틴(Aconitine) 외에도, 알레르기를 유발한 수도 있는 식자재—보통 이단백(異蛋白)을 포함한 식재료, 예컨대 소고기나 해산물—을 '유독(有毒)'하다고 본다. 또 보통 특별한 독성이 없다고 분류하는 조미료도 '유독'하다고 간주하기도 한다(물론 섭취량이 매우 적으면 독성을 논의할 필요는 없다. 여기서 말하는 '독'은 통상적인 섭취량을 전제로 한 개념이다). 예를 들어, 계피와 고추는 일부 중의학자는 독성으로 분류한다. 계파와 고추가 불쾌감을 유발해서 그렇게 분류하는 것 같다. 이러한 '독' 개념은 중의학 이론이 대부분 그렇듯, 선험적인 성격을 띤다.

매운맛을 내는 흔한 조미료, 이를테면 생강, 산초, 후추, 고추, 수유, 계피는 등은 모두 "성질은 뜨겁고, 맛은 맵다." 그래서 모두 열성(熱性)의 식물로 분류한다. 하지만 효능은 각기 다르다. 생강은 "속을 따뜻하게 해주고 한기를 흩뜨린다. 양기를 회복시키고 혈맥을 통하게 하며, 습기를 말리고 담을 없앤다." 산초는 "속을 덥히고 습기를 말리며, 한기를 흩뜨리고 통증을 그치게 한다. 벌레를 쫓고 가려움을 멎게 한다." 후추는 "속을 덥히고 한기를 흩뜨리며, 기를 내리고, 담을 없앤다." 고추는 "속을 덥히고 한기를 흩뜨리며, 식욕을 돋우고 소화를 도와준다." 수유는 "한기를 흩뜨리고 통증을 멎게 한다. 기의 역류를 막고 구토를 멎게 하며, 양기를 북돋아 설사를 멎게 한다." 계피는 "화기를 보충하고 양기를 도우며, 화기를 원래 자리로 돌려놓는다. 한기를 흩뜨려 통증을 멎게 하며, 경맥을 따뜻하게 하고 잘 통하게 한다."[45]

중의학의 약재 분류는 두 부분으로 나눌 수 있다. 첫째, 이론적인 것으로, 예를 들어 "속을 덥히고 한기를 흩뜨린다(溫中散寒)"와 같은 것이고, 둘째, 치료 효과에 관한 것으로, 예를 들어 "담을 삭히고, 해충을 쫓는다(消痰驅蟲)"와 같은 것이다. 위에 언급한 조미료 중에서 치료 효과를 기준으로 본다면, 생강과 후추는 '담을 삭히고', 수유는 '구토와 설사를 멎게 하며', 고추는 '식욕을 돋우고', 계피와 산초는 '통증을 멎게 하는 것'이다. 산초가 해충을 몰아내는 것은 고대인도 잘 알고 있었어, 한나라 때 이미 "초방(椒房)"을 설치했다. 초방은 산초를 가루로 만들어 물을 섞고 방안 내벽에 바르는 것으로, 황후 방에 사용했다고 한다. 이 방식은 함의의 층위가 다양하다. 산초 열매가 다닥다닥한 모습은 다산(多産)을 기원하는 것이고 이는 상징적 함의이다. 또 산초 향을 이용해 해충을 쫓는 것은 기능적 함의이다.

2017년 1월에, 필자는 중의사 세 분을 찾아뵙고, 위에서 언급한 조미료의 약성에 대해 질문했다. 중의사의 의견은 대체로 일치하였는데, 이런 '열성(熱性)' 조미료에 관해서 중의학의 인식이 일관됨을 보여준다. 생강, 화초, 수유, 계피, 이 네 가지는 내복할 수 있으며, 고추와 후추는 일반적으로 외용에 사용되며, 특별한 경우에만 소량으로 내복한다고 한다. 중의학은 외래종의 약효를 그다지 신뢰하지 않는다. 후추는 송대 이후에 와서야 널리 사용된 식자재이고, 고추는 청대 이후에 음식으로 사용되기 시작했다. 생강, 화초, 수유, 육계는 중국 본토가 원산지인 매운 조미료라서 중의학에서는 더 '신뢰할 수 있는' 약재로 보았다.

---

45 각 식물이 약성에 대해서는 『중화약전(中华药典), 2018년판』을 참고했다.

그런데 중의사 세 분의 말을 따르면, 지난 400년 동안 중국으로 유입된 외래 식자재를 약재로 잘 쓰지 않는 데는 다른 이유가 있다고 한다. 약재의 성질과 귀경(歸經) 작용을 판단하는 준거는 "내관경락(內觀經絡)"인데, 이를 줄여서 "내관"이라고 부른다. 이 내관은 불교의 내관(Vipassana·毗婆舍那)과는 다르다. 『황제내경(黃帝內經)』에서는 '내관'을 다음과 같이 정의한다. "자기 경락이 어떻게 흐르는지를 살피고, 또 정(精)·기(氣)·혈(血)이 상호 전환되는 과정을 체찰(體察)하는 것이다." 내관을 수행하려면 수행자는 몸이 청결하게 해야, 외물(外物)에 방해받지 말아야 한다. 기공을 높은 수준까지 수련해, 기가 신체에서 어떻게 운행하는지를 느낄 수 있어야 한다. 이는 도가(道家)의 기공 이론과 차이가 없으며, 근원은 같다고 할 수 있다. 그러므로 내관에 정통한 사람이라야만 약재의 한열(寒熱), 조습(燥濕), 독성(毒性)과 기의 운행 궤적을 확정할 수 있다.

역사를 살펴보면, 내관할 수 있는 사람이 약재를 하나하나 직접 맛보면서 약재의 성질과 귀경 작용을 파악했다. 그래서 옛날 명의는 약재 하나하나를 몸소 체험했다. 하지만 내관경락을 체득한 이는 매우 드문데, 그래서 다소 신비한 이런 인물들은 꽤 먼 고대에만 등장하는 듯하다. "지난 400년 동안 외래 식물을 중약(中藥) 목록에 포함하지 않았던 것은 이 새로운 물질을 내관할 수 있는 사람이 없었기 때문"이라고 중의사 세 분은 설명한다. 그래서 그 속성과 귀경 작용을 명확히 판단할 수 없으니 약을 함부로 쓰지 못한 것이다.

현대 중의학은 고추를 내복용 약재로 사용하지 않는다. 하지만 청대 이후에 나온 약학 문헌에는 고추에 관한 기록이 존재한다. 속성과 귀경에 대해서 의견을 일치하지 않는다. 그중에서도 『본초강목습유(本草綱目拾遺)』에서 가장 자세한 기록을 남겼다.

> 고추(辣茄)는 텃밭에 많이 심는다. 늦가을에 산골 사람이 따서 시장에 내다 판다. 고추장을 만들거나 동상을 치료할 때 사용한다. 그 쓰임은 넓으나, 『본초강목』에서는 자세히 다루지 않았다.

진영요(陳靈堯)는 『식물의기(食物宜忌)』에서 다음과 같이 말했다.

> 식용 수유가 곧 랄가(辣茄)이며, 묵은 것이 좋다. 크기와 모양, 색깔이 제각각이다. 노랗거나, 빨갛거나 여러 색이 있다. 그중에 '상아랄가(象牙辣茄)'라 불리는 뾰족하고 긴 종류만을 약재로 쓴다. 또 다른 목본(木本) 식물이 있는데, '번강(番姜)'이라고 부른다.

범함(范咸)이 지은 『대만부지(臺灣府志)』에는 다음과 같이 기록이 나온다.

> 번강은 목본 식물이고, 네덜란드에서 들어왔다. 꽃은 흰색이고, 열매는 녹색으로 뾰족하고 길다. 익으면 주홍색으로 변하는데, 눈길을 끈다. 속에 씨가 들어 있고, 몹시 맵다. 원주민은 껍질째 먹는다. 대륙에서는 번초(番椒)라고 부른다. 열매가 둥글게 생긴 다른 종이 있는데, 끝은 약간 뾰족하고 능금[柰]처럼 생겼다. 야오류바(咬嶼吧)에서 왔다. 대륙에는 없다.

---

46 '咬吧'는 곧 '좌와(爪哇=Java Island)'이다. 당시 자바섬은 네덜란드인이 점령했는데, 당시 대만에 왔던 네덜란드인은 자바섬에서 출발했다.

또한 『약검(藥檢)』의 내용은 다음과 같다.

랄가(辣茄)는 랍가(臘茄)라고도 하며, 납월(臘月, 음력 12월)에 익어서 붙은 이름이다. 역시 식자재로 쓴다. 싹과 잎은 가지(茄)와 비슷하나 조금 작다. 줄기는 높이가 약 1척(약 30cm)이고, 여름에야 꽃이 핀다. 꽃은 흰색으로 다섯 갈래이며, 아래로 늘어져 가지꽃처럼 생겼다. 열매는 청색으로 맺히며, 모양은 감[柿] 모양 같기도 하고, 저울추 같기도 하다. 작은 것은 콩알만 하고, 큰 것은 귤만 하다. 위로 쭉 뻗은 것도, 잎 아래로 처진 것도 있다. 생김새가 아주 다양하다. 가늘고 길며, 상아(象牙)처럼 생긴 것을 약재로 쓴다. 또, 사람 손가락처럼 생긴 것을 약재로 쓰기도 한다. 모든 품종을 먹을 수 있다. '번초(番椒)' 또는 '해풍등(海瘋藤)'이라고 한다. 민가에서 흔히 '랄가(辣茄)'라고 부른다. 1, 2척 정도까지 자라며, 흰 꽃이 무더기로 핀다. 가을에 열매를 맺는데, 마치 반들반들한 붓끝이 거꾸로 달린 것처럼 생겼다. 처음엔 녹색이나 점차 익어가면서 주홍색으로 변하는데 몹시 예쁘다. 익으면 늘어진 모양이 볼만하다. 맛은 매우 맵고, 채취하여 아주 곱게 갈아 겨울철에는 후추 대신으로 사용한다. 성질은 뜨거워 한기를 흩는다. 심맥과 경맥으로 들어가 수습(水濕)을 제거한다.

상기 내용은 『본초강목습유』의 '랄가' 항목에서 인용한 것이다.

- 『식물본초(食物本草)』: 맛은 맵고, 성질은 따뜻하며, 독이 없다. 체내에 묵은 것을 소화하고, 뭉친 기(氣)를 풀며, 식욕을 돋게 한

『본초강목습유』의 "랄가(辣茄)" 부분. 베이징대학 도서관 소장

다. 사기(邪氣)를 물리치고, 비린내를 포함한 각종 독을 제거한다.

- 『백초경(百草鏡)』: 동상과 욕냉개(浴冷疥)를 치료하며, 대장(大腸)의 한사(寒邪)를 몰아낸다.

- 『중화본초(中華本草)』: 맛은 맵고, 성질은 따뜻하며, 비경(脾經)과 위경(胃經)으로 들어간다.

- 『약성고(藥性考)』: 속을 따뜻하게 하고 한기를 흩는다. 풍(風)을 제거하고 땀을 내며, 냉증을 없애고, 담을 흩고 습기를 몰아낸다. 독이 있어서 많이 먹으면 어지럽고 화기가 올라온다. 장복하면 치질이 생기고, 이가 아프며, 목이 붓기도 한다.

- 『식물의기(食物宜忌)』: 맛은 매우 맵고 쓰며, 성질은 몹시 뜨겁다. 속을 따뜻하게 하고 기를 내려주며, 한기를 흩고 습기를 없앤다. 울결(鬱結)을 풀고 담을 제거하며, 소화를 돕고, 해충을 죽이며 독을 푼다. 구토를 멎게 하고, 체한 것을 뚫어준다. 설사와 이질을 멎게 하고, 각기병을 물리친다. 풍(風)을 몰아내고, 불(火)을 일으킨다. 눈병이 생기고, 종기나 치질이 생길 수 있다. 혈이 허하고 속이 더운 사람은 먹지 말아야 한다.

- 『약검(藥檢)』: 맛은 맵고, 성질은 매우 뜨겁다. 입에 넣으면 곧 혀를 자극할 만큼 맵다. 풍을 제거하고 혈액 순환을 돕고, 한기를 흩으며 울결을 풀어준다. 체한 것을 내려주고 설사를 멎게 한다. 종기[癬]에 바르면 효과가 좋다.

위의 기록을 보면, 고추를 청대 중의학에서는 '랄가', '번초', '납가'라는 명칭을 자주 사용했다. '식수유(食茱萸)', '해풍등'과 종종 혼동하기도 했다. 속성과 귀경(歸經) 작용에 관해서는 문헌마다 기록이 다르다.

현대 의학이 중국에 들어오기 전에, 중의학은 이미 고추를 약재로 썼고, 이 경험적 처방에 대한 기록이 남아 있다.

1. 『의종휘편(醫宗彙編)』: 이질과 잦은 설사를 치료한다. 고추 한 개를 환(丸)으로 만들어, 새벽에 두부피에 싸서 먹으면 바로 낫는다.

2. 『단방경험선편(單驗方選編)-오현(吳縣)』: 학질을 치료한다. 고추씨를 나이만큼 먹되, 스무 알까지만 먹는다. 하루 세 번씩 끓인 물로 먹는데, 3일 내지 5일 이어서 먹는다.

3. 『본초강목습유』: 학질을 치료한다. 여름에 어린 하인이 찬물을 마시고 그늘에서 잔 적이 있는데, 가을에 학질을 앓았다. 온갖 약이 효과가 없었고, 초겨울까지 낫지 않았다. 그러던 중 우연히 고추장을 먹었는데 입에 잘 맞아, 끼니마다 찾았다. 또 고추장으로 죽을 끓여 먹기도 했다. 얼마 지나지 않아 학질이 저절로 나았다.

4. 『백초경』: 뱀에 물린 상처를 치료한다. 생고추를 11, 12개 씹어 먹으면 곧 부기가 가라앉고 통증이 멎는다. 상처 부위에 작은 물집이 잡히고 누런 진물이 나오면서 낫는다. 이때 고추를 먹으면 달고 맵지 않다. 혹은 고추를 잘 씹어 상처에 붙여도 부기를 가라앉히고 통증을 멎게 한다. 외치질을 치료할 때는, 붉게 익은 상아 고추를 곱게 찧어 단장[甜醬]에 섞어 먹는다.

현대에, 국가중의약관리국이 편찬한 『중화본초(中華本草)』에도 고추를 약용하는 임상 몇 가지를 수록되어 있다.

1. 요통 및 다리 통증 치료: 고춧가루와 바셀린에 황주(적당량)를 붓고 풀처럼 만든다. 기름종이에 발라 통증 부위에 붙이고, 겉은 반창고로 고정한다.

2. 일반 외과적 염증 치료: 묵은 붉은 고추를 볶고 빻아 가루 내 환부에 뿌리거나, 기름에 개어 풀처럼 만든 뒤 환부에 바른다.

3. 동상과 동창(凍瘡) 치료: 고추 1냥을 잘게 썰고, 언 보리싹 2냥과 함께 물 2, 3리터로 3분 내지 5분간 끓인 후 찌꺼기를 걸러낸다. 뜨거울 때 환부를 하루 한 번 씻는다. 이미 피부가 문드러졌으면 거즈로 감싸 따뜻하게 유지한다.

4. 외상으로 인한 타박상과 멍 치료: 붉은 고추를 말리고 빻아 고운 가루로 만든다. 바셀린을 녹여 고루 섞는다. 매운 냄새가 나면 식히고 굳혀 연고로 만든다. 삐거나, 혹은 맞거나 부딪혀서 생긴 멍을 치료하고, 관절이 붓거나 아픈데도 효과가 있다. 환부에 직접 바른다.

상기 약방(藥方)에서 볼 수 있듯이, 고추를 내복약과 외용약으로 모두 썼다. 학질, 이질, 동상, 독사에 물린 상처 치료 등에 사용했다. 현대에는 내복은 전혀 하지 않고 외용만 남아, 주로 외과 염증, 동상, 부종 및 통증 등을 치료하는 데 사용한다. 고추를 약물로 사용할 때, 그 이론적 기초는 『본초강목습유』에 근거한다. 다음이 그 내용이다. "고추는 성질이 뜨겁고 한기를 흩으며, 또 수습(水濕)을 제거한다."

현대에는 학질과 이질을 치료하는 더 안전하고 확실한 약물이 있어, 이제 고추를 사용하지 않는다. 현대 의학의 약리학적 관점에서 보더라도, 학질이나 이질을 고추로 치료할 수 없고, 더군다나 뱀독을 치료한다는 것은 말이 안 된다. 통증을 어느 정도 완화하는 효과는 있다. 현대 의학 연구에 따르면, 캡사이신은 'VR1 수용체'와 결합하여 'P 물질'의 분비를 촉진한다. 신경 말단에서 P 물질 및 기타 신경전달물질을 빠르게 고갈시켜, 통증 자극이 중추 신경으로 전달되는 과정을 줄이거나 차단하여 만성 통증을 완화한다.[47] 따라서 고추를 외용하면 실제로 진통 효과가 있는 셈이다.

앞서 언급한 중의사 세 분의 설명에 따르면, 속성이 '신(辛)'한 약재는 모두 발산(發散) 작용을 하지만, 이때 고추와 후추는 정(正)과 사(邪)를 구분하지 못한다. 고추와 후추의 열성은 체내의 기를 자극하여 결국 내보는데, 동시에 이로 인해 '기'가 손상된다. 그래서 내복약으로 사용하지 않는다. 생강은 흔한 약재로, 성질이 뜨겁고 매워, 한기를 몰아내고 습기를 제거한다. 생강은 '정기(正氣)'를 돋우고 '사기(邪氣)'를 발산시키므로, 한기와 습기를 몰아낼 때 가장 먼저 사용하는 약재이다. '고추를 포함한 매운 조미료가 습기를 제거한다'라는 민간의 보편적 인식에 대한 의학적 이론 근거가 여기에 있다. 한편, 중의학에서는 대개 생강을 무독하다고 판단하고, 나머지 약재에는 독성이 어느 정도 있으며, 그 정도가 각각 다르다고 여긴다.

특히 주목해야 할 점이 있다. 민간의 음식 문화는 중의학의 영향을 많이 받았지만, 중의학과는 다르다는 것이다. 민간에서 음식을 한열(寒熱), 조습(燥濕)으로 정의한 것과 중의학의 이론적 정의는 반드시 일치하지는 않으며, 또한 민간은 중의학처럼 복잡한 이론 체계도 없다. 또, 지역마다 화법이 다르다. 사천 사람은 화기(火氣)가 인체를 이롭다고 여겨, '화신파(火神派)'라는 중의학 유파가 있을 정도이다.

---

47 骆昊,万有,韩济生:『辣椒素及其受体』,载『生理科学进展』,2003年 第1期,第11-15页。

반면 광둥 사람은 화기를 독의 범주로 간주하고, '내려야 한다'고 생각하여, 광둥 량차(凉茶)를 자주 마신다. 이 차에는 화기를 내리는 중약 성분이 들어 있다. 고추를 예를 들어 설명하자면, 중의학에서는 대체로 다음과 같이 본다. "고추는 뜨겁고 매우며, 기혈을 끌어올린다. 많이 먹으면 땀이 나고 기가 흩어져 기가 상한다. 그래서 내복약으로는 거의 쓰지 않는다."

4.
상화와 거습

'상화(上火)'와 '거습(祛湿)'에 고추가 효과 있다고 민간에서는 흔히 그렇게 생각한다. 이 인식은 어떤 동일한 문화적 배경에서 비롯된 것이다. 그러면서도, 동시에 지역마다 자신의 식습관을 달리 합리화하기도 한다. 이런 담론 체계가 한 번 형성되면, 한 집단의 음식에 대한 취향이나 한계에 매우 큰 영향을 미친다.

중의학에서 고추를 해석할 때, 『본초강목습유』에 나오는 다음 글이 이론적 근거이다. "고추는 성질이 뜨거워서 (기를) 발산한다[性熱而散]. 또한 수습을 제거한다[祛水濕]." 이 '성열이산(性熱而散)'에서 '상화'라는 개념이, '거수습(祛水濕)'에서 '거습'이라는 개념이 나왔다. 설령 민간의 이해가 중의학에 뿌리를 두고 있더라도, 중의학의 이론과 사유 방식에서 진일보해서 설명하는 것은 아니다. 민간에서 고추를 식이요법으로 인식할 때, 그 인식에는 민속이나 민간 신앙 등 여러 요소가 섞여 있다. 고추는 이렇게 중국의 방대하고 복잡한 식이요법 체계 안으로 편입되었다.

고추의 상화 문제

'상화'는 민간의 화법으로, 중의학이든 현대 의학에서는 모두 이처럼 모호하게 병증을 구분하거나 정의하지는 않는다. 민간에서 말하는 '상화'는 범위가 매우 넓다. 예를 들어 눈이 '빨갛게 충혈되거나[充血], 목이 붓고 아프거나[炎症], 수(水) 기운이 부족하거나[缺水], 화를 잘 내거나, 조급하게 행동하는 것' 모두를 '상화'라고 하며, 심지어 말투가 거칠어도 "화기가 세다(火气大)"라고 한다. 이는 이미 의학적 범위를 훨씬 넘어섰다. 영어에서 염증을 뜻하는 'inflammation'은 어원이 'flame(火)'와 관련이 있다. 그렇지만 화상과 염증(炎症)이 증상이 비슷해서 염증에 'flame'이라는 어근을 사용했을 뿐이지, 중의학에서 말하는 '화(火)'와는 개념적으로 완전히 다르다.

민간에서 말하는 '상화'를 중의학에서는 '인체의 음양 불균형으로 발생하는 내열(內熱)'로 본다. '여드름이 나거나, 잇몸이 붓고 아프며, 인후가 불편하고, 입가가 헐거나 입술에 물집이 생기는 것, 그리고 변비나 항문의 화끈거림' 등이 주요 증상이다. 필자가 산시(陝西), 산둥(山東), 안후이(安徽), 상하이(上海), 후베이, 광둥, 푸젠 등지를 현장 조사했는데, 조사 대상자 대부분은 '고추를 먹으면 상화한다'라고 했다. 하지만 '상화'에 대한 구체적 인식은 지역마다 달랐다. 대부분 지역에서는 '상화가 신체에 해롭다'라고 말하는 사람이 더 많았지만, 예외도 있었다. 푸젠 연해 지역 주민은 고추가 '어독(魚毒)'을 발산시킨다라고 말했다. '어독'은 해산물을 지나치게 먹었을 때 발생하는 증후로, 이 역시 뜻하는 범위가 매우 넓다.

필자는 광저우 구시가지에서 소규모로 조사한 적이 있는데, 이때 현지인과 외래인이 어느 정도 매운 음식을 먹는지 실태를 살펴보았다. 조사 결과, '광저우 현지인은 매운 음식을 잘 먹지 않는다는 일반적 인식'을 확증할 수 있었다. 현지인 상당수는 '매운 음식을 먹지 않음' 또는 '가끔 먹음'을 선택했으며, 가끔 먹는다고 응답했던 현지인에게, '집에서 매운 음식을 몇 번 요리하는가?'라는 질문에는 대개가 "0회"라고 답했다. 즉 광저우 현지인은 잘 매운 음식을 먹지 않고, 가끔 먹는 사람도 집에서는 거의 해 먹지 않으며, 외식 때만 가끔 먹는 정도였다.

또한 이번 조사를 통해서, 광저우 현지인이 매운 음식을 먹는 것과 외지인과는 직접적 관련이 없다는 것도 밝혔다. 현지인이 매운 음식을 잘 먹더라도, 외지인과 관계가 밀접하지도 않았고, 장기간 외지에 거주하지도 않았으며, 외지인을 더 잘 받아들이는 성향도 아니었다. 흥미로운 점은 현지인이 매운 음식을 먹는 것과 나이와의 상관관계였다. 35세 이하의 현지인 대다수는 '가끔 먹는다'를 선택했지만, 35세 이상 대부분은 '먹지 않는다'를 선택했다. 현지 일부 노년층과 인터뷰했더니, 그들은 "나이가 들면서 위가 자극적인 음식을 견디지 못한다"라는 이유로 매운 음식을 피한다고 답했다. 이 대답을 통해서, 나이 및 건강 상태에 따라 매운 음식 선호가 다르다는 것을 알 수 있다. 또한 광둥어에서는 상화를 '열기(熱氣)'라고 표현하는데, 이 역시 의미상 차이가 없다.

광둥에서 매운 음식을 먹지 않는 주요 이유 중 하나로 고추에 대한 문화적 상상력을 꼽을 수 있다. 광둥 사람은 자주 '열기'를 문제 삼는데, 이는 광둥 지역의 '지기(地气)'가 덥고 습하여 열성 음식이 열기를 쉽게 유발한다는 인식이 깔려 있기 때문이다. 이러한 지역적 특성을 『황제내경』에서 거론하고 있다. "남방은 열기가 많다. 열(熱)은 화(火)를 낳고, 화는 쓴맛[苦]을 낳는다. 쓴맛은 심(心)을 낳고, 심은 혈(血)을 낳으며, 혈은 비(脾)를 낳고, 심은 혀를 주관한다. 하늘에서는 열이 되고, 땅에서는 화(火)가 된다……."

지금까지 이야기한 '지기'와 '성미귀경(性味歸經)' 문제는 실증하기 어렵다. 하지만 이를 믿는 사람에게는 심리적 암시로 강력하게 작용하므로 가볍게 볼 수만은 없다. 이러한 논의는 의학적 설명이라기보다는 문화적 설명에 속한다.

조사 과정에서, 매운 음식을 먹는 것과 '상화'는 상관없다고 응답한 사람은 단 3명뿐이었다. 나머지 103명은 이 상관관계를 받아들였다. 세 명의 직업은 의료 및 간호 분야였다. 이를 통해서, '상화'에 대하 인식과 지역 및 연령 같은 변수와는 무관하고, 다만 익하이 지식수준과 관련이 있다는 것을 알 수 있다. 광저우 현지인 대부분은 매운 음식이 "건강을 해친다"라고 했는데, "열기가 오기 때문"이라고 이유를 설명했다. 일부 응답자는 다음과 말을 덧붙였다. "광둥은 땅과 물이 너무 뜨거워 매운 음식을 먹으면 안 되지만, 만약 북쪽이라면 괜찮다." 이러한 관점에는 미묘한 문화적 상상을 내포하고 있는데, 첫째로는 물과 토양은 광둥이 나쁘고, 중원은 좋다는 것이며, 둘째로는, 매운 음식을 즐기더라도 광둥으로 이주하면 그곳의 지기와 맞지 않으므로 매운 음식을 포기해야 한다는 것이다.

첫 번째 문화적 상상은 중화 문화의 발원지에 대한 존숭에서 비롯된다. 광둥은 중국 남방 변방에 외진 곳으로, 오랫동안 중원 사람이 남쪽 피난지로 선택해왔다. '어쩔 수 없이 오게 된 곳'이라는 문화적 열등감을 떨칠 수가 없다. 중화 문화 전통인 사시(四時), 지기(地氣), 절기(節氣) 등의 개념은 중원의 문화적 상상의 소산으로, 광둥의 실제 상황과 일치하지 않는다. 그래서 광둥 문화에는 '중원을 숭상하는' 풍조가 있는데, 광둥 지역의 족보나 당호(堂號)에서 두드러지게 나타난다. 예를 들어, 진씨(陳氏)는 반드시 영천(潁川)을, 소씨(蕭氏)는 반드시 난릉(蘭陵)을 본관으로 삼는다.

광둥에서 '량차(凉茶)'를 마시는 문화 역시 이런 인식과 관련이 있다. 소식(蘇軾)은 해남 담주(儋州)로 유배되었을 때, 아래와 같은 기록을 남겼다. "영남 지역은 날씨가 습하고, 지기가 푹푹 찌는데, 그중에서도 해남이 특히 심하다. 여름과 가을 사이에 썩지 않는 것이 없을 정도이다. 금석이 아닌 사람이 어찌 견딜 수 있겠는가?" 숨은 뜻을 살펴보면, 영남은 '풍토병이 심한 지역'으로 인식되어 왔고, 또 지금 이곳 현지인은 자신을 중원의 후예로 생각했다. 따라서 몸속 '습열(湿热)'을 제거하려고 약재를 달여 '량차'를 장기간 복용하는 문화가 형성된 것이다. 이러한 문화적 상상은 남하한 한족과 원주민인 백월(百越)을 구분 지으며, 그 안에는 문화적 우월감도 숨어 있다.

두 번째 문화적 상상은, 외지인이 광둥에 오면 당연히 현지 문화를 받아들여야 한다는 은유를 내포한다. 한편 이 은유는 '객관적 사실'의 형태로 나타나는데, '지기(地氣)' 때문에 그래야 한다고 하면서, 현지인은 억지로 강요하는 것이 아니라 마치 '선의 어린 권유'를 하는 것처럼 표현한다. 이런 문화적 상상은 최근 광둥 지역이 경제적으로 우위를 점하면서 더 중요하게 되었다. 이주민이 광둥으로 대량 유입되면서, 원주민은 경제적 필요로 외지인과 협력해야 했고, 또 문화적 주도권을 쥐려는 의식도 작동했던 것이다.

한편 외지인과 불가피한 문화 충돌을 피하려고 가능한 한 문화적으로 동화할 필요가 있었는데, 이는 일종의 문화적 조화 전략이라고 할 수 있다. 광둥 밖의 한족 지역에서도 '상화' 문제는 존재하지만, 광둥만큼 심각하게 받아들이지 않는다. 필자가 현지 조사를 하면서 관찰했더니, 한족과 섞여 사는 소수민족도 '상화'라는 개념에 영향을 받고 있었다. 예를 들어 후베이, 후난, 충칭의 먀오족, 투자족, 둥족 등이 그러했다. 반면에 집단 거주하거나 한족과 별로 접촉하지 않는 소수민족에게는 '상화' 개념이 아예 없거나 매우 약하게 나타난다. 예컨대 신장(新疆) 카스(喀什) 지역의 위구르족, 북신장의 카자흐족, 그리고 칭장(青藏) 고원의 내륙에 사는 티베트족 등이 그러했다.

고추의 거습 작용

중국 야채의 야성은 양면적이다. '열성' 식물은 쉽게 '상화'를 초래하는데, 한편 '거습' 작용도 겸한다. 중의학에서는 습사(濕邪)를 외습(外濕)과 내습(內濕)으로 나눈다. 외습은 오랫동안 습지에 머무르거나, 환경이 습하거나 혹은 물에 젖거나 비를 맞는 등 외부 환경으로부터 유입되는 것이다. 내습은 주로 비위(脾胃)의 운화(運化)와 관련이 있다. 물이나 음식의 수분은 비위의 운화를 통해야만 진액으로 바뀌어 온몸에 퍼져 나가는데, 비위가 제 기능을 하지 못하면 이 수분이 그대로 습사가 된다. 하지만 민간에서는 중의학의 설명과 달리 이해한다. 남방 민간에서 흔히 말하는 '거습'은 습한 환경으로 발생하는 외습을 뜻하는 경우가 많다. 외습은 피부 표면에서 발산시킬 수 있으므로, 고추를 먹으면 '거습'에 도움이 된다. 중의학에서 말하는 외습은 바로 이런 의미이다. 그러나 내습은 비위를 다스려야만 제거할 수 있는데, 이럴 때는 고추를 사용해서는 안 된다.

조사 대상자 중 후난 외지인도 있었는데, 이들 중 "수토(水土)"나 "습열(濕熱)"이라는 개념을 아는 사람이 많았다. 그네들 또한 광둥 토착민과 마찬가지로 '중원을 숭상하는' 문화적 전통을 공유하고 있었다. 이들도 토착민처럼 고추의 '거습' 효능을 인정했다. 하지만 토착민과 달리 '상화'의 역기능이 있더라도, 고추가 신체에 유익하다고 생각하고 있었다. 이렇듯 광둥 토착민과 외지인은 중의학의 문화적 상상은 공유하지만, 고추에 대한 결론은 서로 달랐다.

외지인은 하나같이 고추의 '거습' 효과를 특히 강조했다. 이들은 광둥의 기후가 매우 습하다고 여기며, 매운 음식이 습기를 배출하므로 건강에 좋다고 생각했다. 열기이든 거습이든 그것 때문에 고추에 대한 선호가 달라지지 않는다고 필자는 생각한다. 이는 심리적 위안에 지나지 않는다. 향신료를 선호하는 전통은 특정 집단이 장기간에 형성한 음식 문화에 지나지 않으며, 좋아하는 음식을 편하게 즐기려고 중의학의 이론을 빌려 명분을 만들었던 것이다. 광둥 사람은 향신료를 좋아하지 않으므로, 중의학 이론을 빌려 열기를 말한 것이고, 반면 서남 사람은 향신료를 좋아하기에 중의학에서 거습 개념을 빌려 온 것이다. 맛있는 음식을 즐기면서 건강에 도움이 된다는 위안을 얻어 가는 것이다.

역사라는 복잡한 배경에 따라 음식 문화가 각각 달리 형성되며, 그 조건을 재현하는 것을 절대 쉽지 않다. 왜 먹는지는 그 이유를 모르더라도, 특정 집단은 오랫동안 매운 음식을 먹어 왔다. 매운 음식을 먹는 행위에 정당성을 부여하려고, 이 행위에 계속 '의미의 그물망'을 직조해왔다. 그것이 중의학 이론이든, 현대 영양학 이론이든 상관없다. 계속 매운 음식을 먹는 한, 그 행위에 끊임없이 상상과 의미를 다양하게 덧씌우게 된다. 시간이 흐르고 문화적 상상이 층층이 쌓이면, 매운 음식을 먹는 행위는 하나의 "표면적 문화 정형(overt cultural form)"[48]이 된다. 그리고 이 행위는 다른 집단과 접촉할 때 정체성의 기준 혹은 상징으로 작용하게 된다.

---

48 Barth, Fredrik, Ethnic Groups and Boundaries, Waveland Press, 1998, p.11.

5.
홍색 혁명과 맛

요즘 허다한 매운 요리 전문 식당은 '홍색 혁명'이라는 깃발을 즐겨 내건다. 요리와 정권의 문화적 담론이 한데 섞인 셈이다. 메뉴에는 '마오자차이(毛家菜=마오쩌둥 가문의 요리)', '인민공사(人民公社)' 같은 이름이 붙고, 마오쩌둥의 시나 어록이 선전 문구처럼 벽에 걸려 있다. 이런 현상을 보면 자연스럽게 의문이 떠오른다. "고추는 어떻게 홍색 혁명과 연결되었을까?"

중국 공산당이 결성된 초기의 주요 구성원은 지식인이었다. 리다자오(李大钊), 천두슈(陈独秀), 장궈타오(张国焘), 리다(李达) 등이 대표적 인물이다. 1927년 이전까지만 해도 마오쩌둥(毛泽东) 등 일부 인사를 제외하면, 공산당원 대다수는 도시에서 주로 활동하며 노동자 계층을 동원하는 데 집중했다. 초기 중국 공산당(이하 '중공'으로 약칭)에는 해외 유학파가 적지 않았을 뿐만 아니라, 전체적 혁명 노선과 농민운동과는 관계가 밀접하지 않았다.

　1927년부터 중공은 주도한 도시 폭동이 계속 실패하자, 농민운동과의 연대로 방향을 전환했다. '추수기의(秋收起義)'를 기점으로, 마오쩌둥을 중심으로 한 중공 지도부는 농촌으로 도시를 포위하는 혁명 전략 사상을 수립하기 시작했다. 이후 중공은 강서 남부와 푸젠 서부를 중심으로 한 중앙 근거지를 구축했다. 중앙 근거지의 성립은 중공의 대중적 기반이 도시 노동자 계급에서 남부 내륙 산지의 빈곤한 농민 계급으로 전환되었음을 의미한다. 앞서 여러 차례 언급했듯이, 남부 산악 지역의 중산층 이하 농민에게 식생활에서 고추는 매우 중요했다. 농민이 혁명의 주체 세력이 되면서, 중국 혁명은 필연적으로 고추 식문화의 색채를 짙게 띨 수밖에 없었다. 중공 지도자 마오쩌둥도 고추에 관한 발언을 많이 남겼는데, 그중 가장 유명한 말은 "고추를 먹지 않으면 혁명을 할 수 없다(不吃辣椒不革命)"[49]이다. 이 말의 배경은 깊은 역사가 있다. 즉 중공의 주요 동원 대상이 도시 노동자 계급에서 빈하중농(貧下中農)으로 불리는 빈곤한 농민 계급으로 전환된 것이다.

　마오쩌둥은 여러 자리에서 고추 식용에 관한 발언을 했다. 이 발언을 어떤 상황에서 누구를 대상을 했는지 분석하면, 고추가 어떻게 중국 혁명 담론과 단계적으로 결합했는지, 또 붉은 고추가 어떻게 홍색 혁명의 상징물이 되었는지를 알 수 있다. 현존 자료를 종합하면, "고추를 먹지 않으면 혁명을 할 수 없다"라는 말을 마오쩌둥은 자주 했는데, 후난 농민을 조사할 때부터 유사한 주장을 했을 가

49　[美] 埃德加·斯诺:『西行漫记』, 董乐山译, 三联书店, 1979年, 第66页.

능성이 높다. 가장 이른 문헌 기록은 1934년으로 거슬러 올라간다.

중공 초기 지도자는 출신 지역이 다양하다. 왕밍(王明)은 안후이(安徽) 진자이(金寨) 출신이고, 보구(博古)와 취추바이(瞿秋白)는 오어(吳語) 지대 출신이며, 리더(李德)는 오스트리아인으로, 이들은 모두 러시아에서 유학했거나 일을 한 적이 있다. 초기 지도자 중에서 리리산(李立三)과 덩중샤(鄧中夏)만 매운 음식을 먹는 지역 출신이었으나, 이들 역시 유럽에서 유학하거나 연수한 적이 있다. 중공 초기의 혁명 노선은 비교적 정통주의적인 노동운동에 치우쳐 있었는데, 루이진(瑞金)의 중앙소구(中央蘇區)가 세워지고 나서야 비로소 농민을 중심으로 한 혁명 노선으로 전환된 것이다. 광저우, 상하이, 홍콩 등지에서 중공은 노동자 폭동을 주도했으나 실패로 끝났다. 동남 연해 출신의 노동운동 지도자들이 대거 몰락하고 중공이 농민 혁명을 노선으로 확정하게 되면서, 농민의 생활 습관 및 식습관에 밀착할 수밖에 없었다.

마오쩌둥이 고추와 관련해 남긴 기록 몇 가지를 보면 확실히 모두 정치적 배경이 깔려 있다. 간난(贛南·루이진) 중앙소구 시기, 고추를 먹는 마오쩌둥과 그렇지 않은 왕밍과 보구, 리더(李德)는 서로 대비된다. 공산 혁명의 원리주의 노선과 중국화 노선 사이의 대립으로도 읽힌다. 리더는 자서전에서 고추에 대해서 이렇게 토로했다. "오랫동안 향신료 맛이 강한 음식을 도저히 참을 수 없었다. 고추가 특히 그랬다. 이런 요리는 남부, 특히 마오의 고향인 후난에서는 매우 흔했다."[50]

리더의 이 말은 음식에 적응하지 못했다는 표현이겠지만, 리더가 처한 특수한 상황, 즉 당시 중공의 처지를 고려하면, 이 발언은 주변

---

50 [德] 奧托·布勞恩:『中國紀事1932-1939』, 現代史料編刊社, 1980年, 第74页.

사람에게 어떤 징후가 될 수도 있었다. 즉 리더는 농촌 음식에도, 중국 혁명의 특수성에도 적응하지 못하며, 따라서 적절한 지도자가 되기 어렵다는 인상을 줄 수 있었다. 이 시기 마오쩌둥이 고추를 먹는 것은 상징적인 한 장면이었다. 공산 혁명의 중국화를 의미하며, 동시에 남부 산악 지대에 사는 농민과 식생활을 함께 할 것을 강조하는 의미도 담고 있다. 따라서 이 시기 마오쩌둥은 고추를 먹음으로써 정치적 표현을 하려 했던 것이다.

1936년 7월, 마오쩌둥은 미국 기자 에드거 스노우(Edgar Snow)를 옌안(延安)으로 초대했는데, 그 자리에 고추 요리를 내놓았다. 마오쩌둥은 기분이 좋아 손님을 위해 후난 민요 〈고추가(辣椒歌)〉를 불렀다. 다음이 그 가사이다. "먼 길 오신 손님이시여! 자리에 앉으셔서. 내 고추 노래를 들어보세요. 먼 길 오신 손님이시여! 웃지 마세요. 후난 사람은 손님 접대할 때 고추를 즐겨 쓰지요. 시골 토종이지만, 하루라도 뺄 수 없어요. 고추는 좋은 점이 많아요. 습기를 없애고, 마음을 편안하게 해주며, 비위를 튼튼히 하고, 정신을 번쩍 들게 해줘요. 기름에 튀기고 볶아도 불에 구워도 다 맛있어요. 고추 없이는 요리는 요리가 아니에요. 매콤한 맛이 어떤 요리보다도 나아요."[51]

이 행동의 배경에는 깊은 정치적 의도가 숨어 있다. 스노우가 산베이(陝北)에 도착했을 때, 당시 중공은 긍정적인 이미지를 구축하고 국제 사회의 지지를 얻으려고 애썼다. 스노우의 산베이 방문은 중공 지도부에게는 대외 선전할 수 있는 최고의 기회였다. 마오쩌둥은 이 절호의 기회를 놓치지 않고 노래까지 불렀다. 이 자리에 등장한 고추는, 일반 민중과 다를 바 없는 홍군의 신산함과 소박함을 상징했

---

51 『毛泽东生活档案』, 韶山毛泽东纪念馆编著, 中共党史出版社, 2006年, 第649页.

다. 동시에 가장 어려웠던 시기에도 자력갱생하려 했던 중앙 홍군(紅軍)의 노력을 상징하기도 했다. 이 이미지는 당시 중공의 현실적인 면모였다. 또 이를 통해 국제 사회의 동정을 얻어 종국엔 국민당 정부를 압박하도록 선전하고자 했다.

1949년, 소련 공산당 중앙위원회는 정치국 위원인 미코얀(Микоян)을 허베이성 핑산(平山)현 시바이포(西柏坡)촌으로 파견했다. 이곳에 중공 본부가 있다. 미코얀과 마오쩌둥이 회담에 관한 기록이 많이 남아 있는데, 거의 모든 기록에 마오쩌둥과 미코얀이 같이 고추를 먹는 장면이 등장한다. 미코얀은 마오쩌둥을 따라 고추를 먹으려고 노력했지만, 하나도 채 먹기 전에 눈물을 흘리고 계속 기침을 했다. 마오쩌둥은 농담을 섞여 말했다.

> "중국에서, 매운 고추를 못 먹으면 진정한 혁명가로 대접받지 못해요. 미코얀 동지는 아직 철저한 혁명가는 아닌 것 같군요."
> "중국 고추는 정말 세군요!" 미얀코가 대답했다.
> 마오쩌둥은 다시 이 말을 받았다.
> "중국은 고유의 특색이 있습니다. 이 점을 이해하지 못하면, 큰코 다칠 수 있어요!"

이 장면에서, 고추를 대하는 태도가 미얀코와 스노우가 완전히 다르다는 것을 알 수 있다. 스노우는 미국인이지만, 1928년에 이미 중국에 왔었고 그전에 동남아시아에서 활동했었다. 그래서 고추를 먹는 서민의 식생활에 익숙해졌을 수도 있고, 받아들였을 수도 있다. 미코얀의 경우는 완전히 다르다. 그의 이력을 살펴보면, 매운 음식을 접해 본 적이 없는 것 같다. 그렇지만 시바이포에서 그는 중공 지도자들의 식습관에 적극적으로 적응하고자 고추를 먹으려고 했다. 반면 마오쩌둥은 두 사람에게 전혀 다른 의도를 전달하려고 고추를 은유로 동원했다. 스노우에게 고추를 대접한 것은 우호의 제스처였지만, 미코얀에게 고추를 먹인 것은 소련 공산당의 패권에 대한 저항의 표현이었다.[52]

스노우를 초대한 상황에서, '고추의 매운맛'으로 열정적 환영을 표현했지만, 미코얀에게는 저항과 불굴의 의지를 표현했다. 마오쩌둥이 미코얀에게 "중국은 자기만의 특색이 있습니다. 이 점을 이해하지 못하면 큰코다칠 겁니다"라고 한 말은 표면상 고추 이야기 같지만, 속에는 중소 양국 관계에 대한 메시지를 숨기고 있다. 소련은 강대국이고 중국은 약소국이더라도, 중국은 결코 소련의 뜻대로 움직이지 않으며, 중공도 소련 공산당이 직접 지휘를 받는 '동생'이 아니라는 것이다. 이 장면에서 마오쩌둥은 중국의 민족적 성격을 표현하기 위해 고추를 비유로 삼았다. 머리는 작고 국력은 약하지만, 성깔이 있고 강한 나라라는 메시지를 담았다.

1962년 1월 31일, 마오쩌둥은 막 사상 개조가 끝난 푸이(溥儀, 청나라 마지막 황제)를 초대해 식사를 함께했다. 그는 이 자리에 후난 출신인 장스자오(章士釗), 청첸(程潛), 추아오(仇鰲), 왕지판(王季范)을 불렀다. 후난 농촌 색깔이 강한 음식을 나왔는데, 고추, 여주, 발효 콩 등이 반찬으로 나왔다. 생선도 한 마리 있었지만 홍사오러우(红烧肉)는 없었다. 식사하면서 마오쩌둥은 이렇게 말했다.

---

52 毛泽东:『同苏联驻华大使尤金的谈话』(1958年7月22日),『毛泽东文集·第七卷』载, 中央文献研究室, 1993年。

"후난 사람은 고추를 즐겨 먹어요. 고추 없이는 밥도 안 먹지요. 그래서 몸에는 매운맛이 배어 있어요."

마오쩌둥은 추아오와 청첸을 가리키며 푸이를 향해 말을 어어갔다.

"이 두 사람은 그중에서도 가장 매워요. 분수대로 당신의 착한 백성이 되지 않고, 반역을 했죠. 신해혁명 때, 당신 그 황제 폐하를 그냥 몰아내 버렸잖소, 그렇지 않소?[53]"

식사 자리에서, 부의는 고추를 먹고 땀을 뻘뻘 흘렸다.

청나라 궁중 기록에 따르면, 황제의 음식에는 매운 조미료를 쓰지 않았다. 푸이는 출궁 후에 톈진과 만주에서 살았는데, 궁중 요리사가 계속 곁을 지켰으므로 늘 궁중식 음식을 먹었을 것 같다. 음식은 부드럽고 찰졌으며, 간은 주로 소금과 설탕으로 했다. 제철 재료는 적게 쓰고 말린 재료를 불려서 썼다. 향신료나 매운 재료는 거의 사용하지 않았다.

현존 기록을 보면, 청나라 황족 일가도 궁중과 비슷한 요리를 먹었고, 청나라가 멸망하고도 크게 변하지 않는다. 푸이가 매운 음식을 먹지 않는데도 후난식 매운 요리로 대접한 것은 마오쩌둥 등 당시 인사들이 정치적 의도를 깔고 연출했을 수도 있다. 푸이가 신사회의 새로운 인물을 되었다는 것을 선전한 것이다. 예전 황제도 혁

---

[53] 고추와 관련된 마오쩌둥의 이 말은 다음과 같은 책에 등장한다. 중국공산당사출판사의 『마오쩌둥 생활의 기록(毛泽东生活档案)』, 리즈수이(李志绥)의 『마오쩌둥 주치의 회고록(毛泽东私人医生回忆录)』, 리루이(李锐)의 『마오쩌둥 비서 수기(毛泽东秘书手记)』 등이다. 고추와 관련된 기록은 사생활에 속하므로, 공식적 사료가 많지 않다. 연회나 만찬 등 정치 활동의 일부로 간략히 기록되었을 뿐, 상세히 다뤄지지 않았다. 마오쩌둥 곁에 있던 의사, 비서, 경호원 등은 회고록에서 비교적 많이 언급했다. 이런 회고록은 사료적 가치가 높지만, 내용을 다소 과장하거나 조작했을 수도 있다. 따라서 이 일화는 사실일 수 있으나, 잘못된 기억일 수도 있다. 여기에 인용한 마오쩌둥의 말은 실제였겠지만, 정확한 표현은 확실하지 않다.

명가들이 먹던 음식을 먹고, 인민처럼 고추를 먹는다. 첨예하게 대립했던 혁명가와 황제가 이제 한 식탁에서 같이 밥을 먹는다. 옛 사회의 모순이 새 사회의 모순으로 대체되었다는 메시지를 담고 있다.

'마오쩌둥이 고추를 먹었다'는 현존 기록은 많다. 이는 단지 '마오쩌둥의 식습관을 기록으로 남기겠다'라는 의도로만 보이지 않는다. 식습관을 하나의 정치적 상징으로 활용한 것이다. 중공 내에서 마오쩌둥의 지위는 점점 올라, 마침내 권력의 정점에 올라선다. 이제 그의 고추 식용 습관은 개인의 취향이 아니라 공산당의 상징적 기호가 된다. 물론 마오쩌둥 한 사람이 공산당 전체를 상징하는 것은 아니다. 따라서 중공 고위 장교들의 출신 지역과 식습관 역시 함께 고찰해야 한다.

1955년 당시, 중국 인민해방군의 계급장을 보면, 매운 음식을 즐겨 먹는 지역 출신 인물이 공산 혁명에서 얼마나 중요했는지 잘 알 수 있다. 계급이 중장(中將) 이상인 이들의 출신은 지역은 다음과 같다.

> 후난(湖南) 73명, 후베이(湖北) 49명, 강서(江西) 41명, 안후이(安徽) 14명, 푸젠(福建) 12명, 사천(四川) 11명, 광둥(广东) 9명, 허난(河南) 9명, 산시(陝西) 8명, 광시(广西) 6명, 산시(山西) 4명, 산둥(山东) 3명, 랴오닝(辽宁) 3명, 운난(云南) 2명, 허베이(河北) 2명, 시짱(西藏) 2명, 구이저우(贵州) 1명, 장쑤(江苏) 1명, 베이징(北京) 1명, 닝샤(宁夏) 1명, 네이멍구(内蒙古) 1명, 신장(新疆) 1명.

총 254명 중, 후난, 후베이, 강서, 쓰촨, 운남, 구이저우 등 매운 음식을 즐기는 지역 출신이 177명으로, 전체의 약 70%를 차지한다.

1949년 이전 중공 고위 장교들은 식생활도 하층 농민과 함께하려고 애를 썼다. 다수의 문헌에서도 확인할 수 있듯이, 중공의 군정 지도자는 병사, 인민과 같이 식사했으며, '특별 대우'를 받는 경우는 거의 없었다. 중공과 군대는 위에서 아래까지 전반적으로 하층 민중의 생활 방식에 다가가려고 최대한 노력했고, 그 양상은 식생활에서 뚜렷하게 나타났다. 예를 들어, 남방 산지 농민이 고추를 즐겨 먹는다면, 중공 군대도 고추를 먹었고, 북방 농민이 워터우(窩头)나 방쯔몐(棒子面)을 먹는다면, 중공 군대 역시 그렇게 먹었다. 중공의 장성 중에는 농민 출신이면서 매운 음식을 즐기는 지역 출신이 매우 많았다. 이들이 이렇게 솔선수범하자, 당과 군 전체에 영향을 미쳤고, 따라서 인민의 식습관, 생활 양식을 당과 군이 따라갔다. 고추는 원래 남방 빈농이 먹었지만, 이제 중공과 그 군대를 대표하는 식자재가 된다. 따라서 고추가 중공 혁명의 식생활을 상징한다고 해도 과언은 아니다.

1949년, 중공이 혁명에 승리하고 정권을 잡으면서 혁명당은 이제 집권당으로 위치가 바뀐다. 이 정치적 전환 속에서 문제가 하나 떠오른다. 즉 혁명 시기에 생성된 상징적 음식 기호인 '고추'를 기존 상류 계층의 음식으로 어떻게 편입시킬 수 있는가? 이 문제를 검토하려면, 1949년 이전의 계급 간의 식문화 차이를 먼저 살펴보아야 한다.

중국 음식 문화의 스펙트럼에서, 사회 계층은 음식의 계급적 경계를 나누는 역할을 한다. 황실을 상징하는 기호 중 하나인 궁중 음식은, 긴 역사 속에서 꽤 안정적으로 유지되어 왔다. 원나라 호사혜(忽思慧)의 『음선정요(飮膳正要)』에서 청 황궁의 기거주(起居注)까지 음식에 관한 기록을 살펴보면, 식자재와 선호 음식은 크게 변하지 않았다.
 궁중 음식은 조미료를 많이 사용하지 않는데, 이렇게 조미하는 것을 "평(平)"이라고 한다. 자극적 조미료를 거의 사용하지 않고, 주로 짠맛과 단맛 두 가지로 맛을 낸다. 그것도 그렇게 강하게 내지 않는다. 청대 관원과 사대부도 궁중 음식을 따라 했으며, 역시 "평"이 특징이다. 재료를 신중히 선택하고, 조미는 강하게 하지 않았다. 하지만 관원과 사대부는 궁중과 달리 지역과 계절을 고려해서 음식 재료를 선택했다. 신선한 제철 재료를 중시하면서, 재료 본연의 맛을 살리려 했고, 간을 절제했다. 관청 음식은 지역이 다르더라도 조리 방식은 비슷했고, 말린 재료를 불려 사용하는 데 익숙했으며, 제철 재료만 고집하지도 않았다. 요리 종류는 정해져 있었고, 간은 짠맛과 단맛 위주로 냈다. 연하고 부드러운 음식이 많이 만들었는데, 이가 좋지 않더라도 먹을 수 있도록 했다. 오늘날의 '초대소 요리'나 '연회 요리'는 기본적으로 이를 계승한 것으로, 가장 많은 사람에게 무난한 스타일을 지향한다. 이런 가치관이 투영된 음식을 '관부 요리[官府菜]'라고 부른다.
 '관부 요리'와 대비되는 것이 '강호 요리[江湖菜]'이다. 강호 요리는 지역성이 강하다. 이른바 '북은 짜고, 남은 달고, 동은 시고, 서는 맵다'라는 말은 조미 방식의 뚜렷한 지역 차이를 보여준다. 식자재 선택 또한 지역색이 강하게 반영된다. 예를 들어, 장강 중하류 지역은 민물 생선의 요리를, 광둥 연해 지역은 해산물 요리를, 화북 북부 지역은 소고기와 양고기 요리를 잘한다. 인민은 '밥맛을 돋구거나 밥을 잘 먹을 수 있도록 도와주는 요리[下飯]'를 선호하므로, 관부 요리보다 훨씬 자극적으로 신맛이나 짠맛이 두드러진 쏸차이(酸菜)나

셴차이(咸菜)를 즐겨 먹었다.

혁명을 완수하자, 공산당은 집권당이 되었고 새로운 지배 계층으로 등장했다. 기존 지배 계층 중 일부는 통치적 지위를 상실하고 평민으로 전락하거나, 새로운 통치 집단에 흡수되었다. 또 다른 일부는 대만, 홍콩 등 해외로 망명했다. 통치 지위를 잃은 구(舊) 상류층은 자신의 식문화 전통을 유지하기 어려웠다. 이제 평민이 된 이들은 식습관 중 일부만 유지할 수 있었고, 평민의 식문화를 받아들여야 했다. 반면 신정권에 편입한 구 상류 계층은 자기 식습관을 유지할 수 있었고, 1949년 이후, 잠시 평화로웠던 시기에도 과거의 식풍을 잃지 않았다. 그러나 중국 혁명은 여기서 끝나지 않았다. 이후 토지 개혁과 일련의 정치 운동, 반복된 계급투쟁으로 지배 계층은 대대적으로 교체됐고, 동시에 과거 상류 사회의 식문화 구조 역시 철저히 해체되었다. 상류 계층은 매운맛을 더는 기피하지 않았고, 평민의 다양한 입맛을 받아들였다. 그 결과, 식문화의 계층적 구도가 해체되고 파편화된다.

시기별로 역사를 살펴보면, 고추가 중국 식문화에 유입된 강희, 옹정, 건륭 시대부터 1911년 신해혁명까지, 중국 식문화에 있어서 계층적 구도는 비교적 안정되어 있었다. 음식에 관한 상류 사회의 가치관과 취향은 차례로 전승되었다. 때때로 과거제도를 통해 극소수 평민이 상류층으로 진입하면서, 이들의 식문화가 상류 사회에 유입되기 했다. 하지만 그 영향력은 매우 제한적이었고, 극소수 가정만 이를 수용했을 뿐이었다.

예를 들어, 증국번은 고추를 즐겨 먹었는데, 그의 요리사가 이를 비밀에 부치면서, 증국번을 초대한 인물에게도 알려 주지 않았다.

그는 완성된 요리에 고춧가루를 뿌리는 방식으로 알려주었다. 하지만 증국번이 손님을 초대할 때에는 관료 사회의 전통적 식문화, 즉 관부 요리의 의례, 취향, 금기를 철저히 따랐다. 조미가 지나치게 강하지 않게 했고, 재료가 파격적인 요리도 배제했다.

신해혁명 이후 황실은 사라졌지만, 대신 민국(民國) 시기 지배층이 기존의 관부 요리 스타일을 계승했다. 이들이 청나라의 북양(北洋) 정부를 상당 부분 계승한 데에서도 확인할 수 있다. 그러나 북벌 이후 난징(南京) 국민정부 시기로 접어들면서, 상황은 점차 변하기 시작했다. 전통적인 관료, 사대부 계층은 더는 상류층으로 인정받지 못했고, 연해 지역의 매판 세력과 상인들이 부상했다. 난징 국민정부 시기에 상류층 식문화는 연해 상인 계층의 식문화 양식에 점차 가까워졌지만, 여전히 하층 평민의 식문화와는 차이가 현격했다.

1949년 이전까지도, 기존 식문화 구도는 외부의 영향을 크게 받지 않았다. 구 관료, 사대부 계층은 여전히 자신들의 식문화를 유지했으며, 계급 간 경계도 완전히 허물어지지 않았다. 신흥 자산계급과 상인, 지주는 강호 요리의 기본적 특징을 잘 알고 있으면서도, 정권을 잡자 이들은 구 상류층의 식문화를 답습하려 애썼다. 그래서 이들의 식문화가 평민과는 달랐던 것이다.

1949년 이후, 특히 토지 혁명과 자본주의 상공업 개조라는 두 가지 중대한 조치로, 구 관료와 사대부, 연해 상인 계층은 식생활 수준을 유지할 수 있는 기반을 상실했다. 새로 집권한 공산당은 이전 통치 계층과 달랐고, 이데올로기가 강하여 기존 상류층의 생활 방식을 모방하기보다는 평민적 생활 습관을 지속하려 했다. 그래서 전통적 상류 사회의 식문화는 단절되었고, 상당히 긴 기간 식문화의 어떤

부분이 사라지는 단층 현상이 발생한다.

　반면 대만은 상황이 달랐다. 국민당 권력자들이 자기 요리사를 데리고 대만으로 "전진(轉進)"해 갔다. 그래서 그들의 식습관은 변하지 않았다. 이 작은 섬은 50년간 일본 식민지여서 당시 대만의 상류층은 상당히 일본화된 상태였다. 2·28 사건으로 대만 본토 엘리트 계층은 큰 타격을 입었고, 이 와중에 국민정부의 대만 천도와 함께 본토 권력자 다수가 대만으로 들어왔는데, 이때 상류 사회의 전통 식문화도 대만으로 따라 들어왔다. 그래서 본토가 아니라 오히려 대만이 상류 사회의 식문화를 계승한다. 반면, 일식은 상류층 식문화에서 밀려나고, 대만 평민 계층에게 파편적으로 남게 된다.

　1966년에 발발한 문화대혁명은 계급을 기반으로 한 기존 식문화 체계를 완전히 붕괴시킨 마지막 일격이었다. 문화대혁명 이전에도 구(舊) 상류 지배층의 사회생활 방식은 이미 철저히 해체되었다. 원래 지배층이었던 일부 인사만 극히 제한된 범위 내에서만 과거 생활 방식의 자취를 따라하고 있었다. 관료 집안 출신인 량수밍(梁漱溟), 캉유웨이(康有为)의 딸 캉퉁비(康同璧), 학자 가문 출신인 마이푸(马一浮) 등이 받았던 문화대혁명 당시의 처분을 통해서 알 수 있듯이, 반복되는 정치 운동 속에서 이들은 하인과 요리사를 둘 수 없었고 특별한 대우도 더는 받지 못하게 되었다. 결국 여러 세대에 걸쳐 내려온 생활 방식을 유지할 수 없게 되었다. 이에 따라 이들의 식습관도 점차 평민화되었다.

　1950년대부터 1980년대까지 대륙에서 시행한 계획 배급 제도 탓에 기존 식문화를 유지하기가 더 어려워졌다. 앞서 언급한 지식인들, 즉 구 상층 계급의 후예들은 특별 배급을 받았지만, 그래도 예전의 식습관을 그대로 유지하기는 쉽지 않았다. 일반 인민 대다수는 겨우 살아갈 정도의 최소 배급을 받았다.[54] 과거 광활한 대륙에서 군림했던 수많은 사대부 가문, 지주와 부농, 도시 상인 계층의 음식 문화는 복잡다단했는데, 배급제의 제한 속에서는 온존하기 어려웠다. 졸저『두 곳 연향루의 계시(两个莲香楼的启示)』에서, 광저우의 노포 "연향루"를 사례로 든 적이 있다. 이 가게를 대표하는 '연용(莲蓉)'을 만들려면, 상품(上品)의 호남산 연자육, 돼지기름, 백설탕, 이 세 가지 재료가 필요하다. 하지만 배급제에서는 이 세 가지 재료의 품질과 수량을 모두 확보하기 어려웠고, 결국 제품의 품질은 점점 떨어졌으며 1972년에는 결국 생산을 중단하게 된다. 이후 광저우 "연향루"가 다시 연용을 만들기 시작한 것은 1982년 이후였다. 배급제라는 제약에 부딪혀 대륙의 많은 노포 음식 기업은 비슷한 문제를 겪었다. 재료를 구하기 어려운 탓에 고급 요리 조리법이 이 시기에 점점 쇠퇴하기 시작했다. 심지어 전승이 완전히 끊어지게 되었다. 왕쭝치(汪曾祺), 자오항(赵珩) 등이 남긴 기록에 따르면, 문화대혁명 때 식문화의 계층 구조가 가장 심하게 무너졌다.

자오항은『노호만필(老饕漫笔)』에서, 자기 집을 거쳐 간 요리사 세 명과 그들이 만든 관부 요리(官府菜)를 다루었다. 개인 요리사가 기술을 전승해주지 않는다면, 관부 요리는 실질적 의미가 없다고 그는 생각했다. "요즘의 소위 모씨 관부 요리, 혹은 모가 요리 등은 전통을 제대로 계승하지 않았으며, 특정 가문에서 일하던 요리사는 이미 70~80년 전에 사라졌다"라고 그는 지적한다. 베이징호텔에서 오랫동안 주방을 책임졌던 펑창하이(彭长海)는 원래 탄가(譚家) 요리의 전승

---

54 章诒和:『往事并不如烟』, 人民文学出版社, 2014年。

자였다. 그가 만든 황먼위츠(黃燜魚翅, 상어지느러미 조림) 등 유명한 탄가 요리(譚家菜)는 오늘날 국빈 만찬에도 올라온다. 탄가 요리는 청 말기의 광둥 출신 관리인 탄쭝쥔(譚宗浚)과 탄쭈완칭(譚篆青) 부자가 시작했고, 줄곧 체계적으로 전승되어 왔다. 펑창하이가 국빈 만찬을 책임지면서 신중국 정권의 '관부 요리'로 명맥을 유지하게 된 것이다. 다른 관부 요리는 탄가 요리만큼 체계적으로 전승되지 않았지만, 그래도 널리 퍼져 나가기는 했다.

예를 들어, '궁바오지딩(宮保雞丁)'은 청말 산둥순무(山東巡撫)와 사천총독(四川總督)을 지낸 딩바오전(丁宝楨)의 개인 요리사가 개발한 것이다. 그래서 이 요리는 루차이(鲁菜, 산둥요리) 혹은 촨차이(川菜, 쓰촨요리)로 분류되기도 한다. '이푸몐(伊府面)'은 양저우(揚州)와 후이저우(惠州)의 지부(知府)를 지낸 이빙서우(伊秉绶)의 요리사가 만들었다. 이런 까닭으로 이 요리는 웨차이(粤菜, 광둥요리)와 화이양차이(淮揚菜, 장쑤 요리) 양쪽 모두에 속한다. 원매(袁枚)는 『수원식단(隨園食單)』에서, 주이준(朱彝尊)는 『식헌홍비(食憲鴻秘)』에서 청대 가정 요리사가 개발한 요리를 열거한다. 그중에 양증승(杨中丞)의 두부 요리, 반조(潘祖)의 생선요리(蔭烹鱼), 타도부향(陶鳧芗) 가문의 족발 요리 등 관부 요리를 대표할 만한 음식도 등장한다.

후난 출신으로 국민당 정부의 주석이었던 탄옌카이(譚延闓)는 개인 요리사로 명성이 자자한 펑창구이(彭长贵)를 두었다. 그의 대표 요리로는 쭈안두부(组庵豆腐)가 있다. 탄옌카이가 세상을 떠나자, 펑창구이는 천청(陈诚) 집안에서 요리를 맡았다. 이후 대만으로 건너갔는데, 천청이 장제스(蒋中正)에게 추천함에 따라 그는 대만의 국빈 만찬을 책임지는 주방장이 된다. 장제스 사후, 펑창구이는 미국에 머물렀다가 다시 대만으로 돌아와 '펑위안(彭园)'을 창업했다. 그의 요리 역시 관부 요리를 체계적으로 계승했다는 평가를 받는다. 여기서 주의해야 점이 있다. 탄옌카이(譚延闓)는 후난 출신이지만, 그가 만든 탄씨 집안 요리는 전형적인 관부 요리라서 지나치게 매운 조미료를 사용하지 않았다. 따라서 펑위안은 후난 요리를 계승한 식당이라는 기치를 걸고 있어도 실제로는 관부 요리의 맥을 잇고 있으며, 자연히 요리 대부분은 맵지 않다.

6.
성^性을 은유하는 고추

"랄매(辣妹, 매운 언니)", "화랄(火辣, 불처럼 매움)"과 같은 단어는 요즘도 많이 사용된다. 이 말을 전통 중국어에서는 사람 성격을 비유하던 의미로 쓰였는데, 이제는 거기에다 성적 매력과 도발적인 뉘앙스가 더해서 사용된다. 그렇다면 고추와 성욕의 연관은 어떻게 생겨난 것인가? 이런 연관의 문화적 뿌리는 도대체 어디에 있는가?

중국어에서 고추는 '성적 암시'를 주기도 하는데, 여성을 두고 "화랄(火辣)", "열랄(热辣)"이라고 할 때, '몸매가 좋고 성격이 쾌활하다'라는 의미를 띤다. 입의 자극과 성적 자극은 종종 연결되기도 한다. 『예기·예운(禮運)』에서 "음식과 남녀는 인간의 가장 큰 욕망이다(飮食男女, 人之大欲存焉)"라고 하는데, 이런 표현은 중국만 아니라, 기독교 문화권이나 이슬람 문화권에도 존재한다. 따라서 인류 문화 전반에 걸친 보편적 현상이라고도 할 수 있다. 인류의 언어는 구체적인 것에서 추상적인 것으로 발전하는 과정을 거친다. 이 과정에서 있어서, 미각은 기본적 근거가 된다. 하지만 고추와 성적 욕망과 관련짓는 것은 중국 고유의 문화적 발명/창조인가? 아니면 외래한 '수입품'인가? 이 문제는 아직 논란의 여지가 많다.

먼저 『목단정(牡丹亭)·명판(冥判)』을 살펴보자. 화신(花神)인 말(末)과 지옥의 판관 정(净) 사이에 주고받는 대화이다.

> 말(末): 능소화(凌霄花)
> 정(净): 양기가 세서 잘 웃지(阳壮的哈).
> 말(末): 고추꽃(辣椒花)
> 정(净): 음부를 뜨겁게 하고 좁히지(把阴热窄).
> 말(末): 함소화(含笑花)
> 정(净): 정이 생기네(情要来).

이런 일문일답을 통해, 등장하는 꽃의 종류만 해도 38종이다. 이를 통해서, 삼서육례(三書六禮), 단장, 혼례, 첫날밤(圓房), 임신과 출산, 색이 바래는 노년까지 여성 삶 전반을 다루고 있다. 이러한 일문일답식 형식으로 '꽃 이름'이 등장하는 것은 옛 소설이나 희곡에서 흔히 볼 수 있다. 예를 들면, 평극(評劇) 〈화위모(花爲媒)〉, 민요 〈십이월화(十二月花)〉 등이 있다.

『목단정』에서 주목해야 점은, 첫날밤 단계를 형용하려고 "고추꽃"을 빌려오는데, 이때 "음부를 뜨겁게 하고 좁게 한다[把阴热

窄)]"라는 표현이 등장한다. 『목단정』은 1598년(명 만력 26)에 나온 작품으로, 여기서 '고추꽃'을 언급되었다. 이는 1591년에 고렴(高濂)이 언급한 것보다 불과 7년 늦을 뿐이다. 이로써 다음과 같은 사실을 유추할 수 있다. "고추꽃을 이때는 관상용으로 인식했고, 동시에 '성질의 뜨거움'을 성적 은유로 활용했다. 이는 모양이 아니라 맛에 근거한 비유이다."

다시 중국 문화에서, 음식과 성(性)을 어떻게 관련짓는지 그 상징 체계를 다시 살펴보자. 『금병매(金瓶梅)』 49회에, "서문경(西門慶)이 송순안(宋巡按)을 영복사(永福寺)으로 송별하려고 후승(胡僧)을 초대하다"라는 장면이 나온다. 춘약을 파는 후승을 초대한 연회에서 음식과 성욕의 연관성이 노골적으로 드러난다.

> 먼저 탁자 끝에 과자 네 접시, 작은 요리 네 접시를 놓았고, 다시 생선 머리, 술에 절인 오리, 오골계, 농어가 안주로 나왔다. 또, 입맛을 돋우는 밥반찬, 즉 '양파와 볶은 호두, 잘게 썬 고기, 양의 기름진 창자 요리[肥肥的羊貫腸], 미끌미끌한 미꾸라지 요리[光溜溜的滑鰍]' 네 접시가 나왔다. 이어서 국밥 한 그릇을 내왔다. 그릇 안에 완자 두 개가 있고, 그사이에 해삼[花筋滾子肉]이 끼어 있었는데, 이 요리를 '일룡희이주탕(一龍戲二珠湯)'이라고 불렀다. 또 고기가 가득해 터질 것 같은 만두[裂破頭高裝肉包子]도 나왔다. 서문경이 후승에게 권하였고, 거문고 치는 아이에게 지발호(雞脖壺)를 가져오게 했다. 요주(腰州)에서 만든 정교한 붉은 진흙 마개[腰州紅泥頭]를 열자, 음기를 보해준다는 백주(白酒)가 흘러나왔다[一股一股邀出]. 이를 뒤집은 연꽃 방울 모양이면서 다리

가 긴 술잔[倒垂蓮蓬高腳鍾]에 부어 후승에게 건넸다.[55] 후승은 잔을 받아 입으로 당겨서 한 모금 빨아 마셨다[一吸而飮之].

이 단락은 주로 의태법(擬態法), 즉 모양의 유사성에 근거해 음식과 성기관(性器官)을 연결하고 있다. '기름진 창자 요리[肥肥的羊貫腸]', '미끌미끌한 미꾸라지 요리[光溜溜的滑鰍]' 등을 예시로 들 수 있다. 후반부는 더 노골적이다. '그릇 안에 완자 두 개가 있고, 그 사이에 해삼[花筋滾子肉]을 끼어 놓았다'라고 했는데, 여기의 '화근곤자육(花筋滾子肉)'은 '해삼'인지 아니면 '관장(灌斷腸)'인지 학자마다 의견이 다르다. 그것이 무엇인지 간에, 이 요리는 명확하게 '남성의 성기'와 모양이 닮았다. 또 고기가 가득해 터질 것 같은 만두[裂破頭高裝肉包子]도 '여성의 음부'와 생김새가 유사하다. 또, 술 따르는 장면도 아주 생동감이 넘친다. '지발호(雞脖壺)', '요주(腰州)에서 만든 붉은 진흙 마개[腰州紅泥頭]', '백주(白酒)가 줄줄 흘러나왔다[一股一股邈出]', 호승이 '한 모금 빨아 마셨다[一吸而飮之]' 등이 그렇다. 이 단락에서 남녀의 교합을 의태적으로 묘사한 솜씨는 신기에 가깝다. 여기에서도 성욕과 음식을 연결할 때 음식 맛이 아니라 외형을 매개로 한다는 것을 발견할 수 있다.

중국은 고대부터 성욕과 음식을 관련지었지만, 향신료와 성욕 사이의 관계를 증명할 만한 명확한 근거는 없다. 사료, 문인의 필기, 중의학 전적을 살펴보면, 냄새가 강한 식자재 중에서 부추와 산초만 성욕과 관련짓는 것 같다. 부추는 '양기를 북돋을[壯陽]' 때 쓰고, 산초는 '음기를 자양[滋陰]'한다고 한다. 부추의 '장양(壯陽)'은 냄새가

---

55 『金甁梅』三十卷之二十, 明崇禎刻本, 第373頁.

강해서가 아니라 형태가 곧고 쓰러지지 않아서 그렇게 생각한 것 같다. 향은 강하지만 꼿꼿하지 않은 작물은 그런 의미를 부여받지 못한 것이 하나의 증거이다. 산초의 '자음(滋陰)' 역시 향이 아니라 생김새 때문이다. 석류처럼 산초도 씨앗을 촘촘히 맺는다. 이는 다산(多産)을 함의한다.

다시 말하면, 중국 문화에서 음식과 성욕을 연결 짓는 근거는 형태이지, 맛(향이 강하고 매운맛)이 아니다. 캐슈넛, 미꾸라지, 굴 그리고 각종 동물의 음경 등은 중국 문화에서 '양기를 돋우는 음식'으로 여겨지는데, 이는 모두 그 외형 때문이다. 예를 들어, 캐슈넛은 콩팥처럼 생겼는데, 중의학에서는 신장이 성 기능과 관련 있다고 본다. 미꾸라지는 구멍을 잘 파고들고, 굴은 여성 성기와 닮아서 '자음' 효과를 낸다고 보았다. 동물의 음경에 관한 이야기는 인류 문명에 흔히 등장하는 '이형보형(以形補形, 형태를 형태로 보충함)'의 전형이다. 중국 전통의 식이요법은 음양오행의 상생과 상극을 중시한다. 매운맛은 열이 많이 나게 하지만, 그렇다고 반드시 '장양'과 연결되지는 않는다. 따라서, 중국 전통 식문화에서는 '양기를 돋우려고' 향신료를 고집하지 않았다.

중국 민간에서 '자음장양(滋陰壯陽)'의 효과를 강조하는 식자재는 대개 외형을 근거로 판단한다. 이 사유가 중의학 이론에 영향을 미쳤다. 다시 말해, 민간에서 형태를 근거로 '자음장양'의 효능을 판단하자, 이에 발맞춰 중의학도 식자재의 속성을 형태로 판단하면서 문화적 일관성을 유지한다.

따라서 현대 중국 문화에서 '매움[辣]'을 성욕의 은유로 사용하는 문화적 패러다임은 외래 문화의 소산이라 할 수 있다. 앞서 언급한

『목단정·명판』의 "음부를 뜨겁게 하고 좁힌다(辣椒花, 把阴热窄)"라는 표현 또한 외래 문화의 영향을 받아 형성된 은유라 보아야 한다.

현존 문헌을 살펴보면, 향신료와 최음제의 상관성에 대해서 지중해 연안의 문명권에서 기록을 제일 많이 남겼다. 특히 레반트 문명권이 특히 두드러진다. 시기 순서대로 열거하면, 이집트 문명, 아시리아 문명, 유대 문명, 페니키아 문명(카르타고 문명 포함), 그리스 문명(식민지를 포함), 로마 문명이 있으며, 그중에서도 페니키아 문명이 가장 현저하다.

고대 이집트의 기록을 살펴보면, '향신료와 종교적 신명의 밀접한 관계'에 관한 것이 많고, '최음과 성애'에 관한 것은 거의 없다시피 하다. 여러 문명 중에서 페니키아 문명이 향신료와 성애를 가장 이른 시기에 결합한 것으로 보인다. 페니키아인은 상업과 항해로 유명했고, 다양한 향신료를 접했으며 대규모로 유통하기도 했다. 이들이 향신료를 이해한 방식은 자연스럽게 주변의 히브리인, 그리스인에게 영향을 주었고, 나중에는 로마인에게도 영향을 미친다.

하지만 페니키아인은 문자 기록을 많이 남기지 않았다. 항해와 상업에는 능했지만, 역사 기록에는 관심이 없었다. 페니키아 역사에 관한 기록은 주로 히브리인과 그리스인의 문헌에 나온다.『히브리 성경』에서 "페니키아인이 바알(Baal) 신을 숭배했다"라고 했고, 또 "향신료로 담근 술을 마시고, 신전에서 집단 성교를 벌여 신을 기쁘게 했다"라고 묘사한다. 바알은 페니키아의 주신(主神)으로, 풍요와 번식을 관장하는데, 성행위는 이 신을 기쁘게 하는 제의였다. 그리스인은 페니키아인의 향신료 해석을 계승하면서도, 철학적 의미를 더 많이 부여했다.

인류는 원시적, 직관적 의학을 통해 매운 조미료가 최음 효과를 낸다는 것을 발견한다. 서양 의학의 전통적 기원은 그리스이며, 고대 그리스 의학을 대표하는 히포크라테스(Hippocrates)는 사람의 기질을 네 가지 유형으로 나누었다. 담즙질, 다혈질, 점액질, 우울질이 그것이다. 여기서 담즙질은 뜨겁고 건조하며, 다혈질은 뜨겁고 습하고, 점액질은 차고 습하며, 우울질은 차고 건조하다. 다혈질은 성욕이 왕성하고 생식능력도 강하며, 담즙질은 성욕은 왕성하지만 생식능력은 약하다. 고대 그리스 의학에서는 성욕의 결핍을 체액의 불균형에서 비롯된다고 본다.

고추가 유럽으로 전파되기 이전에, 유럽인은 '생강류는 성질이 열성이면서 동시에 습성이므로, 이를 조미료로 쓰면 성욕과 생식능력을 높일 수 있다'라고 생각했다. 마그로니 투생 수마이잇(Magronee Toussaint Sumayit)은 『향신료, 유혹의 역사(Spice: The History of a Temptation)』에서, "서아프리카 노예 상인은 농장 '노예'의 생식력을 높이려고 생강을 먹였다"[56]라고 적었다. 생강에 대한 이런 인식은 『코란』 76장 17절에서 유래했을 가능성이 크다. 『코란』의 원문은 다음과 같다. "그들은 생강이 섞인 술잔을 받게 되리라. 천국에 살사빌(Salsabeel)이라는 샘이 있다."

『성경』에도 이와 유사한 표현이 등장한다. 다음 「잠언」 7장 12절-19절(개역개정판)이다.

> 이 여인은 시끄럽고 완강하며, 그의 집에 머물지 아니하고, 어떤 때는 거리에서, 어떤 때는 광장에서, 모퉁이마다 숨어 기다리더

---

56 [澳] 杰克·特纳:『香料传奇: 一部由诱惑衍生的历史(第二版)』, 周子平译, 三联书店, 2015年版, 第220-221页.

니, 그 청년을 붙잡고 입을 맞추며, 뻔뻔한 얼굴로 말하되, "화목제를 드려서 오늘 내 서원을 갚았노라. 이러므로 내가 너를 맞으려고 나와서 네 얼굴을 간절히 구하였더니 너를 만나게 되었도다. 내 침상에는 수놓은 이불과 이집트의 문양 있는 천을 폈고, 몰약과 침향과 계피를 뿌려 향기롭게 하였노라. 오라, 우리가 아침까지 흡족하게 사랑하며, 사랑함으로 즐기자. 남편은 집을 떠나 먼 길을 갔는데, 은 주머니를 가지고 갔으니 보름날에야 집에 돌아오리라."

이 구절의 부제(副題)는 「음녀를 멀리하라는 경고」로, 앞뒤로 음녀(淫女)가 젊은이를 유혹하는 장면이 나오고, 여기서 인용한 대사는 음녀의 입에서 나온 것이다.

네 정원에 석류 열매가 열렸고 아름다운 과일과 봉선화와 나답나무가 있도다. 나답과 홍색 꽃과 창포와 계수나무와 모든 향목과 몰약과 침향과 모든 가장 좋은 과실이 있도다. 너는 동산의 샘이요 생수의 웅덩이라 레바논에서 흘러내리는 시내 같도다.

「아가서」는 전체적으로 남녀 간의 사랑을 찬양하는 내용이며, 솔로몬 왕의 결혼식을 상세히 기록한 것처럼 보인다. 이 단락의 부제는 '신랑'으로, 전후 내용은 '신랑이 신부의 아름다운 몸매를 칭송하는' 것이다.

상기 두 인용문은 『성경』의 구약(舊約)[57] 부분이다. 판본은 다양하지

---

[57] 『圣经·中文和合本』, 中国基督教三自爱国运动委员会, 中国基督教协会, 2007.

만 차이는 거의 없다. 이는 기원전 1000년에서 기원전 900년 사이 이스라엘인들의 생활을 사실적으로 기록한 것이다.

유대교의 『히브리 성경』도 「아가서」와 「잠언」을 정경으로 인정하므로, 이 두 구절의 역사적 진실성에 대해서는 대체로 이견이 없다.

고대 레반트 지역의 종교 문헌에서 향신료와 정욕을 연결했고, 기독교와 이슬람교의 전파와 더불어 전 세계에 깊은 영향을 끼쳤다.

'맵다'라는 감각은 아주 오래전부터 여러 문명권에서 잘 알고 있었다. 고추가 확산되기 전에, 매운맛이 나는 식물로, 아시아에는 생강, 수유, 산초가 있었고, 유럽에는 후추와 정향이 있었다. 원래 이런 식물로 성(性)을 은유했는데, 강렬한 매운맛 덕분 고추는 빠르게 다른 식물의 자리를 대신 차지하면서, 최신 유행의 '표상체'가 된다. 따라서 미국의 케이블 유료 성인 채널이 왜 '스파이스 네트워크(Spice Network)'인지 이해하기 어렵지 않다. 이 채널의 로고 또한 작은 고추처럼 생겼으며, 매운 향신료는 서구 문명 맥락에서 언제나 성적 은유를 표현하는 매개체였다. 중국의 전통 문화적 상상에서, 향신료와 성욕은 원래 아무런 관계가 없었다. 고추는 중국으로 들어올 때부터 이미 성적 은유의 함의를 담고 있었는데, 이로써 명대 중기 이래 외래문화가 중국에 지속적으로 영향을 끼쳤음을 알 수 있다. 이 외에도 어떤 중국인이 동남아시아에서 고추가 성욕을 촉진한다는 이야기를 듣고, 중국으로 들여왔을 가능성도 배제할 수 없다.

인터넷 유행어 사전인 "어번 딕셔너리(Urban Dictionary)"에 따르면, '칠레 페퍼(chili pepper)'는 본래 의미인 '고추' 이외에도 다른 의미가 있다. 즉 "1. 젊고 섹시하며 노출이 심한 라틴계 여성, 록 밴드 '레드 핫 칠리 페퍼스'. 2. 매우 매력적이고 섹시한 여성" 등이다. 중국어

인터넷 언어에서도 '고추'의 함의는 영어와 크게 다르지 않으며, 아름다운 외모나 좋은 몸매를 의미할 뿐만 아니라, 개방적이고 과감한 성격을 의미한다.

예를 들어, 중국에서 '辣妹(랄매)'는 맥락에 따라 의미가 중의적이다. 이는 외래 은유와 본토의 유비적 은유가 중첩된 결과이다. 앞서 언급했듯이, 중국어의 "辣"은 '시원시원하다, 풍류를 즐긴다, 악독하다, 과감하다'처럼 외모가 아니라 성격을 표현한다. 반면 영어의 'chili pepper'는 '아름답고, 노출이 심하며, 몸매가 좋고 섹시한 여성'처럼 외모를 은유한다. 현대 중국어의 "辣"는 이 의미 둘 다를 함의한다. '辣手(랄수, 매운 손)', '狠辣(한랄, 매정하다)', '泼辣(발랄, 거침없다)' 등은 주로 토착적 은유로, 냉혹한 혹은 과감한 성격을 강조하는 것이며, '热辣(열랄, 섹시하다)', '辣妹(랄매, 섹시한 여성)'은 외래적 은유로, 외모를 더 강조한다.

7.
고추와 벽사

농촌에서 집마다 문에 고추를 걸어두는 풍경은 매우 흔하다. 문학이나 영화, 드라마에서 문에 빨간 고추를 매단 것으로 농가를 상징할 정도이다. 그렇다면 이 풍습은 어떻게 형성된 것일까? 또 어떻게 전국으로 확산되었을까?

냄새가 강한 장식물을 대문에 거는 것은 인류의 보편적 관습이다. 유럽에서 아시아까지 어디에서든지, 고대부터 현대까지 이러한 풍습은 늘 있었다. 고대 로마인은 농신절(農神節·Saturnalia, 고대 로마에서 중요하게 여겼던 동지 무렵의 절기) 때 대문에 겨우살이를 즐겨 걸었는데, 가족에게 평온과 사랑을 가져다주고 가정을 보호한다고 믿어서였다. 켈트족은 겨우살이가 남성의 생식능력을 상징한다고 여겼는데, 겨우살이의 흰색 열매가 정액과 유사했기 때문이다. 고대 그리스인은 겨우살

이를 아예 "상수리나무의 정액"이라고 불렀고, 수호 신령이 깃들었다고 믿었다. 고대 그리스 신화에는 영웅 아이네이아스(Aineías)가 겨우살이를 손에 들고 저승에 들어가는 장면도 등장한다.[58]

기독교가 흥기하면서 이 풍습을 흡수했고, 이후 크리스마스 때 겨우살이 아래에서 키스하는 풍속으로 변한다. 겨우살이뿐만 아니라 다른 여러 식물도 집을 보호해 준다고 믿었다. 유럽 전통에서는 '호랑가시나무(Ilex aquifolium)'와 '아이비(Hedera helix)'도 효과가 같다고 생각했다. 호랑가시나무는 '우정의 지속'을 상징으로 여겼고, 아이비는 화환처럼 문에 걸어두는 장식으로 사용했다. 고대 로마에서는 원래 아이비를 술을 파는 주점의 표식으로 사용했는데, 나중에는 '손님과 즐겁게 마시자'라는 의미도 더해졌다. 유럽 밖의 북아프리카와 중앙아시아에서는 마늘을 문에 걸었다. 중앙아시아는 마늘의 원산지로, 말린 마늘이 잡귀와 나쁜 기운을 쫓아낸다고 믿었다. 유럽으로 마늘이 유입되고서, 유럽인은 마늘이 마녀나 흡혈귀를 쫓는 효험이 있다고 믿었다. 지금도 유럽과 미국의 가정집에서 종종 문에 마늘을 걸어 놓는다.

중국에도 이와 유사한 전통이 있다. 계절에 따라 대문에 장식물을 다는 풍습은 오래전부터 있었다. 문헌에 따르면, 한나라 때 이미 이런 관습이 존재했다. 절기에 따라 물건을 달리 달았는데, 예를 들어 청명에는 버드나무 가지를, 단오에는 쑥을 걸었다. 단오에 쑥을 뜯어 문에 걸어서 사기(邪氣)를 쫓는 풍속은 진(晉) 주처(周處)의 『풍토기(風土記)』에 이미 나온다. 남조(南朝) 양(梁)나라 종름(宗懍)의 『형초세시기(荊楚歲時記)』에도 "쑥으로 사람 모양을 만들고, 문에 걸어 독기를 물

---

[58] [德] 玛莉安娜·波伊谢特:『植物的象征』, 黄明嘉, 俞宙明译, 湖南科学技术出版社, 2001年版, 第207-212页。

리친다"라고 했다. 대문의 장식은 세시(歲時) 문화와 관련이 깊으며, 액운을 물리치고 복을 부르는 상징적 의미를 담고 있다. 예로부터 추수가 끝나고 벼 이삭을 문에 걸어 풍년을 축하하는 풍습도 있었는데, 농촌을 조사하면서 필자는 문헌 기록과 거의 일치하는 사례를 확인할 수 있었다. 절기에 따라 장식물을 다는 관습은 일부 지역에 지금도 남아 있는데, 청명절의 버드나무 가지, 단오절의 쑥과 창포 등은 여전히 쉽게 볼 수 있다. 지금도 고추를 재배하는 거의 모든 지역에서 고추를 문에 다는 풍속이 남아 있다. 중국은 말할 것도 없고, 이란, 아르메니아, 터키, 시리아, 이탈리아, 스페인, 멕시코, 미국 등지에서도 이렇게 한다. '고추나 마늘처럼 냄새가 강한 작물은 액운을 막고 복을 부르는 효능이 있다'라는 믿음은 신기할 정도로 여러 지역이 일치한다. 이로써, 유라시아 대륙의 인민이 고추를 처음으로 접할 때, 고추를 마늘처럼 향이 강한 식물과 동류로 분류하고, 이에 상응하는 의미를 부여했다는 것을 알 수 있다.

  왜 세계 곳곳의 사람들이 놀라울 정도로 일치된 행동을 할까? 이러한 행위에서 파생하는 문화적 의미도 왜 이토록 비슷할까? 이에 관한 명확한 고고학적 발견은 없지만, 이런 행위와 인류 초기의 정착 생활, 특히 반지하 주거 형태와 관련이 깊다고 필자는 생각한다. 주지하다시피, 수렵 채집 시기에는 인류는 주로 동굴에서 거주했다. 수렵 혹은 채집하려면 끊임없이 이동해야 하므로, 영구 주택이 필요 없었다. 하지만 농경을 시작하고 정착하면서부터는 평지에 영구 주택을 반드시 지어야 했다.

  신석기 시대, 인류의 주거지는 창문이 없었다. 반포(半坡) 유적을 복원한 것에서 볼 수 있듯이, 신석기 시대의 주거지 대부분은 지붕

에만 구멍 하나만 뚫려 있는 형태이다. 실내에서 불을 피울 때 발생하는 연기를 배출하고, 동시에 빛이 들어오게 하려는 것이었다. 이런 공간은 생활하기에 상당히 불편했을 것 같다. 공기는 탁하고 습하며, 실내는 어두컴컴했을 것이다. 신석기인은 생존을 우선 고려하다 보니 안락함을 미처 생각 못 했을 것이다. 혈거(穴居)는 비교적 따뜻하고, 맹수의 습격을 막을 수 있었다. 『묵자(墨子)·사과(辭過)』에 다음과 같은 말이 전한다.

> 옛날 백성이 궁실을 지을 줄 몰랐을 때, 언덕을 따라 굴을 파고 살았는데, 아래에서 습기가 올라와 사람을 상하게 하므로, 성왕께서 궁실을 지었다. 궁실을 만드는 방법은 다음과 같다. "방을 높게 지어 습기를 피하고, 옆은 바람과 추위를 막고, 위는 눈, 서리, 비, 이슬을 막을 수 있어야 한다……."

사각형 반혈거식 주택 복원도[59]

고대 선사인(先史人)은 실내 냄새를 없애고, 모기 등 해충을 쫓으려

---

59 자료 출처: 시안(西安) 반포(半坡) 유적지 박물관 웹사이트.

고 향이 강한 식물을 실내와 문에 매달았을 것이다. 시간이 지나면서, 이런 행위에 문화적 의미가 부여되고, 이것이 누적되면서 문화적 관습이 된다. 인류의 주거 환경은 '집을 높고 크게 짓고 창문을 내는 쪽'으로 변화했고, 그러면서 식물을 매달 이유가 사라졌다. 그래서 문화적 관습이었던 '식물 달기'는 출입의 경계인 대문에 집중되었고, 더불어 내부와 외부를 구분하는 중요한 표식으로 남게 된다. 여기서 다음 사실도 놓치지 말아야 한다. 역사 내내, 심지어 현대까지도 '문에 향이 강한 식물을 매다'는 행위에는 모기나 해충을 막고도, 상상 속의 여러 불결한 것들을 쫓는 등 어느 정도 기능적인 의미가 내포되어 있다는 것이다.

중국의 고추 재배 지역에서는, 여름과 가을에 고추를 수확하고 말린 붉은 고추를 대문에 걸어 둔다. 그리고 다음 해 봄에야 내려서 사용하므로 오래 걸려 있어 인상에 잘 남는다. 또한 비교적 건조한 지역에서는 고추를 1년 내내 걸어두고, 다음 해 가을 수확하고서야 고추로 바꿔 달기도 한다. 명청(明淸) 시대 이후 붉은색을 길하다고 여기는 관습이 있었는데, 고추의 진홍색이 이와 맞아 '고추 매달기' 풍속은 전국으로 빠르게 퍼졌다. 심지어 도시에서는 플라스틱이나 합성 섬유로 만든 고추 모조품이 잘 팔렸는데, 이제 '고추 매달기'는 하나의 문화적 현상으로 자리 잡은 것 같다. 하지만 그 이면에 있는 세시풍속은 잘 드러나지 않는다.

고추로 문을 장식하는 관습도 풍수 문화를 떠나서 이야기할 수 없다. 고추는 색이 붉어, 오행의 '화(火)', 오방의 '남(南)'에 해당한다. 전통 민가는 대문을 남쪽으로 많이 냈는데, '고추 매달기'는 풍수의 해석과도 부합한다. 하지만 풍수 감여(堪輿) 학설은 주인의 오행과 직업 등을 고려하고, 양택(陽宅)의 지리적 방향도 따진다. 풍수학을 따라 엄밀히 말하면, 남향 대문이라고 해서 모두 고추 매달기에 적합하지도 않으며, 특히 집주인의 오행이 금(金)에 해당하거나, 가정에 화(火)가 너무 강하면 남향 대문에 고추를 걸어두면 오히려 좋지 않다. 하지만 민간의 관습은 복잡한 이론을 단순화하는 경향이 있는데, 그것으로 자신의 행동을 합리적으로 설명하고 또 이로써 집주인은 어느 정도 심리적 위안을 얻는다.

벽사(辟邪)를 목적으로 문에 고추에 달아두기도 한다. 민간에서는 냄새가 강한 향신료가 해충을 쫓고, 잡귀를 물리치는 효과가 있다고 생각한다. 예를 들어, 중세 이전에는 문에 창포, 쑥, 수유(茱萸) 등을 걸었는데, 이는 해충을 몰아내려는 목적에서 유래했다. 특히 5월은 학질(虐疾)이 창궐하므로 "악월(惡月)"로 여겼고, 냄새가 강한 약물로 재앙을 물리치고자 했다. 하지만 세월이 흐르면서, 이런 실용적 행위는 민속으로 굳어졌고, 정신적인 의미에서 벽사(辟邪)의 상징으로 자리 잡았다.

서진이 주처(周處)는 『풍토기(風土記)』에서 "9월 9일에 수유 가지를 꺾어 머리에 꽂아 악한 기운을 물리치고 초겨울 추위를 막는다"라고 했다. 고추가 중국에 들어온 후로는, 수유의 역할을 쓴맛이 없는 고추가 대체했다. 요즘은 일부 약방(藥方)을 제외하면 수유를 거의 사용하지 않는다. 수유를 벽사의 목적으로 썼던 문화적 기능을 고추가 어느 정도 계승한 셈이다. 앞서 말한 바와 같이, 중국의 전통문화를 보면, 특성이 유사한 사물을 유비적으로 잘 분류하는데, 고추는 중국에 들어오고서 단기간 내에 향신료의 전통적인 맥락을 계승해서 벽사의 기능을 맡은 것이다.

8.
남북 차이

광활한 중국 대륙에서 고추를 조미료로 사용하는 방식은 크게 두 가지로 나뉜다. 남방은 고추를 복잡하고 혼합적인 방식으로, 북방은 순수하고 단일한 방식으로 사용한다. 이 차이는 북쪽의 '짠맛파'와 남쪽의 '단맛파'의 차이와 같아 보이며, 이면에는 중국 남북 사이에 존재하는 사회 구조, 지리 조건, 문화 가치의 차이가 숨어 있다.

세계 음식 문화 지도를 살펴보면, 한 가지 특징을 발견할 수 있다. 동서 방향, 즉 위도를 따라 나타나는 차이는 비교적 작고, 남북 방향, 즉 경도를 따라 나타나는 차이는 비교적 크다는 점이다. 예를 들어, 정저우(郑州)에서 우한(武汉)은 불과 500km 정도 거리지만, 하나는 밀 음식 문화권이고, 다른 하나는 쌀 음식 문화권이다. 반면 지난

(济南)에서 시안(西安)까지 거리는 약 1,000km이지만, 식문화는 큰 차이가 없다. 위도가 같으면 기후나 작물 종류도 유사하며, 따라서 식문화나 그에 상응하는 정치문화 체계도 비슷하다. 반대로 남북은 기후가 매우 달라서, 재배 작물도 다르고, 이에 따라 경제 형태도 근본적으로 달라지며, 문화와 정치 체계 역시 차이가 크게 난다.

남북은 고추를 조미료로 사용하는 형태도 아주 다르다. 고추를 조미료로 사용할 때, 가공의 난이도에 따라 쉬운 것에서 어려운 것 순으로 열거하면, 건고추, 고춧가루, 고추장(辣椒酱=라자오장) 순이다. 고춧가루를 만들려면 생고추를 건조하고 빻아야 하는데, 다른 물질을 첨가하지 않으므로, 고춧가루는 고추를 조미료로 사용하는 원시적 형태이다. 북방 요리는 이런 형태, 즉 고춧가루를 많이 쓴다. 고추를 고추장으로 가공하려면 다른 물질을 첨가하고 인공 용기에 담아 보관해야 하므로, 사람 손길이 많이 가는 가공 방식이다.

제조 고추장은 대부분의 경우 발효 식품이다. 남방 음식은 건고추, 고춧가루, 고추장을 모두 자주 사용하지만, 사용하는 상황은 조금씩 다르다. 고춧가루와 고추장은 모두 고추를 가공한 조미류 형태이며, 지역에 따라 부르는 명칭도 다르다. 일반적으로 라자오펀(辣椒粉) 혹은 라자오몐(辣椒面)은 고추를 말려 빻은 것을 가리킨다. 유포라쯔(油泼辣子)는 고춧가루에 뜨거운 기름, 참깨 등을 넣은 것으로, 고춧가루의 한 갈래로 볼 수 있다. 여기서 말하는 '라자오장(辣椒酱)'은 넓은 의미의 고추장을 뜻하며, 더우반장(豆瓣酱), 둬라자오(剁辣椒), 쏸롱라자오장(蒜蓉辣椒酱), 톈라장(甜辣酱) 등도 포괄한다. 이러한 고추장은 모두 일정한 발효 과정을 거치며, 다른 재료와 혼합한다는 공통점이 있다. 예를 들어, 둬라자오(剁辣椒)는 고춧가루에 소금과 물을 넣고 향신료 조금만 첨가한 것으로, 공정이 비교적 단순한 고추장이다. 반면, 더우반장(豆瓣酱), 쏸롱라자오장(蒜蓉辣椒酱), 톈라장(甜辣酱) 등은 재료가 많이 첨가되므로, 가공 공정이 복잡한 고추장이다.

레비-스트로스(Lévi-Strauss)의 '요리 삼각 분류법(triangle culinaire)'에 따르면, 조리 방식은 '끓이기', '훈제', '직화구이'의 세 가지로 나눌 수 있다. '끓이기'는 문화적 흔적이 가장 짙은 조리 방식으로, 물을 담는 용기가 필요하기 때문이다(용기는 곧 문화를 상징하는 지표이기도 하다). 반면 직화구이는 어떤 매개도 없이 음식물을 불에 직접 올려 조리하므로 가장 자연적인 방식이다. 고추를 조미료로 가공하는 방식에도 이와 유사한 논리가 존재한다. 고추를 건조하고 분쇄한 것은 '훈제'와 유사한 방식으로, 중국 북방에서 두루 쓰인다. 생고추를 고추장으로 만드는 과정은 다양한 재료가 첨가되고 인공 용기에 담아 절이는 특성상 사람 손길이 가장 많이 가는 조리 방식이다. 이런 공정을 거친 고추장은 레비-스트로스의 '요리 삼각 분류법' 중 '부식(腐食)'과 유사하며, 남방에는 흔한 방식이다.

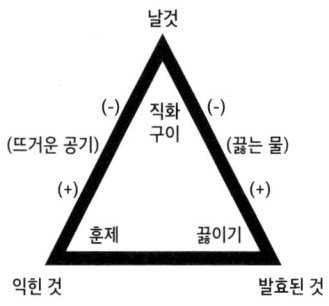

〈도표 3〉 레비-스트로스의 요리 삼각 분류법[60]

---

60   Lévi-Strauss, Claude, Peter Brooks (trans.). "The Culinary Triangle". The Partisan Review. 33: 586-96.

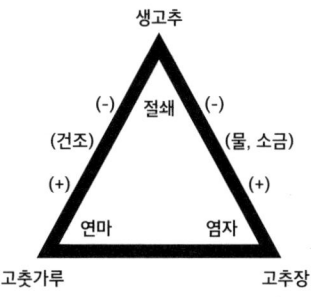

<도표 4> 레비스트로스 개념에 기초한 고추 요리 삼각형

중국을 남북으로 나누는 자연적 경계는 진령산맥-회수(淮水, 화이허) 분리선이며, 고추장과 고춧가루 중 어느 쪽을 더 많이 사용하는지 가르는 지역적 경계도 대체로 이와 일치한다. 서쪽은 진령산맥이 명확한 분리선으로, 진령 이남의 한중 분지와 사천 분지에서는 고추장을 많이 사용한다. 반면, 관중 평원에서는 고춧가루를 주로 사용한다. 동쪽 회수강은 화동 평야 지대를 흐르는데, 진령산맥처럼 지리적 경계를 명확하게 가르지 않아, 회수 지역의 남북 경계가 뚜렷하지는 않다. 회수강 양쪽 지역에서는 고추장과 고춧가루를 비슷한 비율로 사용한다. 장강에 가까울수록 고춧가루를, 황하에 가까울수록 고추장을 덜 사용하는 경향이 있다.

사천요리에서 가장 중요한 조미료는 더우반장(豆瓣酱)이다. 요즘 흔한 더우반장(豆瓣酱)은 대개 고추를 섞는다. 사천 피현(郫县)에서 쥐안청(鹃城) 상표로 더우반장을 제조하는 기업이 있는데, 이 회사의 자료에 따르면, "더우반장에 고추를 넣기 시작한 것은 함풍 연간에 익풍화(益豐和)라는 장 제조소를 사천에서 세운 후부터"라고 한다. 이전의 쓰촨 더우반장은 원래 더우장(豆酱) 유형에 속하며, 다른 향신료는 첨가하긴 했어도 매운맛이 두드러지지는 않았다. 요즘의 더우반장의 제조 공정에서도 고추가 나중에 추가된다는 흔적을 발견할 수 있다. 더우장과 라자오장(辣椒酱)을 따로 만들고 이후에 섞어서 그렇다.

'톈라장(甜辣酱)'을 만드는 과정은 다음과 같다. 누에콩 껍질을 벗기고 며칠 동안 물에 불린 뒤, 밀가루를 섞어 찐 다음, 누룩[米曲]을 넣고 햇볕에 말리면서 발효시킨다. 이 과정은 보통 된장 제조법과 유사하다. 그다음은 고추 밑재료[辣椒胚]를 만드는 과정이다. 붉은 고추를 깨끗이 씻은 후 소금을 넣고 섞은 다음 으깬 상태로 큰통에 넣고 발효시킨다. 이렇게 만든 톈라장과 고추 밑재료를 섞어 다시 햇볕에 말리고 발효시키면 더우반장이 완성된다.

사천 멘양(绵阳)시에서 진행한 조사에 따르면, 원래는 집마다 고추 조미료를 직접 만들어 썼다고 한다. 하지만 도시화가 진해되어 아파트 입주민이 늘어나면서, 예전처럼 조미료를 만들 수 있는 환경이 사라졌다. 지금은 파오자오(泡椒)와 유펑라자오(油封辣椒)처럼 비교적 간단한 조미료만 여전히 집에서 만들고, 그 외의 조미료는 모두 시중에서 사야 한다. 유펑라자오는 생고추를 깨끗이 씻어 잘게 다진 후, 소금, 다진 마늘, 다진 생강을 넣고, 끓인 유채씨 기름에 넣어 밀봉하여 만든다. 이 조미료는 볶음요리에 쓰거나, 그냥 반찬처럼 먹기도 한다. 파오자오는 파오차이와 만드는 방식과 같으며, 현지 주민 대부분은 집에서 직접 담근다고 한다.

멘양(绵阳) 교외의 농가는 아직도 라자오장을 직접 만든다. 8월 중순 이후, 고추가 익어 붉게 변하는데, 이 고추를 잘게 다져 소금, 다진 마늘, 다진 생강 등을 섞어 입이 넓은 장독에 담는다. 뚜껑을 덮고 야외에서 약 보름 동안 햇볕에 말리면서 발효시킨다. 그러면 현지 특유의 발효 라자오장이 완성된다. 이 라자오장은 맛이 강하고, 말리면서 소금을 여러 차례 더 넣으므로 1년 이상 두고 먹을 수 있다. 현지인은 "사천요리는 백 가시 요리에 백 가지 맛이 난다"라고 하는데 실제로도 집마다 맛이 조금씩 달라 "집마다 맛이 다르다"라고 할 수 있다. 집에서 만든 양념 맛이 각기 다르기 때문이다. 필자는 '발효 과정 중 풍미가 달라지면서 집마다 양념 맛이 다르다'고 생각한다. 집에서 직접 만들면, 미생물과 환경 조건을 정확하게 통제하기 어려우므로, 맛에 미묘한 차이가 발생한다. 생산 환경이 표준화되면 이런 미묘한 차이는 모두 사라진다. 그래서 집에서 직접 만든 양념이 늘 생각나는 것이다.

귀주에서도 발효 과정을 거쳐 라자오장을 만드는데, 쓰촨과 달리 발효시킨 고추 끓는 기름을 부어 미생물을 죽인다. 그래서 귀주의 라지오장은 발효 시간이 더 많이 필요하다. 반면 맛은 비교적 일정하다. 특히 주목할 점은 '귀주가 중국에서 고추를 가장 먼저 식용(食用)했다'라는 것이다. 이 지역은 고립된 지형이면서도, 민족 구성도 다양해 매운맛을 즐기는 방식도 매우 다르다. 귀주에서는 습식(濕式) 라자오장도 만들지만, 또 고추를 말려 다양한 방식으로 활용한다. 예를 들어, 산지인 첸둥난(黔東南)에 사는 주민은 마른 고추를 바싹하게 굽고 으깨서 반찬처럼 먹는 경우도 흔하다. '잔수이(蘸水)'는 귀주에서 흔히 먹는 방식으로, 고춧가루에 소금, 산초, 후추 등 다양한 향신료를 넣어 직접 찍어 먹거나, 뜨거운 국물이나 뜨거운 기름에 넣어 찍어 먹는 것을 말한다. 이런 귀주의 다양한 식용 방식은 주변 성(省)에도 깊은 영향을 미쳤다. 예를 들어, 유라자오(油辣椒)와 라자오츠바(辣椒糍粑)는 사천에, 옌라자오(腌辣椒)와 생고추 식용은 호남에, 후라자오(糊

辣椒)와 잔수이(蘸水)는 운남에 큰 영향을 끼쳤다.

필자의 외할머니는 호남 창사(長沙) 출신으로, 생전에 둬라자오(剁辣椒)를 직접 만들었다. 이것은 파오자오(泡椒)처럼 단기간 발효시켜서 신맛이 약간 난다. 일본의 이치야쯔케(一夜漬)와 맛이 비슷하다. 특히 외할머니의 둬라자오는 수분 함량이 높은 고추를 써서 시중 제품과 달리 아삭하고 달콤한 맛이 났던 기억이 난다. 맵지 않는 홍고추를 사용해서 온 가족이 먹을 수 있었다. 짧게 절여서 짠맛도 신맛도 강하지 않았다. 외할머니가 돌아가시고, 어머니는 외할머니의 솜씨를 이어받지 않아서, 집에서 둬라지오는 한동안 사라졌다. 그러다 비교적 최근에 호남산 둬라자오 캔을 슈퍼마켓 선반에서 발견하고, 어린 시절 맛을 느끼고 싶어 먹어 보았다. 하지만 현대 공장 제품이 전통 가정의 맛을 재현하지 못했거나, 필자가 미각을 단지 기억할 뿐이라서 그런지, 둬라자오 캔은 어린 시절 기억과 맛이 비슷하면서도 달랐다.

고추가 사천으로 먼저 들어오고, 이후 청 가경 연간에 한중 지역까지 퍼졌다. 한중은 중국 남북을 잇는 중간 지대로, 두 산맥을 사이로 강이 흐른다. 즉 북쪽에는 진령산맥이 횡단하고, 남쪽에는 바산(巴山)산맥이 누워 있다. 한수(漢水)가 그사이를 흐른다. 한중 음식의 별명이 '역진역촉(亦秦亦蜀, 진도 촉도 있음)'인데, 고대에는 "한중에는 남북의 풍속이 다 있고, 촉나라 말도 하고 진나라 말도 한다"라는 표현이 흔하다. 이러한 '역진역촉'의 특징은 조미료에서도 나타나, 한중에서는 고추장과 고춧가루를 동시에 사용한다. 한중 특산 고추장을 '타라쯔(搨辣子)'라고 부르며, 고추와 생강, 마늘 등을 돌절구에 넣고 돌공이로 찧어[搨] 만든다.

한중에서도 고춧가루를 생산하는데, 선초(線椒)를 빻아 가루로 만들고 뜨거운 기름을 부어 유포라쯔(油泼辣子)를 만들어 사용한다. 타라쯔는 밥이나 면에 비비거나 볶음요리에 쓰고, 유포라쯔는 냉채, 면, 뜨거운 국수 등에 넣는다. 그렇지만 평소 한중 사람은 두 양념을 구분하지 않고 혼용할 때가 많다. 밥에는 고추장, 면에는 고춧가루라는 규칙이 있는 것은 아니지만, 일반적으로는 그런 조합이 더 흔하다. 현지 식당에서는 보통 두 가지 양념을 식탁에 함께 놓아둔다. 한중은 남북 접경 지역을 대표하는 사례로, 진령산맥-회수 일대 지역에서도 음식 문화 양상이 비슷하게 나타난다. 이들 지역에서는 쌀(남방), 면(북방)을 모두 자주 먹으며, 조미료 역시 남북 특색이 함께 나타난다.

청나라 때, 한중은 음식의 중요한 구성 요소로서 고추를 받아들였다. 이 새로운 양념 재료는 곧바로 현지에서 흔히 먹던 면류 음식에 활용되었고, 남쪽 음식 문화가 북쪽으로 진격할 토대를 갖추게 된다. 하지만 가경 연간까지만 해도 여전히 기후라는 제약이 있어, 진령산맥 북쪽에서는 고추를 재배할 수 없었다. 동치 연간에 이르러, 고추를 재배한 경험이 백 년 정도 쌓이자, 사천에서는 온대 지역에 적합한 신품종 '선초(線椒)'를 개발한다. 선초는 북방에서도 재배할 수 있는 품종으로, 고추 북상에 새로운 동력이 되었다. 광서 연간에는 마침내 진령산맥을 넘어 관중에서도 고추를 널리 재배했고, 그 결과 고추는 섬서(陝西) 음식의 중요한 구성 요소로 자리 잡는다.

서북 지역에서는 섬서가 고추 식용의 중요한 거점이며, 고추가 중국 전 지역으로 확산될 때 하나의 이정표가 되는 지역이다. 고추가 처음 중국에 왔을 때는 주로 장강 유역과 연해 지역을 중심으로 퍼졌고, 고추의 식용은 귀주를 기점으로 주변 성으로 확산되었다. 고추는 남방에서 먼저 받아들여졌는데, 이 지역은 대부분 쌀이 주식이었기 때문이다. 면이 주식이었던 북방은 남방보다 다소 늦게 고추를 받아들였다. 이때 섬서는 고추의 북방 확산에 중요한 기점이 된다. 고추가 섬서의 관중으로 들어오고부터 식용 방식도 바뀌어, 면류와 조합되기 시작했다. 예컨대 유포라쯔 형태로 면에 곁들이거나, 면을 찍어 먹는 양념으로 활용했다.

섬서에서는 남방과 라자오장(辣椒酱)을 달리 사용했다. 남방은 고추에 소금을 많이 넣고 마늘이나 생강 같은 부재를 섞어 사용한 반면, 섬서에서는 고추만 사용하고 다른 양념과 섞지 않았다. 섬서에서는 고춧가루가 고추의 기본 식용 형태였고, 남방에서는 고추를 썰거나, 다지거나, 절여서 먹었다. 물론 선초(線椒)는 과육이 두껍고 기름이 많아, 말려서 빻아 쓰기에 더 적합하다. 귀주에서 처음 고추를 식용한 것이 획기적 사건이라고 평가할 수 있다면, 섬서 관중에서 면 중심의 북방 음식에 고추를 도입한 것도, 고추가 중국 음식 문화에 뿌리내리는 데 있어서 중대한 역사적 사건이라고 평가할 수 있다

고추는 관중(關中)에서 빠르게 서쪽으로 퍼져 나갔다. 동치·광서(光緒) 연간에는 보계(寶雞), 천수(天水), 롱서(隴西), 란주(蘭州), 무위(武威), 장액(張掖), 옥문(玉門), 과주(瓜州) 등의 지방지에 등장하였고, 광서·선통 연간에는 신강(新疆)의 합밀(哈密), 토노번(吐魯番), 적화(迪化) 등의 지방지에도 나타난다. 즉 섬서(의 관중)를 기점으로 고추가 퍼져갔는데, 19세기 말에 와서 감숙(甘肅), 신강(新疆)까지 들어가게 된 것이다.

동시에 고추는 민족 간의 경계를 넘어 확산된다. 한족 음식에서 회족(回族)을 필두로 하는 중국 내 무슬림의 음식으로 스며들었다. 서

북에서 한족과 회족이 오랜 기간 함께 거주해서 가능했다. 주목할 점은, 서북에서 고추는 줄곧 고춧가루 형태로 사용했으며, 이는 남방의 고추 사용 방식과 차이가 크다는 것이다. 남방은 라자오장처럼 고추를 절여서 많이 사용했는데, 쌀을 주식으로 하는 식생활이 주요 요인으로 작용한 데다가 (고추 발효에 유리한) 고온다습한 기후의 영향을 받아서 그런 것이다. 반면, 서북은 고춧가루 형태로 많이 사용했는데, 면식이나 육식과 잘 어울리는 데다 건조하고 기온이 낮은 기후(고춧가루를 만들기 쉽고, 날씨가 건조하면 장기 보관이 가능함)의 영향을 받아서 그렇게 사용한 것이다.

중국인이 고추를 식용하기 시작한 시점, 즉 귀주 동부에서 처음 식용할 때부터, 인류가 식자재를 장기 보존하려 사용한 중요 기술 두 가지를 고추에도 적용했다. 하나는 건조법으로, 불, 바람, 햇볕

중국 섬서성 시안시 시양(西羊) 시가에서, 어떤 회족 상인이 고추를 판매하고 있다. 가게 앞에는 판매용 건고추가 진열되어 있고, 가게 안에는 고춧가루를 가는 전통 맷돌이 있다. 가게 주인 뒤편에는 "油泼辣子—道菜"라는 글귀가 적힌 간판이 걸려 있다(2018년 11월 17일, 필자 촬영).

에 말리는 방식으로 수분을 제거한다. 다른 하나는 발효법으로, 미생물, 소금 혹은 기타 첨가물로 식자재를 발효시키면 장기간 보존할 수 있게 된다. 이 두 방식 덕분에 식자재는 독특한 풍미가 더 나게 된다. 채소를 보존하는 방식은 채간(菜幹, 건조 채소), 매간채(梅幹菜, 발효 후 건조), 장채(醬菜, 장아찌) 등이 있고, 두부의 보존 방식은 두부간(豆腐幹, 건조 두부), 두피(豆皮, 두유막), 취두부(臭豆腐, 발효 숙성 두부), 부유(腐乳, 치즈처럼 만든 두부) 등이 있으며, 육류는 랍육(臘肉, 건조), 훈육(熏肉, 훈제 건조), 화퇴(火腿, 건조와 발효 병행), 초육(酢肉, 발효) 등이 대표적이다.

고추가 중국인의 식단으로 들어오자, 오래전부터 내려온 식품 가공 기술이 고추에도 적용되었다. 운남, 귀주 고원에서는 불로 구워 말린 '후고추[糊辣椒]', 햇볕이나 화로에 말린 '건고추', 발효해서 만든 '라자오장' 등을 자주 사용했다. 사천과 귀주는 비가 많이 올 뿐더러, 안개와 구름으로 뒤덮인 산간 지대라서 습도가 매우 높다. 이런 환경에서는 건고추를 만들어 보관하는 것은 어려운 반면, 온도가 높아 발효 라자오장을 만들기는 쉽다. 운남의 지리적 환경은 또 다르다. 운남은 사천과 귀주보다 해발 고도가 더 높다. 그래서 날씨가 맑아 일조량이 풍부하고, 공기는 건조한데 기온은 그리 높지 않다.

이런 지리적 환경이나 기후 조건 덕분, 운남은 건조 고추를 조미료로 많이 사용할 수 있었다. 운남에서는 '라자오잔수이(辣椒蘸水)'라는 방식으로 고추를 많이 사용했다. 명칭에 '水' 자가 있지만, 실제는 건조한 형태로 많이 썼다. 운남, 귀주, 사천, 세 지역 모두 '라자오잔수이'를 사용하는 식문화 전통이 있지만, 운남에서는 '라자오잔수이'를 다른 고추 조미료보다 월등하게 더 많이 사용했다. 운남의 '라자오잔수이'는 겉으로 보면 북방의 '라자오펀(辣椒粉)'과 형태가 비슷하지만, 맛은 완전히 다르다. '라자오잔수이'에는 다른 조미료가 많이 들어가 복합적인 맛이 나는데, 고춧가루만 주로 쓰는 북방과는 확연히 다른 맛이다.

운남은 중국의 음식 문화 지도에서 위상이 독특하다. 운남의 지리적 위치는 중국의 남방이다. 이 지역의 토착 민족에게는 남방 산악 민족 특유의 음식 문화가 있는데, 이는 인도차이나반도 음식 문화와 뿌리를 공유한다. 역사 내내, 운남으로 북방 민족이 많이 이주했는데, 특히 남하한 몽골인과 그들이 데려온 무슬림 병사들이 운남 음식에 북방의 색채를 가미했다. 이들은 우유를 주로 마셔서 다양한 유제품을 잘 만들었다. 명나라 초기에, 운남으로 장강과 회수에서 한족이 대규모로 이주해왔는데, 이때 한족 전통이 운남 음식에 영향을 미쳤다. 이렇게 음식 문화 전통이 다양하게 융합되면서 운남 음식은 다채롭고 풍부해졌으며, 그 덕분에 이 지역의 고추 요리 역시 다양하고 복합적으로 변화했다.

중국 각 지역에서 고추를 조미료로 어떻게 사용했는가를 살펴보면, 바로 '남장북분(南醬北粉)'이라는 특징을 발견할 수 있다. 즉 남방은 라자오장을 중심에 두고 건고추로 보조하는 등 조미 방식이 복잡하고 다양하다. 반면 북방은 고춧가루를 위주로 한다. 앞서 언급했던 기후와 지리적 환경에서 이런 차이가 발생한 것이다. 또한 문화적 은유의 차이도 여기서 발생한다.

남방의 라자오장은 기존의 장 제조법을 활용한다. 예를 들어, 더우반장은 콩장에다 발효 고추를 넣어 만들고, 둬자오나 파오자오는 전통적 절임법으로 만든다. 반면 북방의 라자오펀이나 유포라쯔는 고추의 특성에 기반해 새롭게 만든 조미료로, 기존의 제조법과는 무관하다. 이러한 특징을 종합하면, 남방은 '혼합적'이고 북방은 '순수적'이라고 정리할 수 있다.

남방의 라자오장은 매우 복잡한 조미료이다. 원재료가 다양하고 제조 공정이 복잡하므로, 맛도 제각각이다. 다시 말해, 지역마다 고유한 비법이 있어 맛이 다를 수밖에 없다. 사천 사람들은 "백 집, 백 가지 맛"이라는 말을 흔히 한다. 고추를 발효시킬 때, 그 과정을 정확하게 제어할 수 없어 이런 현상이 발생한다. 그래서 라자오장은 풍미가 다양하다. 프랑스 포도주가 풍토(terroir)에 따라 지역마다 맛이 다른 것처럼, 라자오장 역시 고유한 풍토성이 있다고 할 수 있다. 지역 농산물의 특성에 영향을 미치는 자연 환경의 총체를 그 지역의 '풍토'라고 한다. 풍토는 수치화하기 어렵지만, 진정한 미식가라면 혀끝으로 그 차이를 분명히 감지한다.

하지만 지리나 기후가 남방 라자오장에 결정적 영향을 미친 것은 아니다. 중국 남방의 언어가 다양한 것처럼, 지역마다 음식의 풍격이 독특하고 고유하며, 이렇게 다양한 인위적 요소와 각기 다른 장 제조법이 어우러져, 지역마다 혹은 집마다 풍미가 다른 고추장이 탄생한 것이다. 남방의 라지오장은 전통 발효기술에서 공정을 빌려온 것이 많다. 예를 들어, 더우반장은 기존의 더우장(豆酱) 제조법을 계승한 것이며, 파오자오는 파아차이를 만드는 방식을 따른 것이다.

각 지역에서 내려오는 풍미 조미료 제조법을 라자오장을 만들 때도 적용했고, 따라서 가정과 여성을 중심으로 기존의 제조법을 계승한 남방 라자오장이 탄생한다. 사천, 귀주, 광서 등지의 라자오장은 '한 가구, 한 장독'에서 나오는 것으로, 가정의 생산 경험이 바탕이다. 이 과정에서 가정 내 여성이 전체 수작업을 주도하는 역할을 맡

앉으며, 여성끼리 라자오장 레시피를 전승했다. 장독 터는 그 집의 사적인 영역을 은유하며, 이웃 간에 각자의 집에서 만든 라자오장을 선물할 때 사적 공간을 공유한다는 의미도 내포한다. 이처럼 라자오장을 주고받으면서 이웃 사이의 관계가 더욱 돈독해진다.

중국 북방 언어는 상당할 정도로 통일되어 있으며, 지형도 교통이 편리한 평원과 고원이 많다. 북방의 고춧가루도 지형과 언어처럼 일관적이다. 북방에서는 고춧가루를 대량으로 생산하며, 남성이 주도하고, 그 과정도 공개적이다. 예를 들자면, 청해 순화현(循化縣)은 고추의 재배나 고춧가루 생산도 대량으로 한다. 고추가 이 현의 주력 상품인 것이다. 건조장 수천 제곱미터(m^2)에 붉은 고추가 온통 널려 있는 장관이 펼쳐지고, 노동자는 기계로 고추를 뒤집고 말린다. 이러한 풍경은 남방에서는 보기 드물다. 북방의 고추 생산은 마을 전체가 참여하는 공공 영역이며, 남방처럼 집마다 고유한 고추 제조법은 존재하지 않는다. 그 대신, 고춧가루를 정교한 분업과 협력으로 생산한다.

이러한 생산 방식은 북방의 지리 조건과 관련이 깊다. 북방은 교통이 비교적 편리하므로, 자기 지역에 맞는 농산물에 집중할 수 있다. 남방 농촌처럼 자급자족하는 구조가 아니다. 북방은 이러한 지리적 조건에 힘입어 독특한 경제적/사회적 구조를 형성한다. 개체의 개성은 사라지고, 집단의식이 강하게 형성되며, 통일 기업이나 합작 집단, 나아가 대일통(大一統)의 정권을 쉽게 수집하는 반면, 군웅할거 같은 독자적인 지역 문화는 잘 생겨나지 않는다.

북방에서는 고춧가루를 표준화된 방식으로 일괄 생산하고, 생산품도 아주 단순하게 사용한다. 고춧가루는 먹기 전에 기름을 부어 유포라쯔(油潑辣子)로 만들고, 이를 비빔면의 양념이나 찍어 먹는 양념 등으로 활용한다. 고기구이 외의 조리에 직접 넣는 경우는 드물다. 북방에서는 거의 고춧가루 자체만 사용하며, 더우장(豆酱), 푸루(腐乳) 등의 가공 방식을 따르지도 않는다. 즉 북방은 고유한 방식을 창출했다고 할 수 있다.

남북 지역은 고추 가공과 식용에서 있어서 차이가 현저한데, 지리적 조건에서 파생한 자연적, 인문적 특징이 여기에 반영된 것이다. 남방의 라자오장과 북방의 라자오편 사이에 다음과 같은 대응식이 성립한다.

〈표 5〉 남북의 고추 가공 특성 비교

| 남방 | 복잡성 | 미식(米食) | 개체 | 혼합 | 사적 | 여성 |
| 북방 | 단일성 | 면식(面食) | 집체 | 독립 | 공적 | 남성 |

'남방의 라자오장과 북방의 라자오편' 같은 차이가 발생한 근본적 배경을 살펴보면, 그 이면에는 자연적 조건과 인문 정신이 놓여 있다. 이로부터 여러 측면에 차이가 나타나고, 고추장과 고춧가루는 그 차이 중 하나에 불과하다.

조미료 생산이 현대화되면서. 이 대량 산품이 중국 전역을 석권했는데, 고속도로와 고속철도 건설로 지리적 경계가 무너졌기 때문이다. 중국은 국토가 광활해서 각 지역마다 지리적 조건 및 인문적 풍조도 모두 다른데, 이런 배경에서는 조미료도 개성이 넘칠 수밖에 없었다. 하지만 이제는 대기업이 생산하는 획일화된 제품이 각각의 개성을 대체하고 있다. 1990년대 이후 각 가정에서 직접 만들던 조미료를 지역의 소규모 공장에서 만들었듯이, 최근 10여 년 사이 이러한 소형 공장마저 전국적 기업이 잠식하고 있다. 식품 안전 기준은 점점 엄격해져 소형 수공업은 생산 허가를 받기 어렵고, 전국적 물류망 덕분에 대기업은 생산 단가를 소형 공장보다 훨씬 낮출 수 있었다.

일련의 이런 상황들로 인해 소규모 공장의 제품은 시장에서 점점 경쟁력을 잃었고, 대기업은 질 높은 조미료를 다양하게 생산할 수 있게 되었다. 음식 문화의 현대화[61]는 거의 되돌릴 수 없고, 도시화가 더 진행될수록 인구 다수를 차지하는 도시 거주자는 자급자족하는 농촌 생활과 점점 더 멀어져 간다. 앞으로 중국인은 지역색이 짙었던 독특한 고추장을 다시 만날 수 없을지도 모른다.

남북방 모두 음식의 현대화 과정을 겪고 있으며, 이 과정에서 지방색은 퇴색하고 전통은 사라져 간다. 전통의 소실 측면에서 말하자면, 북방의 라자오펀은 통일적이어서 어느 정도 전통을 유지할 수 있지만, 남방의 라자오장은 지역 혹은 가정마다 달라서 고유한 전통이 북방보다 더 빨리 사라지고 있다. 대기업이 제품을 독점하면, 전통을 잠식하는 것을 막을 수 없는 것도 현실이다.

---

61 '현대화/현대성'의 영문은 'modernity'이다. 이 글에서는 '전통과 현대의 문화 단절'이라는 의미로 썼다. 중국어의 통상적 맥락에서, '현대성은 전통문화를 비판하고 합리적으로 성찰하는 토대 위에 구축된다'라는 의미를 띤다. 음식 문화에 대입하면, 산업화, 상품화된 음식 문화와 전통 음식 문화 간의 대립을 뜻한다.

III.

1568 1591 1650 1700

고추와 계급

1763   1800   1850   1900

1.
중국 음식 문화의 계급적 계보

고추는 계급적 선호와 밀접한 관련이 있다. 물론 한때 고추는 기층 민중을 대변하는 맛이었다. 그런데 이 서민적 입맛이 어떻게 오늘날 중국의 주류가 되었을까? 신해혁명 이래 잦은 혁명이 이 변화의 동인일까? 지난 30년간 매운맛은 왜 점점 더 대중화되었을까?

예전에는 지역을 기준으로 중국 음식을 분류했다. 소위 '4대 요리', '8대 요리'가 그것이다. 청말(淸末) 이래 근대적 상공업 도시가 성장함과 더불어 지역마다 맛이 달라졌는데, 이를 분류 기준으로 삼은 것이다. '4대 요리'라는 말의 초기 형태는 청말 서가(徐珂)가 쓴 『청패류초(淸稗類鈔)』에 나온다. 이 책에 다음과 같은 글이 실려 있다. "요리가 특색 있는 지역으로, 경사(京師), 산동(山東), 사천(四川), 광동(廣東), 복건(福建), 강녕(江寧), 소주(蘇州), 전강(鎭江), 양주(揚州), 회안(淮安)을 꼽을 수 있다."[62]

『청패류초』에서 음식을 설명할 때, 경사와 산동을 묶어 '경로 요리(京魯菜)', 광동과 복건을 묶어 '월민 요리(粵閩菜)', 강녕, 소주, 전강, 양주, 화안을 묶어 '회양 요리(淮揚菜)'라고 부른다. 사천은 '천채(川菜)'라고 한다. 이를 근거로 이른바 '4대 요리', 즉 '산동, 사천, 광동, 회양 요리'라는 말로 나오게 된 것이다.

1980년 6월 20일, 『인민일보』에 왕사오취안(汪紹銓)은 「우리나라의 8대 요리(我国的八大菜系)」라는 글을 발표했는데, 이 글이 '8대 요리'의 어원이다. 다음이 그 일부이다.

> 우리나라는 장기간에 걸쳐 요리법을 개발하고 계파를 형성했으며, 지역적 풍미를 더해왔다. 산동, 사천, 강소, 절강, 광동, 호남, 복건, 안휘, 이 여덟 곳의 요리가 전국에서 명성이 자자했다. 이들을 통칭하여 '8대 요리'라고 부른다.[63]

이로부터 "8대 요리"라는 말이 나왔으며, 이후 경제적 이익의 다소에 따라, '노(魯), 천(川), 월(粵), 회양(淮揚)' 네 지역은 안착했으나, 나머지 네 지역에 대해서는 이설이 분분하게 되었다. 필자는 '중국 요리를 맛의 격차라는 관점에서 다시 구분해야 한다'라고 생각한다. 중국은 긴 역사를 거치면서 사회적 계급이 고정되었는데, 계급이 다

---

62 [淸] 徐珂:『淸稗類鈔』, 饮食类二, 2020年 7月 7日载。https://mail.naver.com/v2/read/-1/31639mail.naver.com/v2/read/-1/31639mail.naver.com/v2/read/-1/31639

63 汪紹銓:「我国的八大菜系」, 载『人民日报』1980年 6月 20日, 第4版。

르면, 음식의 취향, 가치관, 식사 예법 등이 완전히 달라진다. 강호 요리(江湖菜)에서는 지역적 특색이 잘 드러나지만, 조정과 상류층의 관부 요리(官府菜)는 중정(中正)하고 온화한 맛을 중요시하므로, 지역적 특색은 사라지고 천편일률적이 된다. 한편 근대화 이전에 서민이 그저 생존을 위해 먹었던 서민 요리(庶民菜)는 주로 짠지에 죽을 곁들이거나 파를 병(餠)에 싸 먹는 것으로, 특별히 언급할 만한 맛은 없다.

문화는 본래 계급성을 띠며, 음식 문화는 그 계급성이 더욱 두드러진다. 그 계급성이 너무나 확연해서, 진(晉) 혜제(惠帝)가 "고기 죽을 먹으면 되지 않느냐[何不食肉糜]"라는 말을 할 정도였다. 노동자 계급인 인민은 식량을 생산하고 기본 조리법을 발명했지만, 음식을 문화화하고 더 높은 수준을 추구한 것은 역대 귀족 계층이었다. 공자를 두고 "밥은 곱게 찧은 쌀로 지은 것을 싫어하지 않고, 회는 가늘게 썬 것을 싫어하지 않으셨다[食不厭精, 膾不厭細]"라는 평가가 있는데, 이 말 역시 정교한 음식이 상류 사회의 지표였음을 보여준다. 이안(李安)의 영화 《음식남녀(飮食男女)》에서 대주방장 주씨(老朱)의 유명한 대사가 나온다. "마음이 거칠어졌는데, 좋은 음식을 먹는 게 무슨 소용이 있겠나(人心粗了, 吃得再精有什么用)?" 이 말은 '귀족 음식을 경제적 여유가 넘치는 한가한 귀족처럼 먹어야 한다'라는 뜻이 담겨 있다. 귀족적 풍모가 없으면, 아무리 좋은 음식이라도 껍데기에 불과하게 된다.

어떤 음식은 풍부하고, 또 어떤 음식은 빈약하다. 생활 물자와 사회자원을 더 많이 보유한 상류층은 음식도 풍부했고, 음식 문화도 체계적이었다. 그래서 대대로 전승할 수 있었다. 한편 가난한 인민은 배를 채우기 급급했기에, 음식의 질을 따질 겨를이 없었다. 근대 사회 이전까지, 중국 인민은 "경작하는 사람"과 "부양받는 사람"의 두 부류로 단순하게 나뉘어진다. 상인 계층은 아직 큰 세력을 형성하지 못했고, 소위 현대 사회의 중산층도 존재하지 않았다. 음식 문화를 계승하고 발전시킨 이들은 바로 부양을 받는 관료와 사대부 계층, 그리고 황실이었다

청말 이후 근대 세계로 진입하면서, 농사를 짓지 않는 사람들이 많이 모여 사는 공업 도시 또는 상업 도시가 생기기 시작했다. 더불어 근대 음식을 창조하고 소비하는 계층, 즉 근대적 도시인이 등장한다. 이들은 음식 문화의 전통적 구도를 흔들었으며, '서민 요리'와 '관부 요리'라는 기전의 두 구조 사이에 '강호 요리(江湖菜)'라는 새로운 형식을 도입한다. 이 강호 요리는 양쪽의 요소를 흡수하고 융합해서, 오늘날 중국의 주류 음식으로 자리 잡게 된다.

우선 근대 세계 이전 귀족의 음식 문화를 살펴보자. 앞서 인용한 "식불염정(食不厭精), 회불염세(膾不厭細)"는 『논어』, 「향당(鄕黨)」편에 나온다. 이 구절 다음에 '불식(不食)'에 관한 이야기가 여덟 가지 연속으로 등장한다. 우선 다섯 가지를 먼저 보자. "밥이나 국이 쉬거나(食饐而餲), 생선이나 고기가 상하면 먹지 않는다(魚餒而肉敗, 不食). 색깔이 나쁘면 먹지 않는다(色惡, 不食). 냄새가 고약하면 먹지 않는다(臭惡, 不食). 조리가 잘못되었으면 먹지 않는다(失飪, 不食). 제철이 아니면 먹지 않는다(不時, 不食)." 뜻을 대략 풀면 다음과 같다. '주식(主食)이 쉬었거나, 생선이나 육고기가 상했으면 먹지 않는다. 부패하지 않았더라도, 색이나 냄새가 변했다면 먹지 않는다. 조리가 제대로 되지 않아 덜 익었거나 너무 익었으면 먹지 않는다. 곡식이 아직 여물지 않았거나 과일이 익지 않았으면 먹지 않는다.'

이 '불식(不食)'의 다섯 가지는 이해하기 쉽다. 변질된 음식은 먹을 수 없고, 조리를 잘못했거나, 식자재가 제철이 아니거나, 품질이 좋지 않으면 먹지 않는다. 이 원칙들은 모두 건강을 고려한 것이다.

다른 '불식'의 세 가지는 다음과 같다. "고기를 바르게 자르지 않으면, 먹지 않는다(割不正, 不食). 고기와 장이 맞지 않으면, 먹지 않는다(不得其醬, 不食). 고기가 아무리 많아도, 밥 기운을 이길 정도까지는 먹지 않는다(肉雖多, 不使勝食氣). 술은 양을 제한하지 않았지만, 취할 정도로 마시지 않는다(唯酒無量, 不及亂). 시장에서 파는 술과 포는 먹지 않는다(市場上買的酒肉, 不吃)." 뜻은 대략 다음과 같다. '고기를 바르게 자르지 않았으면, 먹지 않는다. 고기를 먹을 때 곁들이는 소스가 준비되지 않았으면, 먹지 않는다. 고기를 먹더라도 주식보다 많이 먹지 않는다. 술은 양에 제한이 없지만, 술에 취해 흐트러져서는 안 된다. 시장에서 산 술과 고기는 먹지 않는다.' 이 세 가지 '불식'은 아주 까다롭다. '장이 없거나, 썬 것이 가지런하지 않거나, 시장에서 산 술과 고기를 먹지 않는다'라는 건 단순히 건강 때문만은 아니다. 더 깊은 이유가 숨어 있다.

우선 『논어』 다른 편에 나오는 음식 관련 구절을 살펴보자. 「학이(學而)」편에서, "군자는 배부르도록 먹지 않고, 편안하게 살려고 하지 않는다(君子食無求飽, 居無求安)"라고 했다. 「옹야(雍也)」편에서, "훌륭하구나! 안회여. 밥 한 그릇과 물 한 바가지밖에 없고, 허름한 집에서 살면 보통 사람은 견디지 못할 정도로 괴로워하는데, 안회는 그저 즐겁게 사는구나(賢哉! 回也。一簞食, 一瓢飲, 在陋巷, 人不堪其憂, 回也不改其樂)!"라고 했다. 앞 구절은 '군자는 학문에 전념하느라 생활의 세세한 부분까지 신경 쓰지 않는다'는 뜻이며, 뒤 구절은 '가난한 삶에도 만족하며 흔들리지 않는 안회를 칭찬한 것'이다.

이로써 본다면,「향당」편에서 공자가 음식에 대해 언급한 것과 다른 편에서 언급한 것이 일치하지 않는 것 같다. 사실 음식에 관한 공자의 잣대는 이중적이었다. 즉 '현명하고 유덕한 사람은 평소 검소하게 지내며, 학문과 국가 대사를 중시하고 음식에 연연하지 않는다'라고 하며, 또 한편으로는 '공적 자리에서는 사회적 지위에 따라 예를 갖추어야 하며, 음식도 정성을 다해 지위에 걸맞은 격식을 갖추어야 한다'라는 것이다. 주시하다시피, 공자는 평생 "극기복례(克己復禮)"를 추구했다. 음식에 관해서도 예외가 아니다. 사적 자리에서는 군자는 자기의 욕망을 절제하고 검소하게 식사해야 하는데, 이것이 바로 '극기'이다. 공적 자리, 특히 예를 갖춰야 하는 자리에서라면, 군자는 예의를 지켜야 하므로, 음식도 격식을 갖추어야 한다. 이것이 곧 '복례'이다. 이 두 부분을 이해했다면,「향당」편의 공자와 다른 편의 공자가 왜 다른지 쉽게 알 수 있다.

"극기복례"가 요원한 것 같지만, 우리 일상에서도 실천할 수 있다. 평소 집에서 밥 먹을 때, 그릇이나 젓가락에 약간 문제가 있어도 여전히 사용한다면, 이것이 바로 '검소'이다. 그러나 손님을 접대할 때 깨진 식기를 내놓는다면, 이것은 '무례'이다. 손님을 접대할 때, 못 먹을 정도로 많이 차리지 않아도 되고 비싼 요리가 아니라도 되지만, 이상하고 불쾌한 것을 내놓아서는 안 된다. 그릇과 접시가 깨끗하고 상차림이 정연하면, 이것이 곧 손님과 자신을 존중하는 것이다.

중국에 황제라는 자리가 생긴 이래, 귀족의 음식 문화는 두 계층으로 전승되었다. 하나는 황실이고, 하나는 세가(世家)이다. 이 두 정치 세력은 서로 부딪혔고 강약이 달랐지만, 전체적으로 보면 황권은 점점 강대해지고, 세가는 점점 몰락해 갔다. 과거 제도가 생기자, 평민도 독서를 통해 관리 계층으로 진입할 수 있게 된다. 그래서 상류층의 식문화에 다소 서민적인 분위기가 스며들게 되었다. 다만 과거를 통과한 이들 중에 진정한 평민 출신은 많지 않았다. 돈과 여유가 있어야 공부를 할 수 있었기 때문이다. 합격하더라도 뒷배경이 있는 이들은 여전히 관리나 귀족의 자제들이었다. 황궁에는 어찬방(御膳房)이 있었고, 귀족 가문에는 집안 요리사[家廚]가 있었다. 『홍루몽』을 보면, 귀족들이 음식에 얼마나 정성을 들였는지 알 수 있다. 집마다 손님을 대접할 특별한 요리 한두 가지쯤은 있었다. 가부(賈府)의 '가상(茄鯗)'이 그 실례이다. 왕희봉(王熙鳳)이 유할머니(劉姥姥)에게 조리법을 설명해준다.

> 갓 따온 가지 껍질을 벗기고, 속살만 썰고 잘게 다져서, 닭기름에 튀겨요. 닭가슴살과 향균(香菌), 죽순, 버섯, 오향(五香) 두부, 갖가지 말린 과일을 모두 잘게 다져, 닭 육수로 졸인 다음, 참기름으로 마무리하고, 마지막에 술지게미 기름으로 버무려 자기 항아리에 담아 밀봉해두어요. 먹을 때 꺼내 볶은 닭오이(雞瓜)와 함께 무치면 됩니다.[64]

이 요리는 매우 흥미롭다. '鯗(상)'은 본래 '생선을 반으로 갈라 소금에 절인 것'을 뜻하지만, 넓게는 짭짤하게 절인 반찬을 통칭한다. 원래 평민이 짠지 하나로 밥을 먹었다. 그런데 여기서는 "닭 열 몇 마리가 들어간다(十來只鷄來配它)"라고 하니, "가지 향이 약간 나지만,

---

64 [淸] 曹雪芹: 『紅樓夢』, 人民文學出版社, 2008年 7月 第3版, 第548頁.

가지 요리 같지는 않다(虽有一点茄子香, 只是还不像是茄子)"라는 말이 나올 만도 하다. 다시 말해, 귀족의 음식은 본래 서민 음식에서 환골탈태(換骨奪胎)하여 형식과 격조를 새로 빚은 것이다. 가지는 귀한 재료가 아니지만, 값비싼 재료들을 아낌없이 써서 만든 '가상(茄鯗)'은, 이제 더는 서민이 감당할 수 없는, 귀족 가문의 비밀스러운 요리로 거듭나게 된 것이다.

『수원식단(隨園食單)』에서 "왕태수 팔보 두부(王太守八寶豆腐)"라는 요리를 실었는데, 이는 값싼 재료를 귀하게 만든 대표적인 예이다. "부드러운 두부를 잘게 다지고, 향담(香蕈), 표고버섯, 잣, 해바라기 씨, 닭고기, 그리고 화퇴(火腿)를 모두 가루로 만들어 넣고, 진한 닭 육수에 넣고 끓인 뒤 마무리한다. 순두부[腐腦] 형태로 만들어도 좋다. 젓가락이 아니라 국자[瓢]로 떠먹는다." 맹정(孟亭) 태수는 "이것은 성조(聖祖, 강희제를 말함)께서 서건암(徐健庵) 상서에게 하사한 요리이다. 상서가 이 조리법을 정확하게 받았으려고, 어찬방에 은 천 냥을 썼다"라고 했다. 태수의 조상인 누촌(楼村)은 상서의 문인이었기에, 이 조리법을 전해 받은 것이다.[65]

하증전(夏曾傳)은 『수원식단』에 주석을 달면서, "두부는 귀할 때도, 흔할 때도 있었다. 왕태수가 두부를 매일 먹으려 했다면, 태수 직위라도 먹기 어려웠을 것"이라고 했다. 하지만 이 조리법이 서상서(徐尚書)가 왕태수에게 전하고, 다시 원매(袁枚)에게 전했다는 설은 아마 사실과 다를 가능성이 크다. 몇 마디 말만으로 은 천 냥을 썼다는 이야기도 신뢰가 가지 않기 때문이다. 귀족끼리는 레시피를 자주 주고받았고, 어찬방에서 흘러나온 조리법도 많았지만, 그렇더라도 앞서

65　[淸] 袁枚、夏曾傳:『随园食单补证』, 浙江人民美术出版社, 2016年版, 第221-222页。

말한 이야기의 진위를 확인하기는 어렵다.

'서상서가 레시피를 사려고 은 천 냥을 썼다'라는 것도 하씨(夏氏)는 의심했다. 아마도 레시피 때문에 돈을 쓴 게 아닐 것이다. 청대 내시들은 여러 명목으로 대신들을 갈취했다. 강희제가 서상서에게 요리를 하사했을지라도, 내시들이 이를 빌미로 큰돈을 뜯어내려고 했을 것이다. 서상서 역시 내시에게 아첨하려고 받아들였을 가능성이 크다. 즉 '누이도 좋고 매부도 좋은 거래'였다.

사실 관부 요리는 역사가 유구하다. 궁중의 공식 어찬 외에도, 관청의 공식적 연회나 환영, 송별 행사가 모두 엄격한 격식에 따라 진행했다. 청 황제가 퇴위해도 관부 요리는 사라지지 않았고, 민국(民國) 시대 베이핑(北平) 명사들은 '탄가 요리(譚家菜)'를 높이 평가했다.

관부 요리에는 몇 가지 특징이 있다. 첫째, 형식을 중시한다는 점이다. 원매는 『수원식단』에서 이렇게 썼다. "요즘 관부 요리에 '16접(碟)', '8궤(簋)', '4점심(点心)'이라는 이름이 붙고, '만한석(满汉席)', '8소흘(小吃)', '10대 채(菜)'라는 이름도 붙는다. 온갖 속된 이름은, 모두 서투른 요리사들의 악습에서 비롯된 것이다."[66]

오늘날도 연회를 열 때 형식을 중시한다. 이를테면, '찬요리와 따뜻한 오리 각각 여덟 가지, 생선 요리 네 가지, 요리 네 개마다 국 하나' 등등 이런 것이 모두 형식이다. 이런 연회에서는, 요리가 다 차려질 때까지 젓가락을 들지 않으며, 좌석의 위치도 매우 중요하다. 이런 연회는 음식을 음미하는 자리가 아니라, 형식을 갖추는 자리이다. 음식 인류학의 관점에서 보면, 이는 일종의 음식 의례라 할 수

---

66 [清] 袁枚, 夏曾传:『随园食单补证』, 浙江人民美术出版社, 2016年版, 第22页。

있다.[67] 이 또한 계급 구분의 표지이기도 하다.

둘째, 맛이 '최대공약수' 같은 성격을 띤다는 점이다. 지역적 개성이 강한 맛을 지양(止揚)하며, 지나치게 짜거나 맵지 않아야 한다. 또 신선한 재료만을 고집하지도 않는다. 대신 진한 감칠맛을 중시하고, 부드럽고 연한 식감을 선호한다. 우류자단(五柳炸蛋), 훙사오러우(紅烧肉) 같은 요리를 예로 들 수 있다. 중국인 대부분은 감칠맛 나는 요리를 좋아한다. 예컨대 전황어(煎黄鱼), 튀긴 갈비(炸排骨) 같은 요리는 남북 손님의 입맛을 두루 만족시킨다. 관부 요리는 푹 삶거나 부드럽게 조리해, 나이가 많거나 치아가 약한 사람도 먹을 수 있도록 했다.

고고학 연구를 보면, 고대인의 치아는 현대인과 비교하면 훨씬 상태가 좋지 않았던 것 같다. 대개 마흔이나 쉰 즈음이면 이가 거의 다 빠졌다고 한다. 재직 중인 관료는 나이가 많았으므로, 음식이 부드럽고 연해야 편하게 먹을 수 있었다. 관부 요리는 기이하거나 내키지 않는 재료를 의도적으로 피했다. 내륙에는 흔치 않은 해산물, 불쾌감을 주는 취두부, 개구리[牛蛙], 악어(鱷魚), 개고기 등은 재료로 쓰지 않았다. 다시 말해, 관부 요리에는 흔하고 거부감 없는 재료만 사용된다.

셋째, 건어물을 잘 활용했고, 비용이 많이 드는 방식으로 조리를 했다는 점이다. 예컨대 상어지느러미, 해삼, 제비집 같은 재료는 본래 북경 탄가 요리(譚家菜)에서 잘 다루었다. 이 요리는 닭을 열 마리 이상 써서 진하게 우린 육수로 맛을 낸다. 원가가 매우 비싸 일반 서민은 감당하기 어렵다. 요즘도 결혼 피로연에 상어지느러미나 해삼 요리가 자주 나오긴 하지만, 원가를 아끼려고 육수를 제대로 우리지

---

67 '음식 의례'는 음식과 관련된 예의 규범을 가리키며, 특히 의례의 전체성과 일관성을 강조하며, 구체적인 식탁 예절보다 의미가 더 넓다.

않아 맛이 없는 경우가 많다. 그래서 이런 고급 요리도 많이 남긴다. 이 역시 '먹으려 만든 요리(口餐)'가 아니라, '보여주려고 만든 요리(目餐)[68]'임을 알 수 있다. 겉모습을 중시하는 요리가 있는데, 이런 풍조는 관부 요리가 시작이다. 기층 민중도 상류 엘리트를 모방했고, 이후 민간의 결혼 연회에서도 답습했다. 따라서 결혼 피로연에서 관부 요리의 특징 일부가 나타난다.

남과 북에 각각 '탄가 요리'가 있는데, 각 지역에서 가장 뛰어난 관부 요리이다. 청말 광동 출신 관료인 탄종준(譚宗浚)과 탄전청(譚篆青) 부자가 북방 탄가 요리의 대가로, 북경에 살면서도 광둥 요리의 특징을 많이 살렸다. 탄연개(譚延闓)의 가정식이 남방 탄가 요리를 대표하는데, 탄연개의 자가 '조암(組庵)'이라서, 그의 요리를 '조암 요리'라고도 불렸다. 1920년대에 장사(長沙) 기진각주루(奇珍閣酒樓)에서 근무했던 강금성(江金聲)이 탄연개 가문의 연회 메뉴를 기록으로 남겼다. 내용은 다음과 같다.

- 찬요리 네 가지:
  - 운남 훈제햄(雲威火腿)
  - 기름에 바싹하게 튀긴 은행(油酥銀杏)
  - 부드럽게 조리한 참붕어(軟酥鯽魚)
  - 표고버섯과 채소채(口蘑素絲)

- 따뜻한 요리 네 가지:
  - 반숙 전복 살(溏心鮑脯)

---

68 '口餐', '目餐'은 『수원식단』에 나오는 말이다. '먹는 것보다 보여주는 것을 더 중시하려 만든 음식'을 가리킨다.

- 토마토 새우 볶음(番茄蝦仁)

- 동전 모양의 닭고기전(金錢雞餅)

- 닭기름에 조리한 동고버섯(雞油冬菇)

• 주요 요리 여덟 가지:

- 조암식 상어지느러미(組庵魚翅)

- 어린 사슴 힘줄 맑은탕(羔湯鹿筋)

- 참깨 소스 메추리알(麻仁鴿蛋)

- 오리 즙에 조리한 부드러운 돼지고기(鴨淋粉松)

- 참붕어 찜(淸蒸鯽魚)

- 조암식 두부요리(組庵豆腐)

- 얼음 설탕에 조린 마(冰糖山藥)

- 닭고기와 갓 맑은탕(雞片芥蘭湯)

• 연회 면 요리:

- 차슈로 구운 어린 돼지(叉燒乳豬)와 참깨 전병과 연잎 찐빵

• 곁들인 요리 네 가지:

- 고추와 말린 새우를 곁들인 돼지고기 볶음(辣椒金鉤肉丁)

- 구운 배춧속(燒菜心)

- 식초로 볶은 붉은 채소대(醋溜紅菜苔)

- 새우살을 얹은 달걀찜(蝦仁蒸蛋)

• 연회 중간에 나오는 디저트:

- 원앙 수과자(鴛鴦酥盒)
• 연회 말미에 나오는 색이 다른 과일 네 가지[69]

　조암 요리 중에서 조암식 상어지느러미ㅡ조암옥결어시(組庵玉結魚翅)라고도 함ㅡ가 가장 유명하다. 양한(楊翰)이 '조암 두부'를 창안했다고 한다. 양한은 자가 '식가(息柯)'이고, 완평(宛平) 출신으로 청말에 영주(永州) 지부(知府)를 지냈고, 서예에 능했으며 문인과 많이 교류했다. 또 장사 가태부사(賈太傅祠)와 정왕대(定王台)를 중수했다고 한다. 조암 요리는 바로 이 양한의 조리법을 계승하고 발전시킨 것이다. 한편, 베이징 탄가 요리는 광동에서 온 첩이 만들던 요리를 계승한 것으로, 탄전청(譚篆青)의 첩인 조여봉(趙荔鳳)이 주방을 맡으면서 시작되었다. 조여봉은 순덕(順德) 출신이다. 이후 탄전청의 개인 요리사였던 팽장해(彭長海)가 그 전통을 이어받았다. 그가 맡은 연시석(燕翅席) 메뉴는 다음과 같다.

• 따뜻한 요리 여섯 가지:
  – 중국식 돼지고기 바비큐(叉燒肉)
  – 간장에 조린 오리 간(紅燒鴨肝)
  – 마늘을 곁들인 말린 가리비찜(蒜蓉幹貝)
  – 향신료로 맛을 낸 생선요리(五香魚)
  – 부드럽게 튀긴 닭고기(軟炸雞)
  – 향긋하게 구운 소시지(烤香腸)

69　范命輝:『湘菜譜』, 湖南科学技术出版社, 2012年版, 第9页。

- 주요 요리 여덟 가지:

- 황갈색 소스로 조린 상어지느러미(黃燜魚翅)

- 제비집 맑은 탕(淸湯燕菜)

- 육즙을 살린 전복찜(原汁鮑魚)

- 해삼 조림(扒大烏參)

- 볶은 버섯을 곁들인 찜닭(草菇蒸雞)

- 목이 버섯 채소 볶음(銀耳素燴)

- 쏘가리 맑은 탕(淸蒸鱖魚)

- 장작불 요리 구이(柴把鴨子)

- 국:

- 개구리 맑은 탕(淸湯哈士蟆)

- 후식:

- 호두즙(核桃酪)과 참깨 소 찐빵(짠맛과 단맛이 나는 다과 두 가지가 따라 나옴)

- 견과류 네 가지와 신선한 과일 네 가지

- 차: 안계산 철관음으로 만든 차[70]

 남북 탄가 요리를 비교해 보면, 하나는 광둥 출신 관원이 북경 관부에서, 다른 하나는 호남 출신 관원이 남경 관부에서 만든 것이다. 출신 지역은 다르지만, 두 요리는 조리법과 재료 선택이 매우 유사하다. 우선 조리법으로 훙사오(紅燒, 간장과 설탕, 술과 향신료를 약간 넣고 조리는 것), 롼파(軟扒, 기름에 살짝 튀기거나 익힌 후, 육수·소스와 함께 부드럽게 조려낸 것), 가오탕

---

70 朱偉:『考吃』, 中國人民大學出版社, 2005年版, 第251頁.

(高汤, 진한 육수), 쑤자(酥炸, 기름에 바싹하게 튀기는 것)를 적절히 사용한다. 이런 조리법은 복잡하여 오래 훈련해야 한다. 재료도 비슷한 것을 사용한다. 상어지느러미, 해삼, 건조 가리비, 건조 전복 같은 비싼 건어물을 잘 활용하며, 송이, 흰목이버섯 같은 말린 산채 버섯도 사용한다. 그밖에 소와 육류로는 비교적 흔한 것을 주로 사용했다. 돼지고기, 소고기, 양고기, 닭고기, 쏘가리, 청경채, 유채 등을 즐겨 사용하며, 특별하거나 기이한 식자재는 쓰지 않는다. 북경 탄가 요리는 재료 본연의 맛을 더 중시해, 조미료는 소금만 쓰고 주로 진한 육수로 맛을 낸다. 호남 탄가 요리는 양념에 신경을 많이 써, 달고 짠 편이나 자극적이지는 않다.

중국은 영토가 광활해서 같은 관부 요리라도 지역 차가 나지만, '요리의 구성', '중용적인 맛과 재료', '화려한 상차림' 같은 핵심적 요소는 공통으로 추구한다. 관부 요리는 귀한 식자재를 잘 활용하고, 모두가 수용할 수 있는 맛을 구현한다는 것이 장점이다. 관부 요리는 개성이 두드러지지 않지만, 중국 전역에서 오는 관리와 수행원에게는 오히려 이런 무개성이 더 적합하다. 환영회와 송별회에서도 실수할 가능성이 작다. 1940년대 이후 관부 요리의 전통은 심각하게 타격을 받았고, 오늘날에는 국연(國宴)을 통해서만 명맥을 유지할 뿐이다. 이 외의 관부 요리는 파편만 남았고, 더는 완전한 체계를 갖추지 못한다.

종합하면, 중국 음식의 계급적 구분과 특징은 〈도표 5〉에서 볼 수 있다. 궁정 요리와 세가 요리는 관부 요리로, 상인 요리와 서민 요리는 강호 요리로 분류할 수 있다. 문인 요리는 그 사이에 위치한다. 신해혁명 이후, 궁정 요리와 세가 요리를 담당하던 이들 상당수가 원래 주인의 저택을 떠나 상류층을 대상으로 식당을 열었다. 예를 들자면, 티베트 주재 판사 봉전(鳳全)의 개인 요리사 이구여(李九如)는 성도에서 취풍원(聚豐園)을, 담연개(譚延闓)의 주방장 조신신(曹藎臣)은 장사에서 건락원(健樂園)을 열었다. 이들 덕분 관부 요리가 대중의 시야에 들기 시작했다.

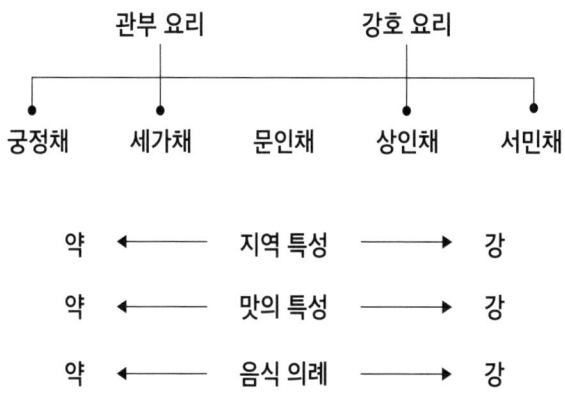

〈도표 5〉 중국 음식의 계급적 구분과 특징

1949년 이후 관부의 요리사는 민간으로 더 많이 흘러들어서 일부 관부 요리가 전승되기는 했지만, 기존의 체계는 해체되어서 중국의 음식 문화는 파편화된 양상을 보인다. 이렇게 파편화된 음식 문화 구조는 1978년 이후 중국 음식 문화에도 깊은 영향을 끼쳤다. 음식 문화의 체계를 새롭게 재구축할 때, 기존의 전승 체계는 이미 무너진 상태라서, 그나마 남아 있던 파편들을 활용할 수 있을 뿐이었다.

꼭 들어맞지는 않지만, 본래 중국 음식 문화를 사합원(四合院)에 비유하자면, 사합원이 정방(正房), 과원(跨院), 영벽(影壁), 동서상방(东西厢房), 도좌방(倒座房) 등으로 구성되어 있듯이 음식 문화도 그렇다. 이로써 음식 문화 속의 다양한 계급, 지역, 체계적 전승을 파악할 수 있다. 혁명 이후, 사합원의 건물 모두 해체돼, 본래 구조가 완전히 사라져버려서, 그 자리에 재건축할 때 옛날 벽돌을 많이 사용했다. 이 벽돌은 기존 요리 방식과 파편화된 의례, 풍습 등을 의미한다. 대청(大廳)을 새로 지을 때, 영벽의 벽돌이나 과안의 벽돌이나 아무거나 쓸 수 있으므로, 원래는 다른 건물에 있던 벽돌이 다시 조합되면서 새 건물이 탄생한다. 이것이 바로 지난 100년 동안 중국 음식 문화에 나타난 가장 뚜렷한 특징이다. 기존 구조가 해체되고, 체계는 산산이 조각나서, 구조를 새롭게 구성해야 했다. 어떤 파편에서 예전의 흔적을 어렴풋이 볼 수 있지만, 전체를 보면 이전의 그 사합원은 아니다. 음식 문화에도 이 양상을 적용할 수 있다.

2.
서민 음식

중국의 유구한 역사에서, 평민은 오랫동안 겨우 끼니를 해결하며 힘들게 살아왔다. 소작료, 정부 세금, 지방의 각종 요역 등은 모두 농민에게 큰 짐이 되었다. 역사를 보면, 농민이 배불리 먹을 수 있는 시기조차도, 제대로 먹는 경우는 드물었다. 고추가 중국 음식 문화에 들어오자, 그것으로 평민은 축복을 받은 것 같았다. 값이 싸고 맛이 강해, 반찬이 변변찮아도 밥을 잘 먹을 수 있게 되었다.

앞서 황실과 귀족의 음식을 다루었는데, 이번에는 그 극단 즉 서민의 음식에 관해 이야기해 보자. 『맹자(孟子)』, 「양혜왕(梁惠王), 상」에 이런 말이 나온다.

밭 다섯 묘에 뽕나무를 심으면, 쉰 살 무렵에 비단옷을 입을 수 있고, 닭, 돼지, 개 같은 가축을 제때 잘 기르면 일흔 살에는 고기를 먹을 수 있으며, 논 백묘를 짓는 농부에게서 농사철을 뺏지 않으면, 식구 몇이 굶주리지 않을 것이다.

가축을 잘 길러도 일흔 살에야 겨우 고기를 먹을 수 있고, 백 마지기 농사를 잘 지어야 가족이 입에 풀칠 정도는 할 수 있다는 말이다. 이로써 품종 개량도, 농약이나 비료도 없었던 농업 혁명 이전에는 그저 '배불리 먹는 일'조차 쉽지 않았음을 알 수 있다. 실제로 1980년대 이전까지 중국 인민은 적정 기준량대로 먹지 못했다. 말하자면, 1980년 이후에나 중국 인민은 '배곯지 않았다'는 것이다.

장기간 식량이 늘 모자라자, 서민에게는 안정적 식량 수급이 무엇보다도 중요해진다. 그래서 식량 및 식자재를 저장하는 것이 최우선 과제로 부상했는데, 이런 상황에서 전분이 주성분인 곡류가 보관에 가장 적합하다는 사실을 깨닫는다. 쌀, 밀, 기장, 콩, 수수 등은 말리면 오래 보관할 수 있었다. 육류는 육포, 햄, 훈제육, 염장육, 건생선, 건새우 등으로 저장했다. 또 고기는 술지게미에 절였고, 해산물은 젓갈로 만들었다. 야채는 소금에 절여 보관하거나 장아찌나 쏸차이(酸菜)로 만들었다. 단백질이 풍부한 콩류는 건두부, 유부 등으로 가공되었다. 발효, 염장(鹽藏), 건조 등 저장 방식은 식량 보전을 위해서였지만, 그 과정에서 원래와 다른 독특한 풍미를 얻을 수 있다. 이는 음식 저장에서 따라온 부수적인 효과이지만, 이 풍미가 결국 서민 음식의 중요한 특징이 된다.

서민 음식의 또 다른 특징은 바로 신선한 제철[時鮮] 식자재라는 점이다. 봄에는 갓 돋아난 완두순과 부추를 자르면 맺히는 푸른 즙

이, 여름에는 연꽃에서 채취한 아삭한 청연자(青莲子)와 물속에서 건어낸 촉촉한 순채(蒓菜)가, 가을에는 진흙에서 캐낸 하얗고 탐스러운 연근과 나무에서 떨어진 달콤한 대추가, 겨울에는 밭에서 파낸 즙 많은 시원한 무, 서리를 맞고 더 부드러워진 유채 줄기가 있었다. 이런 음식은 생각만 해도 침이 고이고 또 비싸지도 않았다. 하지만 따서 바로 먹어야 맛이 좋았다. 서민들의 삶은 농사와 밀접해서, 이처럼 '제철의 맛'을 누구보다 깊이 느낄 수 있었다.

서민의 음식은 두 극단을 결합했다. 한 극단에는 장기 저장이 가능한 육류와 주식(主食)이 있고, 다른 극단에는 따자마자 먹을 수 있는 신선한 채소와 과일이 있다. 필자는 후베이성 언시(恩施) 산간을 조사하면서 현지 농가에서 자주 식사했는데, 쌀과 감자를 섞어 장작불로 밥하는 방식이 가장 흔했다. 밥이 되는 사이, 부엌 들보에 달린 훈제 고기를 얇게 썰고, 뒤뜰의 고추 몇 개를 따서 같이 볶았다. 상을 차릴 때, 장독에서 쏸차이나 장아찌를 작은 접시에 담아 반찬으로 내주었다. 이것만으로도 손님 대접에 손색이 없는 한 끼를 차릴 수 있다. 만약 주인이 농사일이 그다지 바쁘지 않다면, 달걀 볶음이나 푸른 채소볶음이 더 올라온다. 밥상에 붉은색, 노란색, 초록색이 어우러져 보기 좋았다. 필자가 남부 산간에서 본 농가의 평소 식사는 대체로 이와 같았다. 요약하자면, 거친 곡물과 정제 곡물, 말린 육류, 채소와 과일, 절인 채소와 장아찌가 어우러진 구성이다.

연해 어촌은 좀 다르다. 필자는 광둥성 산터우(汕头) 인근의 어촌도 조사한 적이 있는데, 그곳 사람은 '미(糜)'를 즐겨 먹었다. '미'는 '죽(粥)'의 옛말이다. 고구마도 넣어 죽을 끓였다. 차오산(潮汕) 지역은 인구가 많고 경작지는 적은데, 특히 논이 거의 없어 쌀이 항상 모자랐다. 그래서 주식인 죽에도 산지에서 기를 수 있는 고구마를 섞어 끓였다. 반찬은 가지 수가 많았는데, 절인 어패류와 새우, 게 같은 갑각류가 흔하게 올라왔다. 염장 생선도 많았고, 장아찌 중에는 소금에 절인 올리브 같은 것도 있었다. 요약하자면, 앞서 언급한 남부 산간과 이 지역이 크게 다르지 않았다. 거친 곡물과 정제 곡물, 채소와 과일, 말린 생선, 염장 해산물, 장아찌의 조합이다. 다만 해안에서 귀하기 쉬운 어류와 갑각류가 돼지고기를 대신했다.

화북 농촌의 상황은 남방과 약간의 차이가 있다. 화북은 면식(面食), 즉 '괴식(块食)'을 중심으로 하며, 고대 화하족 전통의 '입식(粒食)'을 포기했다. 따라서 식단의 조합에도 변화가 일어난다. 만두, 찐빵, 전병 등이 면식에 속하는데, 보통 탕(汤)과 함께 먹는다. 탕은 기장으로 끓이거나, 채소 여러 가지를 넣고 끓일 수 있다. 고기탕은 자주 나오지는 않지만, 그래도 손님을 대접할 때는 가끔 나온다. 화북 남부의 아오차이(熬菜)는 여러 재료를 한꺼번에 냄비에 넣고 끓인 것이다. 호박 등 전분 함량이 높은 재료가 들어가서 국물이 아주 진하고 걸쭉하다. 화북 각지마다 이름을 달리 부르지만 형태와 조리 방식이 비슷하여 '탕'의 일종으로 볼 수 있다. 북방에서는 더우장(豆酱)을 널리 사용했고, 짠맛이 강한 절임 채소의 가짓수가 많았는데. 이런 반찬이 밥맛을 돋우거나 밥을 잘 먹게 해주었다. 종합하면, 화북은 주식을 많이 먹고 육식이 적으며, 나머지 반찬은 남방과 큰 차이가 없다.

상기 서술은 현대 농촌의 식생활에 관한 것이다. 그렇다면 근대 이전, 중국 농민의 식사는 어땠을까? 만당(晚唐) 시인 피일휴(皮日休)는 〈상오탄(橡媼歎)〉이라는 시를 남겼다.

깊은 가을 도토리가 익어

황량한 산등성이로 떨어지네.

허리 굽은 백발 노파가

아침 서리를 밟으며 줍네.

한 움큼에 한나절,

바구니를 채우려면 종일 걸리겠네.

몇 번 찌고 말려

겨우내 먹겠네.

피일휴는 황소의 난(黃巢之亂) 직전까지 살았는데, 그는 민간의 곤궁한 모습을 묘사하면서, 몰락하는 왕조의 농민 생활상을 보여주려고 했다. 북송(北宋) 구양수(歐陽修)는 「원폐(原弊)」에서 다음과 같이 말했다.

일 년 내내 농사지어 나라에 바치고 나면, 백성에게 고작 몇 달 양식만 남는다. 심한 경우, 타작이 끝나자마자 (다 뺏겨) 쭉정이나 등겨를 먹는다. 도토리를 줍거나 채소 뿌리를 저장해 겨울과 봄을 겨우 넘긴다. 홍수나 가뭄이 한 번 들기라도 하면, 아사한 시체가 층층이 쌓인다. 실로 한탄스러운 일이다!

구양수(歐陽脩)는 송 인종(宋仁宗) 치세에 살았는데, '인종성치(仁宗盛治)'라 평가받을 만큼 태평성대였다. 이런 시대조차도 백성은 식량 부족에 시달렸고, 도토리나 채소 뿌리를 먹으며 겨울과 봄을 견뎌야 했다. 저장이나 비축을 할 수 없어, 홍수나 가뭄이 들기라도 하면 굶어 죽는 사람이 속출했다. 청대의 이른바 '강건성세(康乾盛世)' 시대에 백성은 또 어떻게 살았을까? 건륭 연간에 나온 산서의 지방지인 『봉대현지(鳳台縣志)』에 아래와 같은 기록이 나온다.

> 평생 풀뿌리와 나뭇잎, 잡초와 잡곡을 섞어 먹으며 살았고, 사람들은 이를 운명처럼 받아들였다.

동시대 산동의 『창읍현지(昌邑縣志)』는 다음과 같이 기록했다. "사람은 많고 물자는 모자라, 남는 것이 없다. 일 년 내내 일해도 굶주림과 추위를 면치 못했다."

또한 산서의 『효의현지(孝義縣志)』는 이렇게 전한다.

> 명절이 되어도 일고여덟 식구가 고기를 겨우 한두 근 정도 먹을 수 있는데, 그것도 갖가지 채소와 밀가루를 섞어 한 솥 끓여서 먹었다. 평소에는 국물에 거친 밥을 말아 먹었다.

청말에서 민국 초기까지 내우외환이 더욱 심해지면서 육식은 더욱 보기 힘들어졌다. 흰 쌀밥과 흰 밀가루 음식도 명절에나 겨우 먹을 수 있었다. 하남의 『밀현지(密縣志)』에서, "민간에서는 보통 기장을 주식으로 하고, 콩과 잡곡을 곁들여 먹으며, 쌀밥과 소맥면(小麥面)은 손님 접대용으로만 쓰고, 평소에는 먹지 않는다"라고 했다. 하북의 『란주지(灤州志)』에서, "죽이 거의 주식이다. 가난한 사람은 기장도 찧지 않고 껍질째 갈아 끓여서 먹는데, 이를 '파미죽(破米粥)'이라고 한다"라고 했다. 산동의 『임기현지(臨沂縣志)』에서도, "농민은 평소 전병과 묽은 죽을 먹고, 반찬은 두부나 잘게 썬 두부, 비지, 장아찌,

고추 등이다. 전병은 수수, 밀, 콩 등으로 만들고, 묽은 죽은 좁쌀, 기장, 줄콩, 녹두, 홍고구마, 당근 등을 넣어 끓인다"라고 했다.

민간의 구술사(口述史)를 종합해 보면, 60세 이상 노인 대부분은 춘궁기를 경험해서인지, 흰쌀이나 흰 밀가루 음식을 특별히 아끼는 것 같았다. 1980년대를 기점으로 천여 년 전으로 거슬러 올라가면, 평민 백성 곧 농민이 인구의 절대다수를 차지하며 다른 계층을 부양했다. 정작 이들은 이른바 태평성대에도 잡곡과 정제 곡물 조금 섞어 입에 풀칠만 했고, 명절이나 제사 때에만 고기를 조금 얻어먹을 수 있었다. 국내 정치가 부패했더라도 민란까지 가지 않았을 때는, 잡곡이 주식이었다. 춘궁기에는 느릅나무 열매, 나무껍질, 도토리, 산나물 따위로 허기를 겨우 면했다. 명절이나 제사 때는 정제 곡물을 먹었다. 육식은 상상할 수 없을 정도였다. 전쟁 같은 대혼란의 시기, 혹은 홍수와 가뭄 같은 재해에는 걸핏하면 사람이 굶어 죽었고, 나무껍질, 풀뿌리, 관음토(觀音土)까지도 먹어야 했다.

식량이 극도로 부족하면 서민은 거친 잡곡이라도 어떻게든 먹어야 했으므로, '밥을 넘기게 해준[下飯]' 부식이 필요했다. 또한 (식량을 부족할 때 대비해서) 음식을 가능한 한 오래 저장해야 했다. 그래서 염장, 절임 채소, 장아찌 등이 빨리 발전했고, 이런 '부식'은 대개 소금을 많이 써서 오래 보존할 수 있도록 했다. 이로부터 서민 음식의 기본 두 축이 형성된다. 첫째는 '밥', 둘째는 '반찬(=下飯)'이다. '샤반(下飯)'은 맛이 몹시 강해야 하는데, 그렇지 않으면 본래 목적을 달성하지 못 한다. 하지만 중국의 상당 지역은 식염(食鹽)이 부족하거나 혹은 공급이 불안정했으므로, 짠맛을 충분히 낼 수 없었다. 그래서 반찬을 신맛이나 매운맛으로 내는 방식이 발달했다.

아메리카 대륙에서 유래한 고추는 그런 의미에서 중국 서민에게는 그야말로 "축복"이었다. 고추 재배는 경작 면적을 많이 차지하지 않고, 기후나 토양에도 구애받지 않으며, 또 반년이면 수확할 수 있었다. 맛도 강해서 밥반찬으로 더없이 좋았다. 그래서 고추는 청나라 중기 무렵에 중국 전역으로 빠르게 퍼져 나갔다. 하지만 1911년 청이 멸망하기 전까지, 고추는 '계급'이라는 경계를 여전히 넘지 못했다. 향촌 서민이 주 소비층이었고, 중농이나 지주도 드물게 먹었지만 수는 많지 않았다. 도회지에서는 매운맛을 거의 맛볼 수 없었다. 귀족이나 세도가는 이런 "비천한" 맛을 시도조차 하지 않았다. 그래서 증국번(曾國藩)이 고추를 "몰래[偸偸]" 먹고 말이 날까 걱정했던 것이다.

음식 문화에 영향력을 컸던 상류층은 서민 음식 중에서 고추를 가장 받아들이기 어려워했다. 그래서 귀족과 세도가의 주방장은 매운맛이 전통적 '식이요법'과도 맞지 않고, 다른 음식과도 어울리지 않는다고 여겼다. 고추는 맛이 너무 강해서 고급 재료에서 나는 본연의 맛을 해친다고도 생각했기 때문이다. 매운맛을 귀족은 꺼렸지만, 서민이 찾고 있었다. 서민으로서는 고추 같은 자극적인 맛으로 열악한 식자재의 맛을 가려줄 필요가 있었다. 귀족과 서민이 추구하는 음식은 정반대였고, 이 간격은 쉽게 좁혀지지 않았다.

이제 홍콩의 사례도 살펴보자. 홍콩 서민은 영국의 식민 지배층과 중국의 부유한 상인층의 음식을 많이 모방했다. 영국의 식문화 체계는 중국과 전혀 달랐으므로, 홍콩의 현대 음식은 광둥 서민 음식을 기본 틀로 영국 상류층 음식을 흡수했다. 이렇게 해서 서양과 중국을 융합한 음식이 탄생한다. 대만의 상황은 중국 본토보다 훨씬 복잡하다. 일제가 50년간 통치했기 때문에, 대만의 음식 문화는 본토의 발전과 완전히 단절되었다. 또한 상류층은 많이 일본화되었으며, 국민당 정부가 천도하면서 가져온 식문화도 현지 서민과 잘 연결되지 않았다. 그래서 대만의 식문화는 두 계통으로 갈라졌다. 외성 출신은 1949년 이전 중국 본토 상층부 식문화를 고집했다. 한편 외성 하층민의 음식과 본래 파편화된 본성인의 음식이 섞여서 대만 특유의 식문화가 탄생한다. 대만에는 일본풍과 중국 각 성의 파편, 그리고 본토 평민의 전통이 공존한다.

만약 20세기에 중국 음식 문화가 변혁을 겪지 않았다면, 귀족적 전통이 체계적으로 전승되었을 것이다. 근대 산업화 이후 평민이 재산을 축적하고서 상류층의 음식을 모방해 현대적으로 상업화했더라면, 상류층 기반의 대중 음식 문화가 형성되었을지도 모른다. 그런 경우라면, 담백한 음식이 사랑받으면서 향과 단맛을 더 중시했을 것이다. 그렇다면 매운맛은 두드러지지 않았을지도 모른다.

3.
강호로 향하는 고추

'강호(江湖)'라고 하면, 많은 사람이 무협을 떠올리겠지만, 조정에는 관리가, 들판에는 백성이 있듯, 강호에서 진정 '풍랑을 일으킨' 주인공은 상인이었다. 그들은 무사를 고용해 조직을 꾸리는데, 쌀을 운송하던 청방(青幫), 소금을 거래하던 염방(鹽幫) 같은 상업적 '도당(徒黨)'이 실례이다. 소설가가 각색하면서, 원래 주인공이었던 상인은 점차 밀려나고 무인의 형상만 부각되었다. 중국이 근대에 들어서 항구를 개방하면서 도시 상공업 계층이 부상함에 따라, '강호 요리(江湖菜)'도 자연스럽게 다시 등장한다.

강호 요리는 최근 수십 년 사이에 유행한 개념이다. 이 요리는 시정(市井)에서 유래한 것으로, 맛이 강하고 규격에 얽매이지 않는다. 싸고 구하기 쉬운 재료를 쓰고, 거칠지만 다양한 방식으로 조리한다.

지난 30여 년간 전례 없이 인구 이동이 잦았고 아울러 시장경제가 번영하면서 발전했는데, 이와 더불어 강호 요리가 유행했다. 무명의 작은 식당에서 시작해, 물결을 타고 전국을 석권한다. '강호 요리'라는 이름은 새롭지만, 그 실체는 예전부터 존재해 왔으며, '관부 요리(官府菜)'와 '서민 요리(庶民菜)' 중간에 사이에 위치한 요리의 한 유형이다. 강호 요리는 판매를 목적으로 만드는 요리로, 손님 접대를 하거나 집에서 허기를 달래기 위한 것이 아니다.

강호 요리는 시장 상인의 손에서 나왔고, 남북을 왕래하던 상인이 먹었다. '강호'라는 말은 본래 중국 역사에서 중요한 역할을 했던 '조운(漕運)'을 가리킨다. 예전엔 가장 빠른 물류 수단이 선박이었다. 그래서 강이나 호수의 나루터엔 상인이 몰려들었고, 사람이 많이 모이니 자연스럽게 여러 나루터 조직[碼頭幇會]들도 생겨났다. 근대 이래, 세력이 막강했던 청방(青幇)도 곡물 선박 조직에서 나왔다. 현대 중국어에서 자주 쓰는 '바이마터우(拜碼头, 인사 다니기)'나 '파오장후(跑江湖, 장돌뱅이처럼 떠돌아다니기)' 같은 표현에도 조운 문화의 흔적이 남아 있다. 지금도 상하이 사람은 자기 지역 요리를 '본방차이(本幇菜)', 항주 요리를 '항방차이(杭幇菜)'라고 부르는데, 이런 '방(幇)'이나 '방커우(幇口)' 같은 말 역시 다 조운 문화에서 왔다.

강호에 문파가 있듯이, 강호 요리에도 각 계파가 있다. 요즘 흔한 '4대 요리', '8대 요리' 같은 말은 곧 강호의 요리 문파를 지칭하는 말이다. 문파마다 전승된 비법이 다르다. 예컨대, 회양 요리는 정교한 칼질이 중요하며, 사천 요리는 마라맛이 특징이며, 광동 요리는 해산물이 유명하다. 강호 요리는 궁중이나 관청 같은 공적인 자리에 오르지 못했다. 그렇지만 하류 계층인 민중의 신산한 삶 같은 깊고 강렬한 맛이 베어 있다.

20세기 초, 이창에서 충칭까지 뱃길을 따라 뗏목을 끌었던 노동자들은 중노동에 시달리면서 에너지를 엄청나게 소모했다. 그만큼 단백질을 보충해야 했지만, 살코기는 너무 비싸 그들의 형편으로는 도저히 살 수 없었다. 결국 내장이나 신선하지 않은 고기라도 달게 먹어야 했다. 이런 재료는 비린내가 많이 나서, 그 냄새를 가리려면 강하고 자극적인 양념이 필요했다. 그래서 마라탕(麻辣燙), 마오쉐왕(毛血旺), 훙유훠궈(紅油火鍋) 같은 요리가 등장한다.[71] 이런 요리는 원래 하층민 사이에서만 유행했던 것이다. 민국 시기 성도(成都)에 '취펑원(聚豐園)', '영락원(榮樂園)' 같은 유명한 사천 요리 전문 식당이 많았는데, 그곳의 대표 메뉴는 오리 요리, 상어지느러미, 데친 배추(開水白菜) 같은 관부 요리였지, 지금 우리가 아는 사천 요리가 아니었다. 당시 고위 관료와 귀족은 하층민 사이에서 유행하는 음식을 탐탁지 않게 여겼다. 청나라가 몰락하면서, 중국 전통의 관료 가문과 청 정권에 기생했던 만주, 몽골 귀족도 역사의 뒤안길로 사라졌다. 관청 요리의 체계는 20세기의 잦은 혁명으로 거의 무너졌고, 더는 예전 같지 않았다. 근대화가 진행되면서, 해안과 강변의 나루터들이 차례차례 개항했고, 새롭게 부상한 시민 계층은 자신들만의 음식 문화를 만들어 갔다. 이와 함께 강호 요리도 음식 문화에서 가장 주목받는 대표 주자로 떠올랐다.

민국 시기, 성도에는 앞서 말한 연회 전문 식당[筵席館子]과 더불어 훙궈 식당(紅鍋館子)도 성행했다.[72] 이 두 식당의 대표 메뉴는 '산초

---

71 李劼人:『风土什志』, 第二卷第五期, 1949年。

72 朱多生:『民国时期的成都餐馆初探』,『楚雄师范学院学报』, 2013, 28(07):11-19、26。

오리(花椒鸡)', '바싹하게 튀긴 생선 껍질(脆皮鱼)', '술에 절인 새우(醉虾)' 같은 요리였는데, 요즘 사천 요리의 풍미가 약간 느껴지기는 하지만, 특별히 마라맛이 강하지는 않았다. 연회 전문 식당은 사전에 예약을 해야 했지만, 홍궈 식당(红锅馆子)은 즉석 요리를 팔았고, 가격도 합리적이었다. 하지만 홍궈 식당의 주 소비층은 도시 중산층이었고, 하층민은 여전히 쉽게 이용할 수 없었다. 홍궈 식당은 항일전쟁 시기에 유행했다. 당시 동부의 엘리트 계층이 대거 사천으로 피난 왔는데, 이들은 예전처럼 연회 음식을 먹을 형편이 안 되어서, 대신 작은 식당을 자주 찾았다. 전쟁이 끝나자, 피난 왔던 관리와 대학 교수, 학생이 돌아가면서 사천의 풍미를 여러 지역에 전파했다. 강호 요리의 유행은 이런 상황과 관계가 깊다.

지난 30년간의 대규모 이주 덕분에, 강호 요리는 요즘 같은 자리를 잡게 된 것이다. 지난 30년 동안 도시화의 주축은 농민공이었고, 그들은 지방색 짙은 맛을 도시의 빠른 생활 리듬과 절묘하게 융합해, 요즘 어느 도시에서나 흔한 전형적인 강호 요리를 만들어냈다.

최근 몇 년간 유행한 요리를 보면, 거의 강호 요리 스타일에서 벗어나지 않는다. 이를테면 완저우 꼬치구이 생선(万州烤鱼), 마라샹궈(麻辣香锅), 동북 꼬치구이(东北烤串), 마라샤오롱샤(麻辣小龙虾), 홍유훠궈(红油火锅), 대만 우육면(台湾牛肉面), 치킨커틀릿(炸鸡排), 충칭 소면(重庆小面) 같은 음식을 들 수 있다.

이런 요리는 뚜렷한 특징이 몇 가지 있다. 첫째, 재료가 싸고 구하기 쉽다. 강호 요리는 식자재 선택의 폭이 넓고, 관부 요리에서 배제했던 잡고기나 기이한 재료도 거리낌 없이 쓴다. 심지어 혐오감을 줄 수 있는 식자재—악어 고기, 뱀 고기, 개고기—도 사용한다. 둘째, 조미가 거칠고 강하다. 전통 요리는 양념을 몇 돈, 몇 량 정도 조금 사용하지만, 요즘 강호 요리는 고추와 산초를 근 단위(500g)로 아낌없이 쓴다. 나아가 맛이 너무 강해서 신중하게 써야 한다고 했던 회향, 팔각, 큐민 같은 향신료도 강호 요리에서는 아끼지 않는다. 물론 저렴한 식자재의 단점을 보완하려는 의도에서 이런 양념을 과감하게 쓰는 것이다.

강호 요리는 장점만큼이나 단점도 뚜렷하다. 강호 요리는 연속적 흐름을 중시하는데, 꼬치구이는 굽자마자 바로 나오고, 심지어는 굽는 동시에 먹기 시작한다. 『수원식단(隨園食單)』의 「계정돈편(戒停頓篇)」에는 다음과 같은 글이 나온다.

> 음식은 신선해야 한다. 솥에 있을 때 가장 맛이 좋으므로 그때 바로 먹어야 한다. 잠시라도 지체하면 마치 옷에 곰팡이가 피는 것처럼 맛이 떨어진다. 비단 금실에 화려한 옷이라도 시간이 지나면 헤어져 보기 싫은 것과 같은 이치이다.

광둥 거리 음식 중에서 제일 싼 강호 간식은 차조기 우렁볶음(紫苏炒田螺)인데, 재료는 싸고, 양념은 강하다. 또 진흙이 묻은 대로 요리하기도 하지만, 대신 센 불에 빨리 볶는다. 팬에서 접시까지 일사천리이다.

청대 문헌을 보면, 황실 음식은 전날 미리 만들어 찜통에 넣어두었다가, 먹을 사람이 "요리를 내오너라[傳膳]"라고 하면 바로 올린다고 한다. 요리 수십 가지가 한꺼번에 나오는 모습은 볼 만하지만, 하루 지난 음식이 대체 무슨 맛이 있겠는가? 그래서 자희(慈禧) 태후와 광서제(光緖帝)는 어찬방 요리를 별로 좋아하지 않았다고 한다. 침궁 옆에 따로 주방을 지었는데, 만들자마자 따뜻한 상태로 바로 먹으려고 그랬던 것이다.

강호 요리는 상인 계층에서 비롯되었고, 재료는 소박하지만, 맛은 강하고, 또 요리하자마자 바로 먹을 수 있다. 『수원식단』의 「계단(戒單)」에서, 관부 요리의 결점으로 '이찬(耳餐)', '목식(目食)', '천착(穿鑿)', '정돈(停頓)' 이 네 가지를 언급했다. '이찬'은 비싼 재료를 고집하는 것이고, '목식'은 요리 가지 수를 많이 내어 눈에 띄게 하는 것이다. '천착'은 재료의 본맛을 거스르면서 요리하는 것이고, '정돈'은 요리하고서 한참 뒤에 먹는 것을 말한다. 강호 요리는 이런 결점을 대체로 피해 간다. 이렇게 본다면, 강호 요리가 오히려 요리의 본령을 잘 지키고 있는 셈이다.

민국 초기 구질서는 무너지고 민족 자본주의가 발흥하면서, 주요 대도시에서 화려하고 비싼 음식을 높이 치는 풍조가 일어난다. 상하이, 광저우, 청두, 우한, 창사 등 남방 대도시에서 특히 더 그랬다. 이 시기에 미식가들이 종래 관원이나 지주 계층에서 도시 상공업 계층으로 확대되었는데, 이들의 식습관은 옛 관료나 사대부와는 매우 달랐다. 연회 때 상을 호화롭게 차리지도 않았으며, 격식도 크게 따지지 않았다. 새로 부상한 도시 중산층은 진한 맛과 다양하게 요리를 원했다. 그들은 새로움과 자극을 추구하며, 옛 관료 사회의 식사 관습을 고루하고 시대에 뒤떨어진 것으로 여겼다. 그래서 청말민초 때 중국 음식은 크게 변했는데, 강호 요리가 성행한 것도 이 시기다.

민국 초기부터 항일전쟁 이전까지의 도시 인구가 급증하면서 강호 요리는 유행의 물결을 탄다. 1910년에서 1935년 사이, 전체 인구는 4억 2천만에서 4억 8천만으로 약간 증가했는데, 한편 같은 시기에 도시 인구는 이전보다 두 배로 늘어났다. 이 시기 남방의 도시는 성장이 가팔랐던 반면, 북방은 도시 군벌의 반복된 내전 같은 제약이 많아 성장 속도가 남방보다 훨씬 느렸다. 그 결과 도시 평민층이 좌지우지하는 음식 문화도 남방에서는 크게 발전했지만, 북방에서는 발전이 더뎠다. 주작인(周作人)은 북방 음식을 단호하게 평가한 적이 있다.

> 내가 살펴보니, 남과 북은 점심(點心)이 매우 달랐다. 간단히 말하면, 북방의 점심은 상식(常食)이고, 남방은 한식(閒食)이다. 북경 가정을 보면, 교자(餃子)나 훈둔면(餛飩麵)을 만들 때, 아주 든든하게 만들더라도 앙금은 크게 신경 쓰지 않았다. 면은 참깨장(芝麻醬)에 비벼 먹고, 짜장에 볶아 먹는 정도였다. 만두 속도 신경 쓰지 않고 그저 꽉 채워 밥 대신 먹으면서 배만 채웠다.[73]

'어느 계층에서 소비하느냐'에 따라 강호 요리와 관부 요리는 결정적으로 갈라진다. 근대 이래 사회 구조가 재편되고, 중하류층이 탄생해야 비로소 강호 요리는 시장을 갖게 된다. 조정 관리가 관부 요리의 주 소비층이어서, 관부 요리는 평민과 접점이 거의 없었다. 따라서 강호 요리는 일정 규모와 경제력을 갖춘 도시 서민이 성장해야 비로소 발전한다. 근대 이래 상업 도시가 발전하면서 강호 요리를 소비하는 계층이 두터워졌으며, 소비자가 늘어나자, 각 지역에서 요리사가 도시로 몰려왔고, 이들과 함께 비법도 따라 들어왔다. 따

73　周作人:『知堂談吃』, 中華書局, 2017年版, 第362頁.

라서 강호 요리의 수준도 높아졌고, 종류도 다양해졌다. 서민 계층은 입맛이 자주 변했고 새것을 찾았으므로, 이를 충족시키려면 변화가 불가피했다.

근대적 상업 도시의 흥성은 개항과 밀접한 관련이 있다. 광저우와 상하이는 개방을 먼저 하면서 상공업이 발전했는데, 이와 더불어 음식 산업의 번영으로 이어진다. 그래서 이 두 도시는 오늘까지도 서민 음식이 가장 발달했다. 1858년 '천진조약'으로, 장강 연안의 한구(漢口), 구강(九江), 남경(南京), 전강(鎭江) 등을 개방했고, 이후 '북경조약'으로 천진을 추가 개방했다. 1902년 '속의통상행선조약(續議通商行船條約)'에 따라, 장사(長沙), 만현(萬縣), 안경(安慶) 등지를 개방했다. 청말에는 통상을 위해 개방한 곳이 104개로 늘어났으며, 이들 항구는 규모도 달랐고, 상업의 발전 수준이나 양상도 달랐다. 청말 관청에서 편찬한 『호남상사습관보고서(湖南商事習慣報告書)』에 따르면, 당시 장사의 행상은 "밤에도 청동 패를 흔들며 다녔고 꽹과리를 신호로 삼았는데, 북을 네다섯 번 쳐도 멈추지 않았다"라고 한다.

1891년에 개방한 중경은 중국 최초의 내륙 통상 항구로, 장강 항로의 끝에 있어 상인과 음식이 대거 몰려왔다. 처음에 중경 훠궈는 선원들이 동물 내장을 먹으려고 개발한 것이었으나, 1930년대에 더욱 발전하여, 흔한 시민 음식이 되었고, 재료도 내장만 쓰지 않았다. 민국 초기부터 항일전쟁까지, 해안과 장강 연안에서 도시는 급속히 팽창했고, 음식도 서민화/상업화된다. 장한수(張恨水)는 사천의 관부 요리가 강호 요리로 전환하는 과정을 기록한 바 있다. "몇 차례 혁명이 지나가고 …… 개인이 고용했던 요리사들이 식당으로 자리를 많이 옮겼다."[74] 이렇게 정치 지형이 급변하자, 관리와 사대부의 성원이 서민 골목길로 흘러들어 간 것은 당시 일반적인 현상이었음을 알 수 있다. 그리고 관부 요리와 강호 요리 사이에 위치했던 문인 요리도 비슷한 변화를 겪었다. 이갈인(李劼人)이 1930년대에 개점한 식당 소아헌(小雅軒)이 대표적인 사례이다. 이갈인은 대학교수였던 배경 탓에 당시 성도 신문에서 "유명 대학 교수가 자리를 버리고 술집을 열면, 사범대 학생은 이제 종업원이 된다."라고 화제로 삼을 정도였다.

사천 요리를 개명한 것으로 유명한 황경림(黃敬臨)은 1930년대에 성도에서 '고고연(姑姑筵)'을 열었다. 이곳은 연회 음식을 전문으로 했는데, 요리는 관부 요리의 풍미에 가까웠다. 대표 요리로 데친 배추(開水白菜), 녹차 훈제 오리(樟茶鴨), 청통어(青筒魚, 담수어의 일종), 연한 튀김 요리(軟炸扳指), 나비 모양 해삼 요리(蝴蝶海參) 등을 꼽을 수 있다. 이 요리는 매운맛이 덜 하고, 신선도와 향을 중시한다.

한편, 연회 요리를 전문으로 하던 식당도 대중의 수요에 따라 요리를 개량했다. 1930년대 영락원(榮樂園) 주인 난광감(蘭光鑒)은 차림의 형식을 대폭 조정했다. 원래 상 위에 올리던 네 가지 냉채, 네 가지 온채, 여덟 가지 주요 요리, 손님 접대용 요리, 쌍잔[對碗] 요리, 중간 자리 다과, 단 과자 등을 모두 조정하였다. 찬요리 네 가지, 따뜻한 요리 네 가지, 주요 요리 여덟 가지, 작은 접시 요리, 국과 밥을 짝을 맞춘 요리, 중간 다과, 후식 등을 전부 조정했다. 손님이 자리에 앉으면 찬요리 네 가지(여름)나 따뜻한 요리 네 가지(겨울)를 우선 내고, 다음 주요 요리 몇 가지만 올린다. 마지막에 국과 밥으로 마무리

---

74 曾智中、尤德彦:『张恨水说重庆』, 四川文艺出版社, 2007年版, 第270页.

했다. 기존 제비집, 상어지느러미, 전복 같은 핵심 요리는 남겨두고, 겉치레용으로 채우던 부차적 요리는 줄였다. 그 결과, 중산층에게도 가격이 부담스럽지 않았다. 이후 취풍원(聚豐園) 등 연회 전문 식당도 개량에 동참하며, 관부 요리는 이제 현대 상차림에 가까워진다. 민국 시기, 성도 요리는 대체로 맵지 않았다. 왕증기(汪曾祺)의 회고에[75] 따르면, 사천 출신인 이일맹(李一氓)은 위샹러우쓰(魚香肉絲), 두 번 볶은 돼지 고기(回鍋肉), 매콤한 두반장 생선찜(豆瓣魚) 등을 즐겨 먹었는데, 이 요리는 양념을 많이 썼지만, 맛은 맵지 않았다고 한다.

당시 기층 민중은 비교적 매운 음식을 먹었을 텐데, 그에 관한 기록은 남아 있지 않다. 1932년 국민정부는 전쟁을 대비해 후방 건설을 시작하면서, 쓰촨, 산시, 운남 지역을 집중적으로 관리했다. 공장, 관공서, 학교가 이 지역에 많이 들어섰고, 이에 따라 인구도 많이 유입되었다. 상공업뿐만 아니라, 외식사업도 황금기를 맞는다. 특히 충칭, 쿤밍, 청두, 시안 이 네 서부 도시는 항전 기간에 가장 빠르게 성장했으며, 전시 동안 인구는 최소 세 배 이상 증가했다. 이때 따라 들어온 음식도 서로 융합되기 시작했다. 항전 시기의 교사, 관리, 학생, 군인 등이 남긴 기록에 따르면, 이 서부의 4대 도시에서 음식 종류가 크게 늘었으며 값이 싼 식당도 눈에 띄게 증가했다.[76]

민국 시기에는 평민이 주요 고객이 되면서, 음식의 맛과 스타일도 변한다. 관부 요리를 모방한 연회 스타일에서 벗어나, 현대식 중식 스타일로 점차 바뀐다. 예약해야 했던 요리도 크게 줄고 즉석요리가 대폭 늘었다. 해삼, 상어지느러미, 제비집 같은 고가의 요리는 줄어

---

75 汪曾祺:『人間滋味』, 天津人民出版社, 2014年版, 第140頁.
76 尚雪雲:『民國西安飲食業發展初探』, 陝西師範大學碩士論文, 2015年, 第16頁.

든 반면, 가정식 스타일의 요리가 더 많이 등장한다. 가장 두드러진 예는 성도(成都)이다. 민국 초기만 해도 '옌시 관쯔'과 '훙궈 관쯔(红锅馆子)'이 팽팽하게 양분하고 있었으나, 항전 막바지로 접어들면서 훙궈 관쯔는 늘어났고, 관부 요리를 모방한 옌시 관쯔는 차츰 줄어들었다. 서안과 곤명도 상황이 비슷했다. 왕증기(汪曾祺)의 기록에 따르면, 곤명은 간식이나 간단한 음식을 파는 식당이 점차 늘어났고 조리법도 날로 정교해졌지만, 고급 연회는 번거롭고 비싸다는 이유로 점차 찾는 이가 줄었다. 그러나 음식이 서민화되면서 서민 음식이 도시에서 주류가 되었지만, 그래도 관부 요리의 가치를 존중하여 지나치게 자극적인 맛을 지양하고 가급적이면 온화한 맛을 추구했다.

필자의 외가는 대대로 장사(長沙) 성내에서 살아왔다. 외할머니는 민국 21년(1932)에 태어났다. 외할머니는 기억을 더듬어 필자에게 이렇게 말했다. "1949년 이전, 장사 성내의 식당 요리는 맵지 않았고, 더러 고추를 넣기도 했어도 그저 장식 정도였고, 일부러 매운맛을 내려고는 하지 않았다." 또한 외할머니는 "옛날 요리는 많이 달았고 기름졌다. 길거리 좌판 상인이 비교적 자극적인 음식을 팔았다"라고 회상했다. 현재 장사 음식이 매운 것에 대해, 외할머니는 "시골 사람들의 습관"이라고 치부했다. 원래 도시의 음식은 그다지 맵지 않았는데, 시골 사람이 많이 도시로 들어오면서 매워졌다는 것이다.

무한(武漢)은 상황이 훨씬 더 복잡했다. 민국 시기, 무한은 여전히 한구(漢口), 한양(漢陽), 무창(武昌)의 세 진(鎭)으로 나뉘어 있었는데, 그중 한구가 가장 발달했다. 한구의 위치는 장강 중류 즉 남북이 만나는 지점이었다. 음식은 서쪽의 사천, 동쪽의 안휘의 영향을 많이 받았다. 따라서 남북의 풍미도 모두 갖추고 있었다. 민국 시기, 한구의 식당을 대체로 네 가지 유형으로 나눌 수 있는데, 주러우(酒樓), 바오시관(包席館), 판관(飯館), 샤오츠(小吃)가 그것이다.

그중에서도 특히 사천계와 안휘계가 두드러졌다. 주러우와 바오시관은 관부 요리 계통으로 요리는 비슷했지만, 운영 방식이 달랐다. 주러우는 식당 안에 좌석이 있어 손님이 직접 찾아왔다. 바오시관은 부유층의 연회를 도맡았는데, 손님은 집에서 식사했다. 반면 판관과 샤오츠는 기본적으로 강호 요리 계열이었다. 판관은 대체로 매장 내 식사 공간이 있었고, 샤오츠는 길에서 좌판을 메고 팔거나 장터에 벌여 팔았다. 주러우 중 사천 계통의 미유별서(味腴別墅)와 촉진주가(蜀珍酒家)가 유명했다. 대표 요리로는 새우살 볶음(爆蝦仁), 돼지 내장 볶음(爆雙脆), 목이버섯 비둘기 알탕(燉銀耳鴿蛋), 상어지느러미와 해삼(魚翅海參), 두반장 붕어조림(豆瓣鯽魚) 등이 있었는데, 모두 사천 관부 요리의 계통을 이은 것이다. 안휘계로는 동경루(同慶樓), 대중화(大中華), 신흥루(新興樓)가 있었고, 대표 요리는 홍사오위(紅燒魚), 찜닭(黃燜雞), 생선살 볶음(抓炒魚片), 돼지고기 조림(焦溜裏脊) 등이 있다.[77]

현대 무한 요리는 안휘계와 사천계 영향을 모두 받아서 매운 편이다. 원래 무한 요리는 맵지 않았다. 요즘 무한 음식을 보면, 안휘 계열의 메뉴가 꽤 많지만, 또 무한 자체에서 재창조한 요리도 많다. 하지만 매운맛이 전국적으로 유행하자, 교통의 요지인 무한 음식도 빠르게 매운맛 중심으로 변화했다. 이런 변화를 이끈 동인은 지리적 위치였다.

각종 문헌을 보면, 매운 음식을 즐겨 먹는 지대(地帶) 내 농촌에는 매운 요리가 널리 퍼져 있었다. 그러나 성도(成都), 곤명(昆明), 서안(西

77　姚伟钧:『民国时期武汉的饮食文化』,『楚雄师范学院学报』, 2013, 28(07):6-10。

安), 무한(武漢), 장사(長沙) 같은 대도시는 매운맛을 즐기는 농촌으로 둘러싸여 있었지만, 민국 말기까지 식당 요리는 맵지 않았고 대체로 순했다. 이들 도시에서 매운맛이 두드러진 것은 최근으로, 1980년대 이후 인구 이동이 자유로워지면서부터였다. 다시 말해, 사회 변혁이 음식의 계급적 구조를 무너뜨리면서, 농촌에서 즐겨 먹던 매운 음식이 도시로 확산된 것이다.

4.
계급 구조의 혁파

신해혁명 이후, 혁명의 물결이 옛 중화(中華) 구석구석을 휩쓸고 지나갔다. 음식 문화도 혁명의 격류에 휩쓸려, 전통적 계급 구조가 완전히 무너졌다. 개혁개방 초기, 원래 경계가 분명했던 계급의 음식 전통이 무너지게 된다.

앞서 음식의 계급적 전승 중 주요 범주 세 가지를 다루었다. 옛날부터 있었던 관부 요리와 서민 요리, 그리고 근대 상공업 도시의 성장과 함께 등장한 강호 요리이다. 이 세 계통은 각각 전승의 토대가 다르다. 관부 요리는 궁중과 관청에서, 서민 요리는 민간에서, 그리고 강호 요리는 도시에서 형성되었다. 신해혁명 이후, 청조(淸朝)가 무너지면서, 옛 관료와 지주는 민국의 귀빈으로 편입한다. 명문 귀족이 해체되면서 귀족 음식은 시장으로 흘러들어 간다. 이런 변화는 비교적 완만하게 일어난다.

  남경 국민정부가 수립된 후 연해에서 관료 자본주의가 발전하면서, 신흥 귀족이 등장했다. 이들은 구 귀족의 음식을 적극적으로 모방하면서 몰락한 귀족의 가정 요리사를 다수 고용했다. 항전 중이라 군비 지출이 많이 재정이 어려웠지만, 상류층의 평소 음식은 영향을 받지 않았고 관부 요리의 격식을 따라 차렸다. 중경(重慶)에 "전방은 긴장하지만, 후방은 긴장하면서 먹는다(前方吃紧, 后方紧吃)"라는 말이 떠돌았는데, 이는 민국 정부 관료들이 '변화 앞에서도 침착함을 잃지 않는 태도(处变不惊)'를 잘 보여준다.

  중화인민공화국 성립 이후, 일련의 대대적 변화가 음식의 계급적 구조를 완전히 탈바꿈시켰다. 베이징을 예로 들면, 1950년대 초반 급격한 사회 변혁으로 소비 구조가 크게 바뀌었다. 잇따라 유명 음식점이 대거 문을 닫았다. 치미재(致美齋), 서래순(西來順), 신풍루(新豐樓), 동화거(同和居), 전취덕(全聚德), 풍택원(豐澤園) 등이 차례로 적자로 허덕였다. 1954년 베이징시 정부는 공사 합영(公私合营) 시범사업을 시작했고, 경영이 어려웠던 중대형 식당 29곳이 참여했다. 1955년에는 중대형 식당 대다수가 공사 합영에 참여한다. 공사 합영을 좀 더 빨리 진행해서, 중대형 식당뿐만 아니라 각종 소형 식당과 노점까지 확대되었다. 1956년 베이징에서 공사 합영이 완료될 무렵, 새로 설립한 국영음식공사(国营饮食公私)가 소형 식당과 노점을 통합 관리했다. 수많은 노점은 철거되었고, 둥단(东单)과 동쓰(东四) 지역에 있던 식당과 노점 천여 개가 집단 소유 협동점포나 구내식당 106곳으로 통합되었다.

  1950년대 베이징에서 구(舊) 요식업을 개혁할 때, 두 가지 목표를 전면에 내세웠다. 하나는 중앙 정부에, 다른 하나는 노동 인민을 위해 봉사하자는 것이었다. 중앙 정부에 봉사하는 목표를 달성하려고, 당시 베이징 시장 펑전(彭真)은 "고급 식당 몇 곳 정도는 반드시 보존해야 한다"라고 제안했다. 또한 당시 중앙 지도부에 많았던 남방 출신 인사들을 더 잘 모시려고 후난(湖南), 쓰촨(四川), 화이양(淮扬) 요리를 전문으로 하는 식당들을 특별히 끌어들였다. 이때 외지에서 베이징으로 들여온 고급 식당은 어메이주가(峨眉酒家), 취위안주가(曲园酒家), 라오정싱(老正兴) 등이다. 이런 고급 식당을 제외하고 나머지는 노동 인민에게 서비스를 제공하는 식당으로 개조되었다. 원래 시민에게 좋은 간식을 팔았던 식당은 만두와 전병을 파는 대식당으로 바뀌었다. 이런 개조의 격랑에서 베이징의 전통 향토 간식도 사라지거나 통합되어, 후궈사(护国寺)와 롱푸사(隆福寺) 등 몇몇 국영 분식점에서 집중적으로 관리하게 되었다.

1953년 신정부는 '곡물 및 식용유의 구매와 판매의 통일(粮油统购统销)'이라는 정책을 시행했다. 이로 인해 요식업에 필요한 원자재 공급이 엄격히 제한되었고, 식당 몇 곳만 '특별 공급'을 받을 수 있었다. 자연히 식당 대부분은 품목과 품질에 심각한 타격을 받았다. 1959년부터 '3년간 어려운 시기(三年困难时期)'에 접어들면서, 곡물과 식용유뿐만 아니라 부식품(副食品)도 엄격히 통제를 받았다.

1960년 8월부터, 베이징의 모든 식당은 배급제(凭票)로 운영되었으며, 고급 식당 몇 곳은 예외였다 하더라도 아주 비싼 가격 탓에 시민은 쉽게 이용할 수 없었다. 이 시기에는 육류도 배급제로 공급해서, 고기 요리가 주메뉴였던 식당은 일반 식당으로 전환해야 했다. 이 때문에 고전 요리가 많이 사라졌다. 예를 들어, 전통적 '사오뎨(烧碟)'

계열 요리는 여태 완전히 복원할 수 없다. 전통 희극 '바오차이밍(报菜名, 요리 이름 읊기)'에서 '사오루웨이(烧鹿尾)', '사오쯔가이(烧紫盖)' 같은 이름은 등장하지만, 이 요리가 정확히 무엇인지 실제로 아는 사람은 많지 않다.

1960~70년대에 들어서면서 원래 중산층이었던 시민이 타격을 더 받았다. 베이징에서 외식하려는 소비자가 크게 줄자 많은 식당들이 문을 닫았다. 하지만 이 기간에도 '특별 공급'을 받았던 고급 식당은 살아남았고, 외국 빈객이나 각계 인사를 맞이할 때 사용되었다. 1970년대 말에 베이징에서 심각한 '식사 곤란(吃饭难)' 문제가 발생했다. 1978년 4월 27일자 《인민일보》 보도에 따르면, 당시 베이징에는 식당이 656곳이 있고, 하루 고객 수는 100만 명이었다고 한다. 저녁을 먹으려면 점심부터 식당 앞에 줄을 서 번호표를 받아야만 했다. 통계에 따르면, 1978년의 베이징 식당은 총 1,594곳으로, 1957년에 비해 2,997곳이 감소한 수치이다.

도시 음식 문화 내 계급 구조가 붕괴된 전형적인 사례를 베이징에서 볼 수 있다. 전반적으로 북방 도시가 영향을 더 많이 받았고, 상하이와 광저우 같은 남방 도시는 비교적 영향을 덜 받았다. 특히 광저우는 홍콩과 가깝고 음식 문화도 비슷해서 영향을 거의 받지 않았다. 공사 합영과 혁명이라는 파도가 몰아치자, 홍콩과 마카오로 이동한 요리사들이 요식업에 종사하면서 본래의 조리 기술과 음식 문화 계보를 유지했다. 원래 광저우가 광둥 요리의 중심지였으나, 1960년대 이후에는 홍콩이 광저우의 중심적 지위를 점차 대신하게 된다. 개혁개방 초기, 마치 자식이 부모에게 은혜를 갚듯이 홍콩과 마카오는 광저우를 도왔고, 이 덕분에 광저우에서는 음식의 문화적 전통이 가장 빠르게 회복되었고 기존의 음식도 비교적 잘 보존될 수 있었다. 1980년대와 1990년대에 걸쳐 광둥 요리가 전국에서 인기를 끌었는데, 그 배경에는 광둥 요리가 어느 정도 음식 문화 전통을 유지하고 있었던 점도 작용했지만, 홍콩 상인이 내지(內地)에 대규모 투자를 시작하는 상황을 기회로 활용해서 시장 경쟁에서 우위를 점할 수 있었기 때문이다.

종합하면, 1980년대 이전의 혁명으로 음식의 계급적 전승 세 갈래는 모두 심대한 타격을 받았다. 신해혁명 이후에, 관부 요리를 계승하던 귀족의 전통이 가장 먼저 해체되었고, 공사합영 이후에는 도시 상공업이 발전시킨 강호 요리도 크게 위축되었다. 토지혁명으로 지주와 사대부는 심각하게 타격을 받았고, 농업 집단화로 소농경제를 무너지면서 최하층의 서민 요리마저도 체계적으로 전승될 수 없었다. 그러나 다른 음식 문화와 비교하면, 그래도 하층의 음식 문화는 혁명의 소용돌이 속에서도 가장 많은 요소를 보존했다. 개혁개방 이후 음식 문화를 부흥하려고 했을 때, 대개 중하층의 음식 문화를 기반으로 했다.

개혁개방 초기에는 음식 문화의 질서가 전혀 잡히지 않아 처음부터 다시 시작해야 하는 상황이었다. 음주 문화로 예를 들자면, 상류층은 연회 때 황주를 마셨고 서민은 모임 때 주로 백주를 마셨다. 그런데 개혁개방 초기에는 본토의 백주와 황주에다 밖에서 들어온 맥주, 포도주, 브랜디 위스키까지 뒤섞여 일정한 규칙이 서지 않았다. 개혁개방 초기에 각종 식당도 여러 종류의 요리를 '복원'하려고 애를 썼다. 이들이 복원하는 요리는 각각 고유한 조리법이 있었고, 특정 소비자를 대상으로 한 것이었다. 기존의 계급 구조가 사라진 상황에서 '복원'한 요리는 어딘가가 이상했다. 혁명의 본래 목적은 '낡은 것을 혁파하고 새로운 것을 세우는 것(破旧立新)'이었지만, 옛 전통을 일소하기는 쉬웠어도 음식 문화를 단번에 다시 세우는 것은 어려웠다. 1980년대 이후 각 지역은 폐허에서 음식 문화 전통을 재건하려고 시도했다. 그러나 과연 음식에서 계급적 특성을 쉽게 배제할 수 있을까?

5.
싼 음식을 선호하는 대중

현대화의 과정에서, 주목해야 할 현상은 '싸고 자극적인 음식'이 유행했다는 것이다. 기존의 음식 문화는 거의 사라졌고, 이 와중에 '맵고 저렴한' 음식이 두드러져 전국에서 인기를 끌었다. 이런 음식은 중국인의 열정적이 현대화 건설 과정과 함께하다.

앞서 설명했듯이, 고추 자체와 고추를 주 조미료로 하는 요리는 강호 요리 혹은 서민 요리로 분류하며, 전통 사회에서 하층민이 먹던 음식이다. 1949년 이전에 이런 식습관은 사회 중하층에만 국한된 것이었고, 전통적으로 매운 음식을 먹는 지역의 도시에서도 매운 요리가 강세가 아니었다. 전통 음식 문화에 내재했던 계급적 구조가 파편화되고서야, 매운맛은 계급적 한계를 넘어 퍼져 나갈 수 있었다. 하지만 전국으로 퍼지지 못했고 여전히 늘 매운 음식을 먹던 지역에만 국한되어 있었다. 매운맛이 유행한 것은 최근 30년간 두드러진 현상으로, 음식의 상품화 및 급속한 도시화와 궤를 같이한다. 본 절에서는, 음식의 상품화를 중심으로 고추 음식이 어떻게 확산되었는지를 다루고자 한다.

강호 요리와 서민 요리는 모두 지역색이 강하며, 특히 남방의 산악 지대에 사는 가난한 서민에게 고추는 반찬으로 매우 중요했다. 그러나 서민의 가정식은 거칠어서 시장에서 인정받지 못했으므로, 가정식 고추 요리는 널리 전파되지 않았다. 매운 음식은 개혁개방 이후에야 시장에서 인정받았고, 이 유행을 이끈 것은 강호 요리였다. 즉 강호 요리가 음식의 시장화를 주도한 것이다.

고추 유행의 배경에는 매운 요리의 가격이 있다. 도시 주민은 매운 요리를 다른 요리에 비해 싸다고 생각하는 경향이 있다. 따라서 가격은 매운맛 유행을 설명하는 중요한 근거가 된다.

〈표 6〉 전통 음식 1인분의 소비자 가격

강소·절강	산동	광동	북경	하남	사천	운남·귀주	호북	호남	대만	강서	동북	신강	서북
117	115	115	99	85	66	65	64	58	56	47	46	42	39

* 출처: 다중뎬핑(大众点评)

〈표 6〉을 보면, 강소와 절강, 산동, 광동은 요리 가격이 다른 지역보다 확실히 비싸다는 것을 알 수 있다. 북경과 하남은 중간이며, 사

천, 운남과 귀주, 호북, 호남 등 전통적으로 매운 음식을 선호했던 지역은 요리 가격이 제일 비싸다. 대만, 강서, 요리, 신강, 서북은 요리 가격이 가장 싼데, 이 지역에서는 패스트푸드나 중식 사이에 있는 과도기적 요리를 선호한다. 예를 들어, 강서 지역의 식당 절반가량은 '와관탕(瓦罐汤, 토기 단지에 끓인 탕)'이라는 간판을 걸고 있고, 동북의 식당 3분의 1은 '교자(饺子)'를 간판 전면에 내세운다. 서북과 신강에는 면 전문 식당이 많은데, 그중 '란저우 라멘(兰州拉面)'은 패스트푸드점과 비슷하지만, 동시에 주문도 받으므로 식당의 포괄적 범주에 포함된다. 따라서 중식당의 유형을 엄격히 정의한다면, 사천, 운남과 귀주, 호북, 호남, 이 네 지역의 요리가 가장 저렴하면서도 매운 요리로도 매우 유명하다. 이 통계를 보면, 왜 매운 요리를 저렴하다고 인식하는지 알 수 있다.

고추 및 고추에서 파생된 조미료가 유행하는 배경에는 식품의 산업화 및 상품화도 있다. 잘 알려진 바와 같이, 기업은 이윤 극대화를 목표로 상품을 생산하는데, 그러려면 원재료가 저렴해야 하고 동시에 제품에 어떤 특징이 있어야 한다. 이에 해당하는 전형적 사례로 매운맛을 내는 조미료를 들 수 있다.

매운맛을 저렴하게 상품으로 만든 것 중에서, 지난 10년간 제일 유행한 것은 '라탸오(辣条)'이다. 라탸오는 간식의 일종으로, 주요 재료는 밀가루와 고추, 식품 첨가물 약간이다. 라탸오는 후난성 핑장현(平江县)에서 처음 만들었는데, 핑장현은 '장더우간(酱豆干, 장에 절인 두부)'을 오래전부터 만들어 왔고 지금도 현지 식품 산업의 중요한 제품이다. 1998년 장강 중하류 지역에 비가 많이 내려 작물 피해가 심각했다. 핑장현 장더우간의 주 식자재인 대두 가격이 급등했다. 이에 현지 기업은 살아남으려고 대두를 값싼 밀가루로 대체했는데, 이 와중에 면류 글루텐을 이용한 간식이 탄생한다. 간식의 맛을 개선하려고 현지 기업은 장더우간의 전통 조리법을 개량하여 단맛과 매운맛을 강화했다. 시장에 출시하자마자 반응은 폭발적이었다. 특히 경제가 낙후한 지역의 청소년이 아주 좋아했다.

후난산 라탸오가 전국에서 인기를 끌자, 또 공정이 간단해서 모방하기 쉽기도 해서 허난성도 재빠르게 라탸오 생산에 돌입했다. 허난성은 라탸오를 만들 때 두피(豆皮)에서 면피(面皮)로 바뀌어 생산 단가를 더 낮추었다. 그러자 훨씬 더 잘 팔렸다. 이때 허난성에 라탸오를 생산하는 대기업인 '웨이룽(卫龙)'이 탄생한다. 불과 십여 년 만에 라탸오가 전국을 강타했는데, 이 과정을 살펴보면, 중요한 특징 몇 가지가 있다.

1. 전통 식품을 모태로 함: 라탸오는 후난 핑장현의 전통 식품인 장더우간을 모방해서 매운맛이 두드러진다.

2. 제조 공정이 간단하여 모방과 전파가 쉬움: 가격이 저렴해 내륙의 저소득층 지역에서도 쉽게 시장을 점유할 수 있었다.

3. 맛이 강해서 보존이 쉬움: 매운 조미료가 많이 들어가 있어 자체적으로 방부 효과가 난다. 강하고 독특한 맛 덕분에, 시장의 호응을 쉽게 끌어냈다.

중국에서 지난 30년 동안, 도시화와 산업화가 진행되면서, 라탸오

외에도 매운맛 간식이 시장에서 널리 인정받았고, 주류 외식과 다른 별개의 매운맛 간식 시장이 형성되었다. 매운맛 간식은 보관과 휴대가 편하고, 맛이 강해 도시화 과정에서 시장 점유율이 더 높아졌다. 여기서 주목해야 할 사실이 있다. 국내 도시는 지역성을 탈피하고 빠르게 이주자 중심으로 전환되고 있다는 것이다. 이런 배경에서 매운맛 간식이 유행하게 된 것이다. 대도시 전체에서 이주 인구 비율이 50% 이상을 상회하고 있다.

이주자가 많아지면, 그 도시는 필연적으로 선호하는 입맛이 크게 변한다. 차이가 컸던 지역성은 어느덧 사라지고 맛이 하나로 급속히 통일된다. 현재 전국에서 가장 선호하는 맛은 매운맛이다. 중소 도시의 편의점, 잡화점에서 라탸오, 마라 작은 생선, 매운 말린 두부, 절임 고추, 매운 오리 목, 매운 잠두 등 매운맛 간식을 파는 모습을 쉽게 볼 수 있다. 이런 현상은 지역을 불문하고 곳곳에서 수없이 볼 수 있다. 남에서 북까지, 동에서 서까지 브랜드는 다르지만, 매운맛이 어딜 가도 유행한다.

왜 하필 매운맛이 중국 전국에서 유행할까? 현대 식품 산업의 기술로는 짠맛, 신맛, 단맛 나는 식품도 유통 기한을 길게 만들 수 있다. 또 조미료를 공장 생산하면 적은 비용으로 진한 맛을 낼 수 있다. 예를 들어 설탕은 아세설팜칼륨(Acesulfame K)으로, 초산(acetic acid)은 구연산으로 대체해 저렴하고 맛이 강한 간식을 생산할 수 있다. 그런데 유독 매운맛만 왜 전국을 제패했을까?

사실 매운맛 간식은 평민 전통 음식의 맛을 모방한 것이다. 1장에서 말했듯이, 장기간 농업 발전이 침체하면서, 농민의 부식은 '그저 밥 넘기기를 돕는[下饭]' 것으로 철저하게 제한되었다. 이런 상황에서 부식은 짠맛과 신맛에 중점을 두는데, 이렇게 해서 자극적 향신료를 넣어 맛을 낸 조미성(調味性) 부식이 탄생한다. 단맛을 내는 식자재는 산업화 시대 이전에는 비교적 고가였으므로 중국에서 크게 유행할 수 없었다. 즉 단맛은 전통적 평민이 선호할 수 없는 미각이었다. 산업화 시대에 들어와서는 단맛 재료를 쉽고 저렴하게 구할 수 있었지만, 중국인의 미각은 이미 굳어져 쉽사리 바뀌지 않았다. 이런 까닭으로 유럽과 북미에서는 단 간식이 절대적 지위를 차지했더라도, 중국에서는 성행하지 않았다. 매운맛과 짠맛, 혹은 매운맛과 신맛의 조합이야말로 중국인에게 가장 친숙하다. 그래서 산업화 이전에 중국 간식을 짠맛과 신맛 위주로 만들었다. 볶은 콩, 말린 두부, 땅콩, 해바라기 씨 등은 모두 짠맛이었다. 여기에 매운맛을 더하면 침 분비를 촉진하고 식욕을 돋워, 먹는 사람이 '멈출 수 없도록' 만든다. 이런 점이 매운맛 간식의 유행을 더욱 부추겼다.

산업화 시대에 출현한 평민 계층의 '젠트리피케이션(gentrification)' 개념으로 '매운맛의 유행'을 해명할 수 있다. 루스 글라스(Ruth Glass)가 처음 제시한 이 개념은, "중산층이 노동자층이 거주하던 지역으로 이사 오면서, 그 지역의 모습을 변화시키고, 결국 생활비가 점점 올라 노동자가 어쩔 수 없이 그 지역을 떠나게 되는 현상"을 가리킨다. 서구 사회에서 이 개념은, "탈(脫)산업화 시대에 생활 전반의 수준이 높아지면서, 노동자가 거주하던 지역은 점점 몰락하고, 중산층이 거주하는 지역은 점점 부상하는 상태"를 의미하기도 한다.

중국에서 고추가 유행한 배경 역시 '젠트리피케이션' 개념으로 설명할 수 있다. 고추는 원래 빈농의 음식이었으나, 중국이 산업화 시대로 접어들면서, 농민이 대거 도시로 이주했고, 동시에 고추 음식도 들여왔다. 이때 고추는 새 이주자들의 상징하는 음식이 된다. 고추에 붙었던 '시골 음식'이라는 꼬리표도 떨어지고, 산업화된 도시의 상징적 음식으로 안착한다. 고추를 먹는 이들의 사회적 지위도 계속 상승하고, 경제 상황이 개선됨에 따라, 음식 문화의 일부로서 고추 식용 문화는 더 탄력을 받게 된다. 소위 '물질이 문화 변화보다 선행(物质先于文化改变)'하는 상황이 여기서도 나타난 것이다. 이때도 고추 음식은 여전히 저렴했지만, 한편 원래의 사회 계층적 속성은 점점 흐려지고 모호해진다.

　서유럽과 북미에서 감자를 식용할 때도 상황이 비슷하다. 고추와 마찬가지로 감자도 원래는 빈곤층에서 유행했다. 300년 전 유럽에서 감자의 위치와 100년 전 중국에서 고추의 위치는 비슷하다. 모두 가난한 사람들의 음식으로, 귀족은 이렇게 새로 출현한 음식을 거부했다. 유럽인은 『성경』에서 감자가 언급하지 않으므로, 야만인의 음식으로 여겼다. 게다가 땅속에서 자라는 감자와 지상에서 곧게 자라는 고귀한 밀과 이미지가 전혀 달라 평소 음식으로 적합하지 않다고 생각했다.

　하지만 유럽의 빈곤층 음식을 까다롭게 고를 수 없었다. 감자는 수확량이 많고, 어떤 토양에서도 잘 자라며, 다양한 기후에 잘 적응하고, 빨리 영글었기에, 가난한 사람들의 식탁을 빠르게 점령했다. 귀족들은 여전히 감자를 멸시했지만, 18세기 말 무렵에는 유럽 전역으로 퍼져 나갔다. 유럽 하층민이 대거 북미로 이주하면서 감자 조리법도 함께 전파했다. 감자는 미국에 전해진 이후 계급적 구분이 사라지고, 대다수가 즐기는 보편적 음식이 되었다. 미국인 의 이런 소비 성향을 배경으로 감자튀김, 감자칩 같은 다양한 상품이 탄생한다.

20세기 중반 이후, 맥도날드를 필두로 미국의 식문화가 다시 유럽으로 전파되면서, 원래 유럽에서 멸시받던 감자는 미국 문화를 대표하는 음식으로 인식이 전환되면서, 유럽인은 감자를 패스트푸드 문화의 상징으로 받아들인다. 중국의 고추 음식과 서유럽, 북미에서 감자의 이력과 매우 닮았다. 둘 다 가난한 사람들의 음식이었고, 사회경제의 거대한 변화를 거치면서 문화적 의미와 정체성을 새롭게 부여받았으며, 산업화 시대 이후에 널리 유행한다.

6.
이주민과 맛

1978년부터 현재까지 중국에서 지구상 최대 규모로 인구의 이동이 있었다. 중국 전역에서 도시가 차지하는 비율은 1978년 17.92%에서 2016년 56.10%로 급격히 상승했다. 이런 대규모 인구 이동은 필연적으로 사회적 격변을 수반하였고, 음식 문화에도 역시 천지개벽 같은 변화가 일어난다.

급성장하는 대도시는 예외 없이 매운맛 음식의 영향을 받고 있다. 전통적으로 매운 음식을 선호하지 않았던 지대의 도시에서도 매운 음식이 유행하자, 지역의 전통 음식은 중대한 도전에 직면하게 된다. 음식 문화의 변화는 전통적 지역 도시가 현대적 이민자 도시로 전환을 보여주는 하나의 징후이며, 매운맛의 확산은 그중에서도 하나의 문화적 표징이다. 전통적 지역 도시가 현대적 이민자 도시로 전환되는 과정에서, 도시의 인문적 풍경과 자연적 경관 또한 모두 변한다. 인문적 풍경을 살펴보면, 방언의 쇠퇴, 지방 전통문화의 해체, 전통적 사회단체와 조직의 몰락, 지방 음식 문화의 약화 등은 이러한 변화를 보여주는 징후이다. 그중에서도 매운맛의 확산은 매우 눈에 띄는 현상이다. 그렇다면 어떻게 이런 변화가 발생했을까? 그 배후에는 어떤 메커니즘이 존재하는 것인가?

농촌에서 도시로의 이주가 매운 음식이 확산하게 된 주요 원인이라고 직관적으로 생각하면 쉽다. 전통적으로 매운 음식이 발달한 지역에서 도시로 이주하는 사람이 많고, 이들이 도시로 원래의 식습관을 함께 가져온다는 것이 주된 이유로 들 수 있다. 예를 들어, 사천 요리사와 농공이 베이징에서 일할 때, 농공은 사천 음식을 먹고, 요리사는 자연스럽게 사천 식당을 열면, 사천 음식은 자연스럽게 베이징에 퍼진다. 그러나 이런 직관적 이해로는 설명하기 어려운 문제 두 가지가 있다.

첫째, 매운 음식을 선호하는 지역 출신이 아닌 이주자가 들어와도, 그 도시에서 매운 음식을 파는 식당의 비율이 여전히 증가한다는 점이다. 베이징의 사례를 보면, 이주자 중 쓰촨, 후난, 구이저우, 윈난 출신은 전체 이민자의 10%도 채 되지 않는다. 이주자 상당수는 매운 음식을 선호하는 지역이 아닌 안후이, 산둥, 장쑤, 허난, 허베이, 랴오닝, 산시 등지에서 온다. 더욱이 동북 도시에서는 이러한 현상이 더욱 두드러진다. 선양(沈阳), 다롄(大连) 등지로 이주하는 이들은 동북 다른 지역 출신이며, 매운 음식을 선호하는 지역 출신은 매우 적다. 그렇지만, 이 도시에서도 매운 음식을 파는 식당의 비율은 매우 높다. 베이징, 선양, 다롄 외에도 톈진, 정저우(郑州), 칭다오(青

島), 지난(济南) 등의 도시에서도 비슷한 현상이 나타난다. 남부 도시로 이주하는 이들 중에는 매운 음식을 선호하는 지역 출신이 많다. 광둥성의 광저우, 선전(深圳)으로 이주하는 이들 중 후난 출신이 거의 3분의 1에 달하므로, 이주민과 매운 음식의 상관 관계를 설명할 수 있다. 한편, 화둥(华东) 지역의 상황은 다소 복잡하다. 상하이, 항저우, 쑤저우 같은 도시는 고추를 많이 사용하지 않으며, 이주민도 매운 음식 선호하지 않는 안후이, 장쑤, 저장성 출신이 많다.

그런데 이상한 점은, 이런 도시에서도 이주민 비율이 증가하면서 매운맛 식당도 증가한다는 것이다. 왜 이런 도시에서조차도 매운맛 식당이 증가하는 걸까?

둘째, 일반적 도시화 과정을 보면, 저개발 지역에서 발전한 도시로 터전을 옮기는 이주민은 도시의 생활 방식과 상징적인 문화를 동경하거나 받아들인다. 어떤 이주민은 도시의 가치관에 맞추려고 자기 본래 문화를 적극적으로 버리기도 한다. 이는 복장(服裝)에서 분명히 확인된다. 도시에서 일을 시작한 농공은 원래 옷차림을 고집하지 않으며, 도시인의 복장을 패션의 상징으로 받아들여 옷차림을 바꾼다. 이들이 귀향하면서 종종 도시 복장 문화를 고향에 전파하고, 때론 마을 사람이 다투어 본보기로 모방하기도 한다. 필자는 농촌에서 조사한 적이 있는데, 농가의 신주택에서 도시에서 흔한 생활 설비, 이를테면 샤워기, 좌변기 등을 자주 볼 수 있다. 익숙하지 않은 노인들에게는 쓸모가 없어 오히려 짐이 되기도 했다. 이러한 현상에서 도시 생활을 모방하려는 태도를 엿볼 수 있다. 그런데 왜 매운 고추 음식은 상황이 정반대일까? 생활 방식과 복장 방식은 모두 도시인을 따라하는데, 유독 음식만은 왜 예외일까?

우선 첫 번째 문제부터 해결해 보자. 이주민 수와 매운맛 식당 수를 비교한 결과, '인구 이동 자체가 매운 음식 문화의 확산을 이끌었을 뿐, 매운 음식을 선호하는 지역 출신 이주민이 도시로 자기 문화를 가져와서 그렇게 된 것'이 아니라고 필자는 판단한다. 매운맛 식당 수와 이주민 수는 정비례하지만, 이주민 출신 지역과는 무관했다. 이주민이 어떻게 매운맛 음식을 유행시켰는지 파악하려고, 필자는 상하이, 광저우, 선전에서 현장 조사를 했다. 그 결과 '매운 요리와 소비하는 연령 사이에 밀접한 관련이 있음'을 발견했다. 따라서 도시 인구의 연령 구조를 조사하면, 매운 요리를 소비하는 인구의 수를 대략이나마 파악할 수 있다.

상하이를 예로 들면, 상하이 이주민의 연령대는 20세에서 45세 사이에 집중되어 있다. 이 연령대는 매운 음식의 주 소비층인 '18세~40세'와 거의 겹친다. 반면, 상하이 원적(原籍)인 이들의 나이는 45세에서 60세 사이가 가장 많다. 어느 정도 고령화 추세를 보인다. 이 연령대는 매운 음식을 소비하는 집단이 아니다. 따라서 매운 음식이 이주민의 입맛이라는 주장은 정확하다고 할 수 있다.

광저우의 연령 구조도 상하이와 비슷하며, 반면 선전은 외부 유입 인구가 많고 연령대는 상하이보다 어리지만, 비율은 유사했다. 젊은 노동자가 매운 음식 소비의 주력층이며, 도시 내 이주민이 많을수록 매운 음식 소비도 증가하며 매운맛 식당도 늘어난다. 매운맛 식당이 어느 정도 늘어나면, 해당 지역 내에서 매운 요리가 유행하게 된다. 사회적 모임을 통해서 이런 유행은 확산되며, 이로써 매운맛 식당은 사회적 수요를 충족시키는 역할을 한다.

앞서 언급했듯이, 매운 음식은 값이 비교적 저렴하다. 이주민은 현지인보다 맵고 저렴한 음식을 선호하는 경향이 있다. 이주민의 외식 비율은 원적 주민보다 높고, 소득은 더 낮아서, 식비를 절약하려고 상대적으로 저렴한 매운 음식을 선택했을 가능성이 크다.

동시에 매운 음식은 이주민이 사교 모임할 때 그들의 필요 사항과 부합했다. 필자의 현지 조사에 따르면, 가정에서 식사할 때보다 외식할 때 매운 음식을 훨씬 더 많이 선택했다. 함께 식사할 때 누군가 매운맛 식당을 제안하면, 평소에 매운 음식을 잘 먹지 않던 사람도 모임을 따라 매운 음식을 먹는 경우도 많았다. 특히, 매운 음식이 어떤 한 시기 특정 지역에서 유행할 경우, 매운 음식을 먹는 행위 자체가 하나의 사교 행위가 된다. 매운맛은 사람과 사람을 이어 주는 최고의 고리이다. 매운맛은 미각이 아니라 통각이며, 매운 음식을 같이 먹는 것만으로도 공감대를 형성하는데, 소위 '동고동락[同甘共苦]'하는 것이다. 고통이라는 공감대의 이면에는 같은 상황 속에서 고통을 함께한다는 취지도 있지만, 혹은 누가 더 잘 참는지를 겨루는 의미도 숨어 있다. 예를 들어, 홍탕훠궈(红汤火锅)를 같이 먹으면서, 온몸에 땀을 흘리고, 이를 악물며 표정을 구기기도 하고, 품위 따위는 개의치 않는다. 자연히 정좌한 채 고급 연회 음식을 먹는 것보다 훨씬 더 관계를 친밀하게 만들어 준다. 도시 이주민은 친족 같은 사회적 네트워크가 부족하므로, 친구나 직장 동료 같은 사회적 관계에 많이 의존한다. 그래서 사교 활동을 더 많이 한다. 이로써 매운 음식은 더 유행하게 된다.

종합하면, 이주민의 연령 분포, 소비 능력, 그리고 사교의 필요성과 매운 음식 시장의 특성과 맞아떨어져 매운 음식이 이주민 사이에서 크게 유행했다. 따라서 매운 음식의 시장과 '도시의 매운맛 음식

문화'를 만들어 낸 것은 바로 이주민이다. 이러한 '도시의 매운맛 음식 문화'는 특정 농촌에서 유래한 것이 아니라, 도시 이주민이 함께 발명하고 창조한 것이다.

이러한 현상은 미국 이민자의 음식 문화와 매우 유사하다. 햄버거는 정통 미국 음식이지만 독일식 이름을 달고 있다. 미국식 중화요리에는 '차오짜쑤이(炒杂碎)'나 '쭤쫑탕 치킨(左宗棠鸡)' 같은 유명한 요리가 있지만, 전통 중국 요리에는 이 두 메뉴가 없다. 사실 이런 요리는 중화요리를 미국 시장에 적응시키려고 개발한 것으로, '과문화(跨文化) 경험'을 농축하고 있다. 일본식 중화요리의 '톈진판(天津飯)'이나 '중화냉면(中华冷面)'도 비슷한 사례이다. 전 세계에 퍼져 있는 중화요리는 각 지역의 고유한 발명품이며, 이 발명에는 중국 이민자의 독특한 경험이 고스란히 새겨져 있다.

인류학에서는 이런 현상을 '발명된 전통(invented tradition)'[78]이라고 부른다. 도시 거리에서 '川(천)', '湘(상)' 같은 간판을 흔히 볼 수 있는데, 이는 지명(地名)을 빌려 쓴 것에 불과하고[79], 실제로는 현대 도시가 빚은 산물이라는 것을 알아야 한다. 지방의 음식의 흔적이 조금 남아 있지만, 실제를 따지고 보면 현대 사회의 산물이다.

첫 번째 문제의 해명을 통해 두 번째 문제도 설명할 수 있다. 도시의 음식 문화 또한 낙후 지역의 이주민이 모방한 결과이다. 도시의 매운맛 음식 문화는 이주민이 고향의 식습관이 가져온 것이 아니라, 도시로 이주한 뒤 다른 주민과 함께 창조한 것으로 볼 수 있다. 근본적으로는 최근에 창조된 것이기 때문에 이주민이 도시로 막 들어왔

---

78 [英] 埃里克·霍布斯鲍姆 : 『传统的发明』, 顾杭、庞冠群译, 译林出版社, 2020年版.
79 '川(천)'은 사천 요리, '湘(상)'은 호남성의 상강(湘江)에서 유래한 후난 요리를 가리키는 약칭이다.

을 때 마주하는 '도시 매운맛 음식'은 '고향의 매운맛 음식'과는 명확하게 차이가 난다. 설령 그 이주민이 전통적으로 매운 음식을 먹는 지역 출신이라 해도 그렇다. 그들은 '도시 문화'를 수용해야 하는 처지이지, 도시가 그들의 문화를 받아들이는 것은 아니다.

7.
탈지역화하는 고추

대도시에 오래 산 어떤 시민은 자주 탄식한다. "우리 동네 분식점은 다 사라졌어. 그런데 '마라탕', '라면집', '계림 쌀국수', '샤셴(沙縣) 분식' 같은 식당은 대체 어디서 들어 온 거지?" 베이징에서 옛 '더우즈(豆汁)' 노점은 사라지고, 대신 '서우좌빙(手抓饼)'을 파는 이동식 노점이 들어섰다. 상하이에서도 옛 '훈둔(馄饨)' 노점은 줄어들고, 외지인과 관광객을 대상으로 한 '샤오롱바오(小笼包)' 가게가 많이 생겼다. 광저우에서도 옛 '죽집'은 줄어든 반면, 맛이 다른 '창펀(肠粉)' 가게들은 곳곳에 들어섰다.

현대적 이주 도시가 성립하기 전에, 중국의 도시는 지역마다 음식 문화가 뚜렷했다. 1990년대 이후 도시화가 빨라지고 이주민이 대거 도시로 몰려들면서, 현대식 음식 문화가 기존의 지역적 음식 문화를 급속히 대신했다. 이러한 현상이 전국적으로 동일하지는 않았지만, 중국 전역이 영향을 받지 않을 수 없었다. 다시 말하면, 즉 특정 지역에서 인구 유동률과 물류 발달 정도가 완전한 '탈지역화(去地域化)' 단계에 도달하지 못했더라도, '탈지역화' 현상은 지역을 막론하고 발생한다. 물론 양상과 속도는 지역마다 달랐다.

대체로 국제적으로 통용되는 분류 기준에 따르면, 인구 1,000만 명 이상은 초대형 도시로, 500만 ~ 1,000만 명은 특대형 도시로, 100만 ~ 500만 명은 대형 도시로, 10만 ~ 100만 명은 중형 도시로, 10만 명 이하는 소형 도시로 분류된다. 중국의 초대형 도시, 특대형 도시, 대형 도시는 이미 지역성 도시에서 이주민형 도시로의 전환을 거의 끝냈으며, 기존의 지역적 음식 문화는 대개 현대적 음식 문화로 대체되었다.

외래 이주민 비율이 아직 높지 않은 중소형 도시는 고유의 음식 문화를 유지하고 있다. 지역별로 살펴보면, 이주민형 도시로의 전환 속도는 동남 지역이 다른 지역보다, 해안 지역이 내륙 지역보다, 주요 교통로와 하천 인근 지역이 교통이 불편한 지역보다 더 빠르다. 전통적 지역 음식은 동부의 상업 및 문화 중심지에 집중되어 있다. 현대 대형 도시 대부분은 기존 지역 중심 도시에서 전환된 것으로, 현대 음식 문화가 전통 음식을 덮어버리는 현상이 발생한다. 이에 따라 기존의 지역 음식 문화는 현대 음식 문화의 타격으로 점차 해체되고 파편화되며, 독립성을 상실한다.

'탈영토화(deterritorialization)'라는 개념은 프랑스 철학자 질 들뢰즈(Gilles Deleuze)가 1972년 『안티 오이디푸스』에서 처음 제기했다. 넓은 의미에서, '탈영토화'는 "현대 자본주의 문화에서 인간이 주체로서 가지는 유동성, 소멸성, 분열성"을 의미한다. 철학에서는 이 개념으로 문화 세계화를 해석하며, 인류학에서는 '탈지역화'를 "문화와 지역 간의 연계가 약화되는 것"이라는 의미로 쓴다. 이러한 약화에는 문화의 주체 및 객체가 시간과 공간 안에서 탈영토화되는 현상이 포함된다. 이를 음식 문화에 적용하면, 충칭의 마라탕을 실례로 들수 있다. 이른바 '공간적 연계의 약화'란 '사물의 주체'로서 마라탕과 지리적 공간의 관계가 점차 약화되는 것을 의미한다. 또, 마라탕을 만드는 사람과 소비하는 사람은 '사물의 객체'로서 역시 본래의 지리적 공간인 충칭에 한정되지 않는 것을 말한다. 한편 '시간적 연계의 약화'란 마라탕의 기원과 전파 과정이 다른 장소에서 끊임없이 재현되면서, 본래 지역 문화로서의 마라탕이 시간적 진정성을 상실하게 되는 현상을 뜻한다.

현대적 식문화가 지역의 전통적 식문화를 대체할 때, 물류의 비약적 발전과 인구의 잦은 이동이 결정적 역할을 했다. 미국 인류학자 조나단 프리드먼(Jonathan Friedman)은 이렇게 말했다.

> 현대 사회로 접어들면서, 개인은 자기 지역에서 벗어나서 다른 문화를 경험하기 시작했고, 음식과 지역 간의 긴밀한 지속적 관계를 해체함으로써 '탈영토화' 현상이 발생한다.[81]

따라서 현대적 식문화의 기본적 특징은 바로 '인간의 유동(流動)'과 관계가 밀접하다. 도시 이주민 같은 유동 인구가 현대적 식문화를

---

80   Gilles Deleuze and Félix Guattari.1 972. *Anti-OEdipus*. Trans. Robert Hurley, Mark Seem and Helen R. Lane. London and New York:Continuum, 2004.

81   [美] 乔纳森·弗里德曼:『文化认同与全球性过程』, 郭健如译, 商务印书馆, 2003年版。

형성했고, 이런 신문화는 급격한 도시화와 더불어 발전했다. 이 식문화는 이제 지역적 산물에만 전적으로 의존하지 않지만, 그래도 과거의 지역적 식문화에서 일부를 차용하기도 한다. 예를 들어, 특정 재료를 사용하거나, 특정 지역의 맛을 최대한 모방하는 경우를 들 수 있다. 도시에서 '란저우 라몐'을 만들 때 본래 지역의 면, 소고기, 사골 등을 최대한 재현하는 것이 대표적인 실례이다. 이 음식의 구체적 재료는 과거의 것이지만, 그것을 재구성하면 현대적 음식으로 완전히 새롭게 탄생한다. 전국 각지에서 '란저우 라몐' 혹은 '마라탕'을 판매하는 식당은 원산지를 재료를 사용하지 않고, 산업적으로 가공한 냉동 면과 냉동 소고기를 전국적 유통망을 통해 구입한다. 예전처럼 가게에서 육수를 직접 끓이지 않고 획일화된 공장 육수를 사용한다. 따라서 현대적 음식은 세계화 현상의 표현이자 현대성의 구현이라고 할 수 있다.

중국의 현대적 음식 중에서 주목해야 할 특징 몇 가지가 있다. 전국에서 유행하는 음식 브랜드로는 맥도날드, KFC, 버거킹, 회전 초밥, 한구시 불고기와 같은 외래 음식이 있고, 전주나이차(珍珠奶茶), 룽허더우장(永和豆浆), 치킨까스(炸鸡排)처럼 대만에서 온 것도 있다. 화북에서 유래한 것은 젠빙과쯔(煎饼果子), 샤오페이양(小肥羊) 등이며, 서북에서 란저우 라몐, 양꼬치가 왔다. 사천에서 마라탕, 훙탕훠궈(紅湯火鍋), 충칭샤오몐(重庆小面) 등이 유래했고, 화남에서 구이린 쌀국수, 차찬팅(茶餐厅), 사셴샤오츠(沙县小吃)가 유래했고, 최근 유행하는 차오산 소고기 훠궈(潮汕牛肉火锅)도 화남이 원산이다.

이렇게 앞서거니 뒤서거니 도시에서 유행한 현대적 음식의 특징을 필자는 네 가지 유형으로 정리했다.

1. 메뉴의 간소화: 메뉴 품목을 점점 줄이고, 주력 품목 두세 가지만 남기거나 심지어 한 가지에만 주력한다.

2. 조리의 표준화: 복잡한 인위적 요소를 최대한 배제하고, 요리사의 참여를 줄여 조리 과정을 통일하며, 몇 시간만 교육해도 작업할 수 있도록 한다.

3. 재료의 통일: 현대 물류의 장점을 활용한다. 전국 물류망을 통해 빠르고 저렴하게 재료를 공급받으며, 동시에 원재료의 일관성을 확보한다.

4. 조미료 배합: 산업화된 조미료로 맛을 유지한다. 대부분 식당은 고유한 조미 비법을 가지고 있는데, 이는 공개하지 않는 중요한 자산으로 자본가의 소유이다. 자본가는 조미료를 산업화하여 상품을 통일해 각 점포에 공급한다. 산업화된 식자재에는 원재료의 본연의 맛이 부족한데, 강한 조미료로 이 결점을 가린다.

중국 본토의 현대적 음식 중 하나를 실례로 들자면, '훠궈'는 상술한 특징과 부합한다. 홍탕 훠궈, 샤오페이양, 차오산 소고기 훠궈, 마라탕 등 훠궈 계통의 요리는 요리사의 개입을 최대한 줄여서 인위적 요소를 많이 배제시켰다. 또한 훠궈 육수를 청탕(맑은 탕)과 홍탕, 위안양(鴛鴦) 등 몇 가지로 줄였다. 이를 통해 소비자에게 강렬한 인상을 남기면서 동시에 복잡한 메뉴를 단순화할 수 있었다.

훠궈는 현대 물류에 많이 의존한다. 물류가 현대화되기 전에는, 내몽골의 어린양 고기나 차오산(潮汕)의 황우(黃牛) 고기처럼 지역색이 뚜렷한 식자재가 전국적으로 유행하기 어려웠다. 한편 식자재를 냉동시켜 표준화하면, 원자료의 고유한 풍미가 사라지므로 조미료로 맛을 낼 수밖에 없다. 훠궈의 맛은 베이스 양념과 육수[火锅底料]가 좌우지한다. 양념이 평범하면 누구나 따라할 수 있으므로, 전국 시장에서 점유율을 어느 정도 확보한 훠궈 브랜드는 모두 고유한 레시피를 가지고 있다. '샤오페이양'과 '홍탕훠궈'는 육수가 독특한 반면, '차오산 소고기훠궈'는 '청탕'을 사용하므로 육수로 맛을 내기 어렵다. 그래서 차오산 소고기 훠궈는 소스인 사오차장(沙茶酱)을 브랜드의 상징으로 삼는다.

'롱허더우장', '대만식 치킨까스', '한국식 불고기'는 이 네 가지 규칙과 완전히 부합한다. 전주나이차는 메뉴가 단순하고 인위적 요소를 최소화한다. 현대 기계를 사용하는 거의 모든 음료를 만든다. 식자재는 현대 물류에 크게 의존하고, 주요 메뉴는 고유의 레시피에 따라 만든다. 롱허더우장, 대만식 치킨까스, 한국식 불고기도 이와 특징이 유사하다. 패스트푸드 중 특히 주목할 만한 것은 '란저우 라멘', '사셴샤오츠', '충칭 샤오멘', '구이린 쌀국수' 등의 가게다. 이것은 첫째, 셋째, 넷째 규칙과는 대체로 부합하지만, 둘째 규칙인 '조리의 표준화'와 어긋난다. 이 패스트푸드는 다른 음식과 유형이 매우 다르지만, 여전히 인위적 요소의 흔적은 남아 있다. 예를 들어, '란저우 라멘'의 경우 면이 딱딱하거나 부드럽거나 하는 차이가 있고, 육수 맛도 식당마다 약간씩 다르다는 것을 자주 볼 수 있다.

'구이린 쌀국수'와 '충칭 샤오멘' 역시 표준이 들쑥날쑥하며, 면의 식감, 육수, 토핑이 가게마다 다르다. 두안잉(段穎) 등의 연구자가 시행한 조사에 따르면, 찐만두와 비빔면 같은 메뉴가 '사셴샤오즈'를 대표하는 메뉴라고 한다. 조금만 주의해서 보면, 각 지역 '사셴샤오즈'에서 찐만두를 내놓을 때, 그릇까지 놀라울 정도로 일치한다는 것을 알 수 있다.[82]

그런데 '사셴샤오즈'가 지역마다 다르다는 것을 가볍게만 볼 수 없다. 스튜(stew)를 파는 점포도 있고, 심지어 '황먼치킨덮밥(黃燜雞米飯)'를 파는 점포도 있다. 이런 패스트푸드를 총괄하는 협회는 규격화하려고 노력하지만, 점포마다 자본 규모가 달라 쉽지 않다. 그러므로 한 브랜드가 수준 높은 일관성을 유지하기는 몹시 어렵다. 란저우 라멘을 예로 들면, 면을 뽑으려면 사람 손이 많이 가서 표준화하기 쉽지 않으며, 또 소스나 양념의 품질도 완벽하게 통제하기 어렵다. 그래서 브랜드 가맹점일지라도 제품의 일관성이 떨어지기도 한다. 몇몇 체인 브랜드는 본사가 가맹점에 조미 재료를 강매해, 이를 통해 수익을 내기도 한다. 어쨌든 라멘은 조리 과정에 따라 맛이 천차만별이다.

중국의 도시화 과정에서, 지역의 전통적 음식 문화가 현대적 식문화로 대체되는데. 이런 현상은 전(全) 지구적 현상이기도 하다. 미국, 서유럽 등 전통적 선진국은 이미 1950~60년대에 이런 변화를 겪었다. 하지만, 최근 중국에서도 미국의 '맥도날드'처럼 본사와 직영점, 가맹점 관계 같은 사업 형태가 성행하는데, 미국과 유사한 측면도 있지만, 아닌 측면도 있다. 미국에 '웬디스(Wendy's)', '칼스 주니어(Carl's Junior)' 등 맥도날드를 모방한 햄버거 브랜드가 많은 것처럼,

---

82　段穎、梁敬婷、邵荻:『原真性、去地域化与地方化──沙县小吃的文化建构与再生产』, 载『北方民族大学学报(哲学社会科学版)』, 2016年 第6期, 第74-79页.

중국에도 '양궈푸 마라탕(杨国福麻辣烫)', '위린 촨촨샹(玉林串串香)' 등 마라탕 브랜드가 여럿 존재한다. 하지만 전국적 브랜드가 도시 내 소점포를 가장 많이 낸 것은 아니다. 계산 가능성과 규범적 판단성 측면에서 비교하자면, 중국의 현대적 식문화는 미국에 비해 약한 편이다. 현재 중국 브랜드는 조미 배합 방식을 통일하고 서비스를 표준화하면서 조리와 서비스 전 과정에 걸쳐 일관성을 유지하려고 애쓰고 있다. 하지만 중국 내 지역마다 선호하는 맛의 편차가 워낙 심하고 또 자본이 분산되어 있어, 중국의 현대적 식문화는 여타 국가와 다른 행보를 보인다.

중국의 현대적 음식 중에서 매운맛을 대표하는 음식은 '마라탕', '훙탕훠궈', '충칭 샤오몐'이다. 이 셋은 양념을 표준화해서 대량 생산함으로써 이미지를 통일한다. 이것이 이 세 브랜드에서 가장 눈에 띄는 점이다. 앞서, 필자는 맥도날드의 지표 네 가지가 중국 식품 산업의 현대화 과정에서도 동일하게 구현되는 점을 지적했었다. 중국에서 실제 적용할 때 일부는 미국과 다소 다르지만, 전체적으로는 같은 유형에 속한다. 현대적 음식 중 매운맛 대표격이 이 셋은 모두 데치고 끓이는 방식으로 조리하고, 이 과정에서 요리사의 개입을 최소화한다. 특히 훠궈는 아예 '요리사'라는 직책 자체를 없애고 손님이 직접 조리하도록 함으로써, '판단 가능성', '계산 가능성', '통제 가능성'을 가장 잘 구현하는 형태라 할 수 있다.

필자는 앞서 중국 음식 현대성의 네 가지 특징, 즉 메뉴의 간소화, 조리의 표준화, 재료의 통일, 조미의 배합을 제시했는데, 이 셋 음식은 이 모든 특징들과 부합한다. '촨탕(汆烫, 끓는 물이나 육수에 데치거나 삶은 방식)'을 도입함으로써, 주방에서 해야 하는 복잡한 과정을 생략할 수 있다. 또 재료를 표준화/정량화하므로 재료의 통일성을 유지할 수 있고, 또 현대적 물류를 통해 쉽게 공급할 수 있다. 메뉴 구성도 단순화해서, 훠궈의 맛을 몇 가지로 제한했다. 이는 마라탕도 마찬가지다. 촨탕 음식에서 소스가 제일 중요한데, 이 소스를 표준화함으로써 본점에서 대량 생산해서 가맹점으로 배송할 수 있게 된다.

분명히 조미료를 배합할 때 고추를 가장 선호한다. 매운맛은 다른 맛과 확연히 구분되어 인상도 또렷이 남기 때문이다. 냉동식품을 많이 취급할 수밖에 없는 물류 특성상 원재료보다 맛이나 식감이 떨어질 수도 있는데, 매운맛으로 이를 가릴 수도 있다. 따라서 고추를 사용하면 식자재(유통기한이 임박한 식품 포함)를 최대한 활용할 수 있다. 매운맛은 침 분비를 촉진하여 더 빨리, 더 많이 먹도록 유도해 식당의 수익에 도움이 된다. 게다가 매운맛은 다른 맛과도 쉽게 결합하므로, 독특한 향신료 조합을 만들 수 있다. 그래서 기업은 자체만의 고유한 비법을 가질 수 있다. 한편, 고추에도 치명적 약점이 있다. 매운맛을 싫어하는 소비자는 조금만 매워도 해당 음식을 선택하지 않는다는 것이다. 하지만 도시화가 진행되면 될수록, 매운맛을 선호하는 소비자가 늘고 있다.

필자는 상하이, 광저우, 선전에서 대면조사를 진행하면서 다음과 같은 결론을 얻었다. 전통적으로 매운 음식을 먹었던 지역이 아니더라도, 18~40세 상주자는 매운 음식을 잘 먹었다. 반면, 40세 이상은 상시 거주지에 따라 매운맛에 대한 선호도가 달랐다. 이로써 도시의 외식 주력층 사이에서 매운맛이 이미 보편화되었음을 알 수 있다. 전통적으로 매운 음식을 선호하지 않았던 지역에서 온 젊은이 중 상당수가 "매운 음식을 먹지 않으면 친구, 동창, 직장 동료와 회식이나 모임을 하기 어렵다"라고 인터뷰에서 밝혔다. 그중 몇 명은 집에서는 전혀 매운 음식을 먹지 않지만, 대학 동기나 직장 동료의 영향으로 먹게 되었다고 말했다. 흥미롭게도, 광둥 출신 한 대학생은 "룸메이트가 모두 광둥 사람이지만, 회식할 때는 종종 샹차이(湘菜, 후난 요리)나 촨차이(川菜, 사천 요리) 식당에 간다"라고 했다. 이런 식당은 대체로 가격이 저렴해, 학생이 감당할 수 있는 수준이기 때문이다.

도시 거주민은 갈면 갈수록 고추를 점점 더 많이 사용한다. 최근 조사를 따르면, 중국 인구의 약 절반이 매운 음식을 먹는다고 한다. 물론 이 비율은 도시가 더 높다. 매운맛을 두드러지게 하는 조미료 상품도 점점 보편화되고 있고, 중국 특유의 '데쳐 먹는' 현대 음식이 유행하자 매운맛 조미료의 역할도 더 중요해졌다.

미국에서 햄버거가 유행한 것은 음식 자체의 속성이 큰 요인으로 작용한다. 햄버거는 다음과 같이 만든다. 빵 두 조각 사이에 치즈 한 장, 갓 구운 소고기 패티 한 장, 오이 피클 두 조각을 끼우고, 마요네즈나 케첩을 바른다. 때론 양상추나 양배추 잎 몇 장, 혹은 베이컨 두 줄을 추가하기도 한다. 어쨌든 빵, 패티, 치즈는 반드시 포함해야 한다. 빵, 패티, 치즈, 이 세 가지는 규격을 표준화하면 대량 생산이 가능하며, 냉동 유통으로 각 매장까지 직접 운송할 수 있는 식자재이다. 품질의 일관성을 유지하려고, 패티 굽는 시간을 초 단위까지 정확하게 맞춘다. 처음에는 사람이 직접 했지만, 요즘은 기계로 대체하기도 한다. 햄버거는 속성상 표준화된 공정으로 생산하기 쉽고, 따라서 품질에도 편차가 많이 발생하지 않는다. 또한 햄버거는 한 끼 식사의 필수 요소―탄수화물 식품, 육류, 채소―를 모두 포함하고 있다. 물론 그 비율이 정확한 것은 아니다.

마찬가지로, 마라탕, 훠궈 같은 '데쳐 먹는[永烫]' 유형의 음식이 중국에서 유행하는 것도 음식의 속성과 관련이 매우 깊다. 겉보기에는 햄버거와 전혀 다른 것 같지만, 실제로는 공통점 몇 가지가 있다. 마라탕의 재료로는 두부 꼬치, 메추리 알, 소고기 완자, 유부, 상추, 팽이버섯, 소고기 슬라이스, 배추, 소시지, 어묵, 게맛살, 햄, 오징어 절편 등이 있다. 일견 종류가 매우 다양해 보이지만, 채소류를 제외하면 대부분 냉동식품이고, 채소류 역시 사계절 구하기 쉬운 것이 주를 이룬다. 마라탕은 육수로 맛을 내며, 냉동 재료를 정해진 대로 데치면 육수를 더 우려낸다. 그런 다음 손님은 취향대로 소스를 선택해 육수에 더하는 것이 보통 마라탕의 조리 절차이다.

이 과정에서 요리사의 영향력은 매우 적다. 데치는 시간 외에 거의 모든 요소를 통제할 수 있다. 효율성 측면에서 볼 때, 마라탕은 확실히 매우 효율성이 높은 음식이다. 요리사에 고액 연봉을 줄 필요도 없고, 요리사가 바뀌어도 영향을 받질 않아 맛의 일관성도 쉽게 유지할 수 있다. 마라탕은 소비자가 재료를 직접 선택하므로 주방 운영에도 부담이 크지 않다. 그래서, 마라탕을 '중국의 햄버거'라고 부르는데, 이는 매우 적절한 비유이다.

8.
변방의 고추

중국은 영토가 매우 넓어, 지역마다 음식 문화가 다를 수밖에 없다. 지역끼리 영향을 주고받으며, 나아가 중국 음식 문화 전체에 크고 작은 영향을 미친다. 지역끼리 교류하고 또 융합하면서 매운 음식 문화를 주고받았고, 그 결과로 오늘날의 매운 음식이 탄생했다. 이 중국 고유의 음식은 여러 요소가 섞인 다원성을 띤다.

여기서는 매운맛이 두드러진 변방 음식을 논의한다. 서북, 고원, 서남, 해외 동남아 화교의 총 네 가지 유형이 있다. 여기서 다루는 '변방'은 단순히 지리적 변방만을 의미하지 않고, 문화적 변방 즉 광의의 변방을 뜻한다. 해외에 거주하는 중국인과 정착한 화교들은 중국 음식 문화를 계승하고 전파하는가 하면, 동시에 중국 음식 문화를 바꾸고 있다. 해외 중식은 현지 음식의 흔적이 뚜렷하며 현지인의 입맛에 맞추려고 조정을 많이 했으나, 여전히 중국 음식의 문화적 전통 어느 정도 유지하고 있다. 이런 해외 중국 음식 문화가 바로 문화적 변방이다.

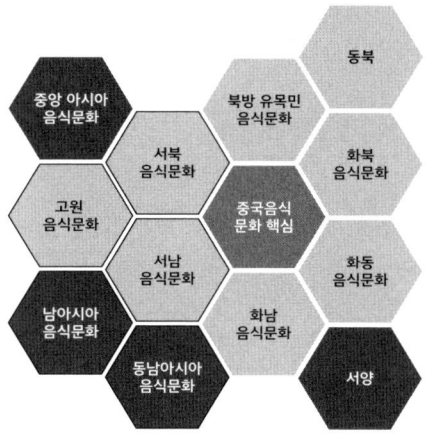

〈도표 6〉 중국 음식 문화 핵심과 주변

〈도표 6〉은 중국 음식 문화의 핵심과 변방의 관계, 그리고 유형이 다른 각 지역 음식 문화가 서로에게 미치는 영향을 간략하게 형상화한 것이다. 육각형이 인접하면 할수록 서로 간의 영향력이 크다는 것을 의미한다. 여기서 말하는 '중국 음식 문화의 핵심'은 특정한 요리나 특정 지역을 뜻하는 것이 아니라, 중국 각 지역 음식 문화에 내재하는 공통분모를 뜻한다.

'변방'은 중국 음식 문화가 인접한 다른 음식 문화와 충돌하고 얽

히면서 뚜렷한 이국적 특징을 가진다는 의미이다.

중국은 영토가 넓고 또 민족 구성도 다양하다. 한족(漢族)이 주체인 핵심적 음식 이외에도, 몽골족을 필두로 하는 북방 유목민 음식, 장(藏)족과 강(羌)족의 고원 음식, 위구르족과 회족의 서북 음식, 그리고 태족(傣族), 묘족, 장족(壯族), 이족(彛族), 와족(佤族) 등 서남 소수민족을 대표로 하는 서남 음식이 있다. 이 넷 유형은 음식은 차이가 크게 난다. 중국 내 소수민족의 음식은 정도의 차이는 있으나 중국의 핵심 음식의 영향을 받았으며, 동시에 역으로 영향을 끼치기도 했다. 매운맛 상식(常食)은 서남 산지 소수민족에서 유래했고, 이후 한족 음식에 영향을 많이 미쳤다. 다시 다른 변방 음식으로 퍼져나갔다.

오늘날 같은 세계화 시대에는, 중국 음식도 불가피하게 해외 음식과 상호 작용하면서 영향을 주고받는다. 지난 100여 년간 서유럽 문명이 강세여서, 현대 중국 음식도 서유럽과 미국에서 영향을 많이 받았다. 한편, 중국 음식은 화교의 적극적인 노력으로 경계를 끊임없이 확장해 왔으며, 20세기 말에는 인류가 거주하는 전 지역에 중식의 흔적이 보인다. 중국 음식은 해외로 확장되면서도, 동시에 그 자체도 영향을 받는데, 화교가 현지인 입맛에 맞도록 중식을 지속적으로 개량했고, 이것이 다시 중국 본토로 유입되었다. 그 결과로 본토 음식은 해외 요소를 더 많이 수용하게 되었다. 해외 음식 중에서 본토의 품위와 지향에 걸맞으면, 본토는 적극적으로 흡수하는데, 특히 문화지리적으로 가까운 동남아시아의 음식이 본토의 매운맛 음식을 지대한 영향을 미치고 있다.

음식 문화의 상호 작용에는 '고지(高地)'와 '와지(洼地, 웅덩이 같은 저지를 말함)'라는 두 유형이 있다. 보통 내용이 풍부한 음식이 빈약한 음식으로 흘러간다. 반대로, 약한 쪽은 항상 인접한 강한 쪽의 영향을 받는다. 예를 들어, 쯔중쥔(资中筠)이 『문화 제도로 본 현대 중국의 계몽(从文化制度看当代中国的启蒙)』에서 말했듯이, "문화에는 와지 효과가 있어 항상 높은 곳에서 낮은 곳으로 흐른다." 음식에서 '내용'이란 '특정 음식에서 재료 선택, 조리 방식의 다양성, 음식 의례의 복잡성, 음식에 관한 다각적 가치 판단, 역사적 기원과 다원성' 등을 의미한다. 어떤 음식이 문화적 내용이 비교적 풍부하면, 상대적으로 빈약한 곳으로 지속적인 영향력을 행사한다.

다음에 제시한 몇 가지 조건에 따라 어떤 집단의 음식이 문화적으로 풍부한지 아닌지가 결정된다. 지리 환경이 복잡한 정도. 지리와 기후는 인간의 생계 방식을 결정한다. 어떤 집단의 생업이 어업이나 목축업뿐이라면, 그들의 식문화는 당연히 어업 산품이나 목축업 산품을 중심으로 형성된다. 이로 인해, 그들의 식문화는 '내용'에서 빈약할 수밖에 없다. 이를테면, 몽골인의 전통적 생업은 유목 위주였고, 그들의 식문화는 고기와 유제품을 중심으로 발전했다. 기후 또한 마찬가지로 중요하다. 예컨대 러시아인은 대체로 한랭 온대와 아한대 기후대에서 생활하며, 국토는 광활하지만, 날씨가 지나치게 추워 산물이 극히 제한적이므로 식문화가 발전할 여지가 좁았다. 반대로 일본은 국토가 러시아보다 훨씬 작지만, 기후는 더 다양하다. 일본 남부의 오키나와 열도에서는 바나나, 사탕수수, 파인애플과 같은 열대 식물을 재배할 수 있고, 북부 홋카이도에서는 참게나 연어와 같은 한대 해산물을 포획할 수 있다.

일본의 어업은 세계적으로 유명하고, 이외에도 고베규(神户牛), 마쓰사카규(松阪牛)와 같은 축산 산물도 나오며, 쌀, 밀, 대두도 모두 재배한다. 중국은 더욱 다양한 기후대에 걸쳐 있어, 각양각색의 산지 산물이 헤아릴 수 없을 정도이다. 무역과 이민 역시 식문화의 문화적 내용을 결정하는 중요한 요소이다.

기후대가 다양하지는 않지만, 해외 식민지를 광대하게 개척함으로써 외부의 다양한 식품을 받아들이고 활용하는 경우도 있다. 영국의 식문화를 예로 들 수 있다. 영국은 브리튼 제도 같은 본토뿐만 아니라, 유럽 대륙과 무역을 통해서, 더 나아가 해외 식민지에서 식자재를 들여온다. 영국의 홍차는 복합 무역의 대표적인 사례로, 인도산 홍차, 본토의 우유, 카리브해산 설탕이 어우러져 영국식 차 문화를 형성한다.

영국은 해외 식민지를 개척하면서 무역도 겸했는데, 이때 영국 식문화가 해외로 전파되었다. 예를 들면, 홍콩의 찻집은 영국 식문화를 대거 차용하여, 밀크티, 레몬티, 토스트, 샌드위치 등을 선보였다. 동시에 세계 각지의 식문화가 점차 영국 본토로 스며들었는데, 인도산 카레는 영국에서 뿌리를 내려 영국식 순한 카레 음식으로 발전했다. 영국과 비슷한 사례로 포르투갈, 스페인, 프랑스가 있으며, 이들 국가도 식민지 개척과 해외 무역을 통해 자국의 식문화를 크게 발전시켰다. 반대로 식민지 개척과 해외 무역에서 성과가 크지 않았던 독일과 동유럽 국가에서는 식문화가 자국의 산물에 제한된다.

한편 정치 구조도 중요한 내적 요인이다. 집단 내 생산이 풍부하고 해외 무역도 활발하지만, 식문화를 발전시키지 못한 경우도 있다. 예를 들어 동남아의 말레이인과 타갈로그인이 그런데, 이는 정치 구조가 비교적 단순했기 때문이다. 사회 계층이 다양하면 식문화에 대한 가치 판단도 다양하다. 예컨대 프랑스에는 유럽식 궁정 요리, 변경 귀족 요리, 평민 요리 등 다양한 계급적 성향이 공존하며, 식문화에 대한 가치 판단이 다층적이다. 식민지 이전 동남아에는 왕과 부족장 계급이 존재했지만, 정치와 계급 구조가 지나치게 단순하여 대개 부족장이 평민을 직접 통솔했으며, 그사이 중간 계층이 없었다. 그래서 전반적으로 식문화의 양상이 다양하지 않았고, 가치 판단도 단순했으며, 특정 계파도 형성되지 않았다.

식문화는 보통 '고지(高地)'에서 '와지(洼地)'로 흐르지만, 특정한 시기에는 반대의 경우도 발생한다. 정치적 지위가 갑자기 바뀔 때, 대개 이런 현상이 발생한다. 남북조 시대가 좋은 실례이다. 북조의 호인(胡人) 통치 계급은 자신의 식문화를 한족(漢族)의 일상으로 유입시켰으나, 남조에서는 이런 현상이 일어나지 않았다. 원나라와 청나라 초기에도 몽골과 만주 귀족의 식문화를 피지배 한인들이 추종해서 많이 받아들였다. 이러한 현상은 중국뿐 아니라 페르시아, 인도, 비잔티움 등 고대 문명국에서도 나타난다. 그러나 이러한 상황은 보통 오래가지 않았고, 정복자의 식문화는 곧 다수의 피정복민에게 흡수·융합되어, 그 경계가 사라지게 된다.

동남아 화교 음식 속의 고추

동남아 화교가 고추를 가장 먼저 접한 중국인이었을 가능성이 크다. 그래서 동남아 화교의 음식에는 고추가 매우 두드러진다. 이뿐만 아니라, 본토에서는 희귀한 향신료들도 동남아 화교는 두루 사용했다. 이 현상은 중국인이 동남아로 이주하고서 겪는 생활과 밀접하게 관련되어 있다. 동남아시아는 세계에서 중요한 향신료 산지로, 400여 년 전 유럽 식민자들이 이 땅에 도착했을 때, 이 동인도 섬 지역을 '향신료 군도(Spice Islands)'라고 불렀다. 서양 식민자들보다 훨씬 앞서, 명나라 초기부터 중국인 상당수가 동남아에 정주한 것이다. 이들은 주로 상인과 해적으로, 해상 무역의 편리를 위해 동남아 곳곳에 무역 중계지와 거점을 세웠다.

말라카(Malacca)는 그중에서도 매우 중요한 곳이다. 말라카의 부킷 차나(Bukit Cina)—한자로는 삼보산(三保山)—묘지에는 1만 2천여 기의 화인(華人) 무덤이 있으며, 그중 수십 기는 명나라 시대의 것으로, 이는 명대에 중국인이 말라카에 정착했다는 명확한 증거가 된다. 16세기 동남아에서 화인은 말레이반도의 말라카('만랄라카'라고도 함), 수마트라섬의 팔렘방(Palembang), 자와 티무르 섬의 수라바야(Surabaya) 등지에 주로 거주했다. 이외에도 루손과 보르네오에도 화인 수천 명이 거주했다. 초기 화인의 후손을 요즘은 '쁘라나칸(Peranakan)'이라 부르는데, 이 말은 말레이어와 인도네시아어로는 '외래 이민자의 토착 후손'이라는 뜻이다. 현지 푸젠-말레이 혼합어에서는 '바바 냐냐(Baba Nyonya)'라고도 부른다.

'니양러(娘惹 Nyonya)'는 동남아 화교의 식문화에서 중요한 요리이다. 현지 화교가 자랑스럽게 여기는 대표적인 특색 요리이다. 이름에서 알 수 있듯이, '쁘라나칸(Peranakan)' 문화권에서 '엄마(妈妈)'가 만든 음식이라는 뜻을 지닌다. 이 요리는 동남아 현지의 진한 향과 맛을 풍기면서도 중식의 조리 형태를 유지하고 있다는 점이 특징이다.

청나라 중기 이전 남양에서 생계를 꾸린 화교 중 대부분 남성이었으며, 일부는 고향에 아내와 자녀가 있었고, 일부는 미혼이었다. 명청 시기 해금(海禁) 정책 때문에 민간 해외 무역은 천조(天朝, 중국 본토) 밖에서 거점을 세워야 했는데, 기혼 남성은 동남아에 도착하면 현지 여성을 첩으로 삼는 관습이 있었다. 명대 문헌인 『수역주자록(殊域周 咨錄)』에도 이러한 내용이 나온다. 거래는 모두 여성이 담당했다. 당나라 사람이 그곳에 도착하면 먼저 현지 여성을 아내로 맞이했는데, 이는 무역에 도움에 되었기 때문이다. 꼭 무역 때문이 아니더라도, 화교 남성은 남양에서 장기간 살아야 했으므로, 생활을 돌봐줄 사람을 구하고 이국에서의 외로움을 달래려고 그렇게 했다. 역대 문헌에는 동남아 화교의 '두 집 살림(兩頭家)' 관한 기록이 적지 않다.

니양러는 중국 음식이 동남아시아에서 현지화된 대표적인 사례이다. 싱가포르와 말레이시아 화교가 만든 하이난 치킨 덮밥에는 반드시 매운 고추 소스가 함께 나오며, 화교의 카레 요리와 삼발 벨라칸(sambal belacan, 새우장)에도 강한 고추 양념을 사용한다. 원래 매운 음식을 잘 먹지 않던 민난, 광둥 출신도 동남아시아 현지에서 매운맛을 받아들여, 새로운 맛을 만들어 냈다. 동남아시아 화교가 고추를 접한 시기는 중국 본토보다 훨씬 빠르다. 16세기 초 포르투갈인이 말라카에 고추를 들여와 현지에 널리 재배했다. '싱가포르-말레이시아 화교'의 매운 음식은 분명 현지에서 형성된 것으로, 이들은 고추를 본토 음식에 응용하여 자신들만의 독창적인 매운 음식을 발전시켰다.

고원 음식 속의 고추

중국 칭장(青藏)고원 지역의 민족 식문화는 외부 영향을 많이 받아 복합적이지만, 고원 지역 자체로는 식문화의 내용이 다소 빈약하다. 일단 고원이라는 기후 제약으로 말미암아 식자재가 다양하지 않고 생업 역시 단촐한 데다가, 오랜 기간 종교가 강세를 보여 온 탓에 음식의 문화적 내용은 더욱 제한되어 왔다. 그래서 칭장고원은 식문화의 '와지'가 되었으며, 외래 식문화가 쉽게 스며들었다. 이 고원 지역은 동쪽의 사천, 북쪽의 서북, 남아시아에서 들어온 식문화의 영향을 많이 받았다. 사천과 서북 지역의 식문화는 중국 전체의 미식 지형에서 상대적으로 주변부에 속하며, 남아시아는 국외의 식문화에 속한다. 이 세 곳의 식문화는 모두 강렬한 매운맛이 특징인데, 그래서 고원 지역의 음식도 매운맛이 두드러진다.

남아시아 음식에서 인도 카레의 영향력이 가장 두드러진다. 인도 카레의 매운맛은 종류가 아주 다양하며, 남아시아 음식은 보통 향신료 여러 가지를 섞어 매운맛을 낸다. 적게는 6~7가지, 많게는 10가지 섞어 다양하고도 새로운 맛을 낸다. 칭장고원의 음식은 카레를 단순화한다. 향신료 가지 수를 크게 줄여, 10가지 이내로 제한한다. 사천 음식도 고원 음식에 영향을 많이 미쳤다. 티베트는 오랫동안 중앙에서 재정 지원을 받아온 지역으로 물가 수준이 높아서, 많은 사천 사람이 티베트에 와서 식당을 열고 외식업에 종사했다. 사천 음식의 영향이 뚜렷했는데, 그 와중에도 복잡다단했던 사천의 풍미가 티베트에서는 마라(麻辣)와 샹라(香辣) 두 맛으로 단순화되었다. 풍미가 단순해지자, 매운맛은 더 부각되는데, 그래서 '티베트의 사천 요리가 본지보다 맵다'라는 인상을 준다.

서북 음식도 사천 음식만큼 고원 지대에 영향을 미쳤지만, 다른 점이 있다. 사천 음식은 주로 이주한 한족이 전파했지만, 서북 음식은 티베트족끼리 문화를 교류하면서 주고받는다. 청해(靑海) 치롄산(祁连山) 이남 지역은 한족, 장족, 회족이 섞여 사는 곳으로, 이 지역은 서북 음식과 고원 음식이 지나가는 지대로 여러 지역의 맛이 섞여 있다. 치롄산 이북 허시쩌우랑(河西走廊)의 음식은 서북 음식과 거의 비슷하다. 치롄산 이남, 창해 북쪽에 사는 장족의 음식은 서북 음식의 틀과 매우 가깝다. 고원 민족은 이 지역 음식을 장족 음식의 변방이라고 본다. 장족은 서북 음식을 티베트 내부로 꾸준히 전파했으며, 특히 고추 조미법의 전파에 있어서 중요한 역할을 했다. 청해 북동부는 고원 지역에서 유일한 고추 산지로, 티베트에서 사용하는 고춧가루는 주로 이 지역에서 재배하고 가공한다.

고추가 티베트로 건너간 것은 비교적 근래로, 대략 청나라 함풍 연간, 즉 19세기 중엽이다. 티베트어의 고추 발음은 영어와 비슷한데, 영국령 인도의 영향을 받은 것 같다. 사천의 매운 음식이 티베트 동부 캄(Kham) 지역에 영향을 미쳤을 수도 있지만, 그 파급력은 크지 않았다. 고원은 지리적 조건 탓에 고추 재배가 쉽지 않아서, 고추는 티베트에서 아주 느리게 퍼져 나갔다. 20세기 후반에 교통이 개선되면서, 고춧가루가 상업화된 조미료로서 고원 전역에서 널리 쓰이기 시작했다.

고원 지역에서 고추를 사용하는 방식을 보면, 여러 지역에서 영향을 받은 흔적이 보인다. 사천과 운남에는 고추와 다른 재료와 같이 사용해 마라(麻辣), 샹라(香辣), 셴라(鮮辣) 등과 같은 복합적이면서 다양한 맛을 낸다. 반면 고원의 매운 음식은 비교적 단순하여, 그저 순수한 매운맛만 난다.

고원에서는 생고추나 장(醬)보다 고춧가루로 많이 사용하는데, 이는 서북 음식의 영향을 많이 받은 결과이다. 서북 고춧가루는 색이 선명한 붉은빛이고, 향이 강하며, 적당히 매워 고원 지역에서 선호한다. 고원 음식은 바로 이 고춧가루로 매운맛을 낸다. 고원 지역은 네팔과 인도와 교류하면서 동남아시아 음식의 고추를 접했고, 중국 서남부 음식에서 고추의 조리법을 배웠다. 그리고 서북 음식에서 고 춧가루를 받아들여 매운맛을 내기 시작했다.

서북 음식 속의 고추

섬서(陝西)는 중국 서북 지역에서 고추 식용의 중요한 거점이다. 섬서에서는 고추를 유포라쯔(油潑辣子)로 만들어 면 요리에 더하거나, 소스로 사용한다. 이 방식은 서북 전역에 영향을 미쳤다. 이 점에 관해서는 2장 8절 「남북 차이」에서 다루었으므로, 반복하지 않는다.

만약 조사 범위를 북방 전(全) 지역으로 확대한다면, 섬서는 특수한 사례라는 것을 쉽게 알 수 있다. 동관에서 동쪽으로 섬서를 제외한 다른 지역, 즉 산서, 하북, 산동, 하남에서는 요리에 고추를 거의 사용하지 않는다. 설령 고추를 쓰더라도, 소스나 혹은 개인 취향에 따라 추가하는 정도에 그쳤다.

지난 30년간 북방 요리에서 종전보다 고추를 더 많이 사용하지만, 북방 요리는 매운맛을 낼 때 사천은 여전히 후추, 파, 마늘 등을 주로 사용하며 고추를 중시하지는 않는다. 섬서에서 고추를 널리 소비하기 시작한 것은 동치(同治) 연간 이후인데, 동치 연간에 섬서, 감숙 일대에서 발발했던 회족의 반란과 밀접한 관련이 있다고 필자는 생각한다. 민족 갈등이 격렬해지자, 전통 음식의 기반이었던 사회경제적 구조가 흔들렸다. 이를 계기로 서북 지역에서 고추가 빠르게 확산되었다. 반면 진(晋, 산서), 기(冀, 하북), 노(魯, 산동), 예(豫, 하남)의 네 성은 20세기 중반에도 일련의 사회 혼란을 겪었으나, 그렇다고 음식 문화의 토대가 무너지지는 않았다.

특히 산동 요리는 역사도 깊고 체계를 갖추고 있고, 탄성도 생명도 강해서, 맛이 '패도(霸道)' 같은 외래 산물 즉 고추를 받아들이지 않았다. 한편, 최근 동북 지역에 고추 요리가 많이 등장했는데, 3장 6절 「이주민의 입맛」에서 이미 논의했듯이, 이 현상은 이주민이 가져온 음식의 영향이라고 필자는 생각한다. 이는 대규모 인구 이동에 따른 결과이다. 필자가 시행한 현장 조사에 따르면, 동북 음식의 핵심적 내용은 산동 요리 계열에 속하며, 특히 잔치 요리에서 산동 음식의 전통이 뚜렷하게 나타난다. 고추는 동북 요리의 '피부[肌肤]'에만 영향을 미쳤을 뿐, '뼈대[筋骨]'는 여전히 산동 요리이다.

서북 지역은 오랜 기간 중앙아시아 여러 나라와 무역을 했었기 때문에 음식도 그 영향을 많이 받았다. 20세기 이전, 특히 신장(新疆) 음식은 중국 내륙보다 중앙아시아 이민족 음식과 더 가까웠다.

20세기 중반 이후 한족은 대거 신장으로 이주했는데, 이때 신장으로 다양한 음식이 따라 들어왔다. 예를 들어, 남방 이주민은 매운 고추와 쌀국수를 들여갔고, 서북색이 짙은 양념과 현지의 쌀국수가 만나, 남북이 섞인 독특한 맛을 빚어냈다. 신장의 유명한 음식인 '다판지(大盘鸡)'도 이주 문화의 산물이다. 다판지의 역사는 30년 남짓으로 짧지만, 이제 신장을 대표하는 요리가 되었다. 다판지의 원형은 '라쯔차오지(辣子炒鸡, 매운 고추 닭볶음)'로, 그 유래는 매우 복잡하다. 하남 사천, 귀주에서 유래했다는 주장과 현지에서 발명했다는 주장이 엇갈리지만, 확실한 것은 이 요리를 장거리 화물차 기사가 대중화시켰다는 것이다. 이들은 종래 '파오장후(跑江湖, 떠돌이 장사)'처럼 이곳저곳을 다니면서, 최근 수십 년 동안 여러 지역에서 음식의 유행을 주도했다. 수백 년 동안 조운선(漕運船) 선원이 강호 요리를 확신시킨 전통을 이들이 계승한 것이다.

현대 서북 음식에서 고추는 매우 중요한 역할을 한다. 고추가 없는 서북 음식은 상상이 가질 않을 정도이다. 하지만 좀 더 서쪽으로 가면, 중앙아시아 본래의 음식을 만날 수 있다. 중국 음식의 변방 유형, 즉 신장 음식이 중앙아시아에 스며들고 영향을 미치는 현상은 요즘 흔하게 볼 수 있다. 다시 말해, 중앙아시아로 중국 음식을 수출하는 것은 많지만, 반대로 중아시아에서 수입하는 것은 상대적으로 적다.

서북 음식은 고추를 많이 사용하는데, 이는 지역 내에서 자생적으로 형성된 문화적 특징이지, 중앙아시아 음식에서 영향을 받은 결과는 아니다. 중앙아시아 음식은 고추를 많이 사용하지 않는다. 서북 여러 민족, 이를테면, 몽골족, 회족, 위구르족, 카자흐족, 키르기스(Kyrgyz)족, 토족, 다우얼(达斡尔)족, 살라(撒拉)족, 시보(锡伯)족, 우즈베크족, 바오안(保安)족 등은 음식에 고추를 자주 사용한다. 이들 민족이 뿌리가 같은 중앙아시아 민족과 교류함에 따라, 고추는 중국에서 외부로 퍼져 나갔다. 서북의 여러 민족들이 청나라 말기 이후, 서북의 한족으로부터 고추를 받아들여 자기 민족 음식으로 내재화하고서, 다시 서쪽으로 전파하는 '2차 전파자' 역할을 했다.

서남 음식 속의 고추

중국 남서부 변방 지역 중, 특히 운남 음식은 미얀마와 태국 등 동남아시아 음식의 요소가 매우 짙다. 운남 서부와 남부에 사는 소수민족의 매운 음식은 동남아시아 음식과 거의 비슷하며, 식객이라면 중국 음식보다 동남아시아 음식을 먼저 떠올릴 것이다. 한편 운남 북부의 매운 음식은 지리적으로 가까운 사천과 귀주 지역 음식의 특성이 잘 드러난다. 즉 같은 매운 요리이지만, 운남성은 지역마다 맛의 특색이 다르다. 운남에는 최소 두 가지 이상의 매운맛이 공존한다. 운남의 이러한 음식 문화는 중국과 동남아시아의 접점에서 형성된 것으로, 중국 음식 분류 중 하위 유형에 속한다.

본 절에서 언급하는 '서남 지역'이란 운남성 내의 소수민족 거주 지역을 가리킨다. 중국 음식 문화의 핵심 지대인 사천 분지와 운남 고원, 귀주 고원의 한족 거주 지대는 제외된다. 서남 지역, 특히 운남성에는 소수민족이 많으므로, 편의상 소수민족을 두 가지 유형으로 나누어 살피는 것이 좋다.

첫째, 국내의 고추 음식에서 영향을 많이 받은 소수민족이 있다. 둘째, 해외에서도 동남아시아의 음식에서 영향을 받은 소수민족이 있다. 이 두 번째 유형을 중국어권에서는 '소수민족'이라고 부르지만, 동남아시아 여러 국가에서는 오히려 이들이 주류 집단에 속한다. 그래서 이들 음식에는 당연히 동남아시아의 요소가 많이 포함되어 있다. 서남 지역에서 고추를 받아들일 때 상황은 서북 지역과 청장고원 지역보다 훨씬 복잡하다. 왜냐하면 서남 지역의 경우 인도차이나반도는 중국 본토보다 더 이른 시기에 고추를 받아들여 음식에 사용했기 때문이다. 운남성 소수민족은 서남 외부 지역에서 고추 사용법을 배웠고, 동시에 동북쪽 한족 집거(集居) 지역에서 배우기도 했다(한족의 매운 음식은 역시 묘족과 토가족에서 기원함). 따라서 서남 지역으로 고추가 어떻게 들어 왔는지 그 유래는 매우 복잡하며, 이 지역에서 고추를 사용하는 방식도 매우 다양하다. 서남부 소수민족의 매운 음식은 상기한 두 방향의 영향을 동시에 받았다. 따라서 이 절에서 국내 영향 또는 국외 영향을 언급할 경우, 그것은 '영향력의 정도'를 기준으로 한 것이고, 동시에 한 방향에서만 영향을 받지 않았다는 것을 보여주려는 것이다.

첫 번째 유형인 중국 본토의 음식 문화 영향을 받은 서남 지역 소수민족들로는, 한족, 회족, 백족(白族), 나시족(纳西族), 이족, 묘족, 요족(瑶族), 장족(壮族), 하니족(哈尼族) 등을 꼽을 수 있다. 강희 연간부터 귀주의 묘족과 토가족이 고추를 음식에 사용하기 시작하면서부터, 고추는 서남 방향으로 매우 빠르게 퍼졌다. 건륭 연간에는 운남의 조통(昭通), 곡청(曲靖), 곤명(昆明), 옥계(玉溪), 초웅(楚雄) 지역에서 고추를 재배하고 먹었다는 기록이 잇달아 등장한다.

운남성에서 내륙으로 이어지는 상업 통로를 점유한 한족, 묘족, 요족, 장족은 고추 음식을 이른 시기에 받아들였고, 이후 서북쪽으로 이족, 백족, 나시족의 거주 지역으로 전파했다. 운남성에서 서북 산악 지대로 고추가 전파된 이후에, 대리(大理), 여강(麗江)에서 적경(迪慶)과 노강(怒江)으로 확산은 지리적 장애로 교역로가 막히면서 더디게 진행되었다. 그래서 접경 지역의 티베트족 고추 음식은 최근에 형성된 것이며, 주로 캄 지역과 티베트 내륙 지역의 영향을 받았다. 국내에서 고추 음식의 전파는 서남쪽에서도 막히는데, 옥계(玉溪), 석병(石屛), 건수(建水), 원양(元陽)을 잇는 선을 경계로 하여 더는 서쪽으로 나아가지 못했다.

요즘 운남에서 유행하는 '태족의 매운 음식'은 외래 음식의 영향을 받은 것이다. 운남에서는 고추를 대개 '잔수이(蘸水)'로 만들어 소비하는데, 고추와 기타 향신료를 빻아 가루로 만들고, 여기에 소금을 넣어, 먹을 때 찍어 먹는 방식이다. 이름은 '蘸水(물에 찍어 먹는다는 의미임)'이지만, 실제로는 고춧가루 같은 조미료이며, 일부 지역에서는 먹을 때 기름이나 물을 섞어 사용하기도 한다. 이 방식은 사천, 귀주와 다르고, 또 서북의 또 다른 지역과도 다르다.

우선 운남의 '잔수이'는 바짝 마른 형태로, 고춧가루에 다른 양념을 많이 첨가한다. 운남의 이외의 다른 서북 지방에서도 고춧가루를 '마른 형태'로 사용하지만, 이때 이 지역에서는 오직 고춧가루만 사용한다.

'다른 재료를 첨가한다'라는 측면에서 보면 사천과 귀주의 '라자오장(辣椒酱)'과 비슷하지만, 운남과 달리 사천과 귀주는 습기를 먹은 퍼석한 상태로 만든다. 운남의 '잔수이'는 귀주와 사천의 영향을 받아 고추에 다른 양념을 첨가하면서 발전하는 것이 아닌가라고 필자는 추측한다. 그러나 운남의 기후는 귀주와 사천과 매우 다른데, 일조 시간이 더 길고 비교적 건조해서 고추를 말리고 보관하기가 쉽다. 또한 운남의 교역로는 대개 산길이어서 운송이 어려우므로, 말려서 운반하는 것이 더 편리하다. 이런 여러 이유로 운남은 독특한 고추 식용 문화가 탄생한다.

두 번째 유형인 주로 외래 영향을 받아 매운맛 전통을 형성한 서남의 소수민족으로는 '태족, 와족, 하니족, 징포족(景颇族), 라후족(拉祜族), 리수족(傈僳族), 더앙족(德昂族), 불랑족(布朗族)' 등이 있다. 이 소수민족에 관한 중국 문헌은 거의 없어, 그들이 언제부터 매운 음식을 먹기 시작했는지, 어디에서 유래했는지 고증하기 어렵다. 필자는 인도차이나반도에서 중국보다 이른 시기에 고추를 먹기 시작했을 것이라고 추측한다. 따라서 장강 유역에서 매운 음식이 확산하기 시작한 시점과 메콩강에서 매운 음식이 북상한 시점은 거의 동시이며, 운남은 이 두 지역의 중간에 위치하므로, 두 지역 음식은 자연스럽게 운남에서 결합한다. 인도차이나반도에서 매운 음식이 북상할 때, 태족이 핵심적 역할을 했다.

　태국은 오래전부터 고추를 식용했는데, 태국 민족과 관계가 깊은 태족에 관한 역사적 기록은 매우 적다. 이와 동시에 태족과 가까운 거리에 사는 와족, 하니족, 불랑족—와족은 하니족, 이족과 혈연적으로 가깝지만, 지리적 장벽이 있어 태족의 영향을 받았을 것이다—도 역시 인도차이나반도의 매운 음식에서 영향을 받았을 것 같다. 헝두안산맥(橫斷山脉)에 가로막혀, 운남 서부 지역과 내륙 지역은 상로가 끊겨 교류가 거의 없었다. 더훙(德宏), 바오산(保山) 일대 등에 거주하는 징포족과 더앙족, 그리고 누장(怒江) 협곡 지역에 거주하는 리수족의 고추 식문화는 미얀마의 영향을 받아, 매운맛이 미얀마와 유사하고 운남 대륙과는 차이가 크게 난다.

　종합하자면, 운남의 매운 음식은 인도차이나반도의 영향을 받았는데, 특히 미얀마와 태국의 영향이 두드러지다. 인도차이나반도와 중국 본토는 도입한 고추의 품종도 달랐고, 또 품종에 대한 선호도 달라서, 음식에 사용하는 고추는 당연히 다를 수밖에 없다. 중국의 '조천초(朝天椒)'와 동남아시아에서 상용하는 '태초(泰椒)'는 형태가 서로 비슷하지만, 태초는 열매가 아래를 향하는 특성이 있다. 또 매운맛은 태초가 조천초보다 훨씬 강하다. 따라서 태초는 향을 중시하는 중국 식문화와는 맞지 않는다.

　중국 현대 식문화에서 중요한 고추는 여러 측면에서 남아시아와 동남아시아의 영향을 제일 많이 받았다. 국내 고추 식문화에서, 변방 유형은 고원과 서북, 서남의 세 곳이다. 그중 서북 지역은 주로 국내 다른 지역의 영향을 받았는데, 즉 관중에서 서쪽으로 전파된 것이다. 고원 지대의 고추 식문화는 국내의 서북 변방과 사천 지역(사천이 중심적 역할을 함), 그리고 남아시아 등 국외 지역의 영향을 함께 받아 형성되었다. 이를테면 고원 식문화에서 고추를 사용하는 방식은 서북과 비슷하지만, 고추를 음식에 활용하는 방식은 남아시아, 특히 네팔과 인도의 영향을 많이 받은 것으로 보인다.

서남의 음식을 구성하는 여러 재료 중에서, 특히 고추가 특히 기원, 출처 등 여러 측면에서 명확하지 않다. 귀주, 사천에서 받은 영향도 있고, 미얀마, 태국, 라오스 등지에서 온 영향도 있다. 운남의 민족 구성이 매우 다양하기 때문에, 서남의 식문화에는 외래 요소가 많다. 외래 요소와 국내 요소가 상호작용하여 서남 지역에서 독특하고 복합적인 전통이 형성된 것이다. 민족을 기준으로 서남 지대의 고추 문화를 구분하면, 서남 지역 내 북동부는 국내 전통의 영향을, 남서부는 외래 전통의 영향을 많이 받았다고 할 수 있다.

역자의 말
불가근불가원(不可近不可遠)

이 책을 읽는 분이시면, 중국 대륙에서 〈토황소격문(討黃巢檄文)〉으로 문명(文名)을 떨친 최치원(崔致遠)을 잘 아시리라. 외국인 특별 전형이 아니라, 당시 중국인과 같은 조건에서 빈공과에 급제한 희대의 천재, 그때 그의 나이 18세였다. 일찍 도당(渡唐) 유학길에 오른 덕분인지, 고운(孤雲)의 글은 마치 본토인이 쓴 것처럼 유려하고 아취가 넘친다. 그런 그가 고국에 돌아와 쓴 〈난랑비서(鸞郎碑序)〉는 이렇게 시작한다. "나라에 현묘한 도가 있으니, 이를 풍류라 한다(國有玄妙之道曰 風流)."

워낙 유명해서 의미를 설명하는 것은 사족(蛇足)일테고, 짚고 넘어가려는 것은 '風' 자이다. 굳이 한자를 따로 공부하지 않았더라도, '바람 풍'은 다 아실 터, 이 글자를 현대에서 '풍'으로 읽는데, 신라 독음을 따른 것이다. 당나라 때 중국 발음이 'puwŋ'으로 이었으니, 본토 영향이 강했던 신라에서 '풍'으로 읽었을 것이다. 입증할 만한 문헌이 없어 확증은 할 수 없다.

어쨌든 한자는 우리에게 외국어이고, 외국어는 처음 받아들였을 때 그 발음이 거의 변하지 않는다. 그러나 상용하는 중국에서 같은 글자라도 발음의 변화가 심하다. 이런 사례는 현대 한국어에서도 쉽게 찾아볼 수 있다. 그렇다면 당나라 이전 '風'을 어떻게 읽었을까? 즉 '風'의 상고음(上古音)은 무엇일까? 놀라지 마시라. 'prəm'이다. 이 발음 현재 우리가 쓰는 '바람'에 가깝다. 문헌이라는 증거를 두고 말하면 '바람'은 순우리말이 아니라, 중국말이 된다. 한국에서 중국으로 건너갔는지, 아니면 중국에서 한국으로 왔는지 지금으로선 확인할 길이 없다.

하여튼, 중국과 우리는 상당히 오랜 시간을 교류했다는 사실 이 글자만 봐도 알 수 있다. 지리적 위치상, 우리가 중국에서 받은 것이 더 많을 수밖에 없다. 이들 두고 문화적 우위를 논하는 것은 우둔한 짓이다. 문화란 본디 개방적일 때 더 발전하는 법, 석굴암이라는 위대한 작품이 그냥 만들어졌겠는가! 신라인의 개방적 자세에다 한국인 특유의 섬세한 손길이 더해져 탄생한 것이 아니겠는가?

현재 한국에서 근거 없이 떠도는 '혐중(嫌中)' 혹은 '짱게라는 경시' 풍조가 염려스러워 장황하게 서두를 꺼냈다. 이들 대부분은 중국에 대해 무지하다. 중국은 국토도 크고 역사도 길다. 따라서 단면만 보고 평가하는 것은 심각한 오류를 낳는다. 역자는 어쩌다 베이징에 오래 머물렀는데, '김치의 원산지가 중국'이라고 주장하는 사람을 만난 적이 단 한 번도 없다. 오히려 한국 음식을 좋아해서 요리법에 대해 묻는 사람을 더 많이 만났다. 도대체 이 낭설은 어디서 유래했는가? 또, 까닭도 없는 '혐오'는 누가 조장하고 있는가? 지금과 가까운 조선

후기만 하더라도 '소중화(小中華)'라고 자부심을 가지지 않았던가?

중국에 대한 인식이 변화하기 시점은 조선 패망 직전까지 거슬러 올라간다. 물론 이것이 단 하나의 이유는 아니다. 당시 약소국이었던 조선은 열강으로 침탈로부터 독립할 필요성을 절감한다. 그 의지를 만천하에 천명한 상징이 바로 1898년 완성한 독립문(獨立門)이다. 디자인은 한때 대역죄인이었다 복권한 서재필(徐載弼)이 맡았다. 서재필이 주도해서 창간한 신문이 그 유명한 <독립신문>이다. <독립신문>에서 독립문 낙성을 세계 만방에 알리려고 영문판에 아래의 글을 싣는다.

> This arch means independence not from China alone but from Japan from Russia and from all European powers. (이 문은 청나라뿐만 아니라 일본과 러시아, 모든 유럽 열강들로부터의 독립을 상징한다).
>
> <독립신문> 영문판 1896년 6월 20일.

주지하다시피, 10여 년 후 조선은 역사 속으로 사라진다. 그런데 일제(日帝)는 왜 이 문을 남겨두었을까? '독립'의 '독'자만 들어도 경기를 일으킨 녀석들이 아닌가? 여기에 일본인 특유의 잔꾀가 들어간다. 즉 '조선이 청나라로부터 독립을 선언한 것'이라고 역사를 날조한 것이다. 동시에 중국에 대한 혐오를 부추기면서 자신은 선한 양(羊)으로 둔갑한다. 때론 진실보다 거짓이 힘이 더 세다. 한번 뿌리박히면 거짓은 무의식처럼 사라지지 않고 끝없이 오류를 확대 재생산한다. 길게 보면, 현재 막연한 '혐중' 정서의 연원은 여기에 있다. 이 이상한 감정을 버리지 못하면 여전히 일제 잔재 속에 사는 것이 된다.

중국은 역사와 문화가 깊어, 이를 제대로 이해하려면 여러 분야를 섭렵해야 한다. 다각적으로 검토하지 않으면 반드시 곡해하게 된다. 실례를 들자면, 현대 중국을 단지 사회주의 국가로 보는 것은 중국에 대해 아무것도 모르는 것과 다를 바 없다. 사회주의 체제 안에 유교, 법가, 도교, 성리학 등이 모두 녹아 있다. 이를 등한시한다면, 대중국 정책은 필패할 것이다.

중국에 좀 더 다가가려 키워드를 찾다 발견한 것이 이 책이다. 마라탕이나 탕후루의 열풍이 입증하듯, 중국 음식에 대한 관심이 날로 높아지고 있다는 점도 이 책을 선택할 때 고려했다. 음식 특히 흔한 요리를 연구하는 것은 매우 어렵다. 이를테면, '라면'에 대한 조리법이나 재료에 대해서 누가 기록을 남기겠는가! 여러 악조건에도 불구하고, '고추'라는 단일 품목에 대해 이토록 깊고 자세한 연구를 하신 차오위(曹雨) 선생께 경의를 표한다. 역자가 막히는 부분을 질문하면 성의를 다해 가르쳐 주셨다. 전체 번역은 필자가 맡았고, 친구 왕레이(王蕾)가 전체를 읽고 오류를 바로잡아 주었다. 공으로 따지자면, 왕레이의 공이 더 크다. 한국인이 캐치할 수 없는 미묘한 어감을 가르쳐 준 동학 샤오천녠(肖諶念)에게 감사드린다. 중국인인 그녀는 전남대 국문학과 석·박사 학위를 했는데, 어떤 때 필자보다 한국어에 더 능숙한 것 같다. 한국인과 결혼해서 출산을 앞두고 몸이 무거운데도, 필자의 성가신 질문에 흔쾌히 답을 주었다. 성실하고 경쾌하게 출판을 진행해 주신 김효진 대표와 디자이너 우주님께도 고마움을 전한다. 이 책이 한중 문화 교류에 도움이 되기를 간절히 희망한다.

2025년 가을, 베이징에서 윤지산.

1. 사적(史籍)·지방지(方志)·자서(字書)·필기(筆記)·소설·잡항 등

[1] (汉) 许慎. (宋) 徐铉校. 说文解字[M]. 北京:中华书局, 1963.
[2] (东晋) 常璩. 刘琳校. 华阳国志校注[M]. 成都:巴蜀书社, 1984.
[3] (明) 李时珍. 本草纲目. 钦定四库全书本, 1792.
[4] (清) 蒋深. 思州府志:卷四·物产. 增补刻本, 1722.
[5] (清) 范咸. 重修台湾府志, 1747.
[6] (清) 赵学敏. 本草纲目拾遗, 1765.
[7] (清) 张玉书. 康熙字典. 北京:中华书局, 1958.
[8] (清) 曹雪芹. 红楼梦. 北京:人民文学出版社, 1982.
[9] (清) 袁枚. 随园食单. 南京:江苏古籍出版社, 2000.
[10] (清) 徐珂. 清稗类钞·饮食类. 北京:中华书局, 2010.
[11] 辣妹子. 歌手:宋祖英, 填词:余志迪, 谱曲:徐沛东.
[12] 圣经·中文和合本. 中国基督教三自爱国运动委员会, 中国基督教协会, 2007.

2. 인터넷 사이트

[13] 大众点评网- 美团网:餐饮门店数据.
[14] 联合国粮农署:FAO STAT, http://www.fao.org/statistics/en/.
[15] 中国国家统计局:2010年第六次全国人口普查数据.
[16] 中国哲学书电子化计划, https://ctext.org/zh.
[17] 中华人民共和国农业部:中国农业资源信息系统, http://www.data.ac.cn/ny/.

3. 전문 서적

[18] 湖南调查局编印, 劳柏文校点. 湖南民情风俗报告书·湖南商事习惯报告书[M]. 长沙:湖南教育出版社, 2010.
[19] 陈志明, 公维军, 孙凤娟译. 东南亚的华人饮食与全球化[M]. 厦门:厦门大学出版社, 2017.
[20] 梁方仲. 中国历代户口、田地、田赋统计(梁方仲文集)[M]. 北京:中华书局, 2008.
[21] 梁实秋. 雅舍谈吃[M]. 武汉:武汉出版社, 2013.
[22] 马文·哈里斯. 叶舒宪, 户晓辉译. 好吃:食物与文化之谜[M]. 济南:山东画报出版社, 2001.
[23] 韶山毛泽东纪念馆编著. 毛泽东生活档案. 北京:中共党史出版社, 2006.
[24] 彭兆荣. 饮食人类学, 第一版. 北京:北京大学出版社, 2013.
[25] 汪曾祺. 人间滋味[M]. 天津:天津人民出版社, 2014.
[26] 吴晗. 灯下集[M]. 北京:生活·读书·新知三联书店, 1960.
[27] 薛爱华. 吴玉贵译. 唐代的外来文明(撒马尔罕的金桃)[M]. 北京:中国社会科学出版社, 1995,

322.

[28] 曾智中, 尤德彦. 张恨水说重庆[M]. 成都:四川文艺出版社, 2007.

[29] 张应强. 木材之流动:清代清水江下游地区的市场、权力与社会[M]. 上海:三联书店, 2006.

[30] 张展鸿. 饮食人类学, 载招子明、陈刚主编:人类学, 中国人民大学出版社, 2008.

[31] 周作人, 陈子善. 知堂集外文·四九年以后[M]. 长沙:岳麓书社, 1988.

[32] [法] 克洛德·列维-斯特劳斯. 周昌忠译. 神话学:餐桌礼仪的起源[M]. 北京:中国人民大学出版社, 2007.

[33] [法] 克洛德·列维-斯特劳斯 .张祖建译. 结构人类学[M]. 北京:中国人民大学出版社, 2009.

[34] [美] 大贯惠美子. 石峰译. 作为自我的稻米:日本人穿越时间的身份认同[M]. 杭州:浙江大学出版社, 2014.

[35] [美] 冯珠娣. 郭乙瑶等译. 饕餮之欲[M]. 南京:江苏人民出版社, 2009.

[36] [美] 黄宗智. 华北的小农经济与社会变迁[M]. 北京:中华书局, 2000.

[37] [澳] 杰克·特纳. 周子平译. 香料传奇——一部由诱惑衍生的历史, 第二版[M]. 北京:三联书店, 2015.

[38] [美] 乔纳森·弗里德曼. 郭健如译. 文化认同与全球性过程[M]. 北京:商务印书馆, 2003.

[39] [美] 乔治·里茨尔. 顾建光译. 社会的麦当劳化[M]. 上海:上海译文出版社, 1999.

[40] [美] 西敏司. 王超, 朱建刚译. 甜与权力:糖在近代历史上的地位, 第一版[M]. 北京:商务印书馆, 2010.

[41] [美] 尤金·安德森. 马孆, 刘东译. 中国食物[M], 第一版. 南京:江苏人民出版社, 2002.

[42] [挪威] 弗雷德里克·巴斯. 李丽琴译. 族群与边界:文化差异下的社会组织[M]. 北京:商务印书馆, 2014.

[43] [挪威] 弗雷德里克·巴特等. 高丙中等译. 人类学的四大传统[M]. 北京:商务印书馆, 2008.

[44] [英] 莫克塞姆. 毕小青译. 茶:嗜好, 开拓与帝国[M]. 北京:三联书店, 2010.

[45] Anderson, E.N. Everyone Eats:Understanding Food and Culture, Second Edition[M]. New York:New York University Press, 2014.

[46] Ayto, John. The Glutton's Glossary:A Dictionary of Food and Drink, Terms[M]. London:Routledge.1990.

[47] Miller, Mark;Harrisson, John. The Great Chile, Book[M]. Ten Speed Press, 1991.

4. 학술 논문

[48] 曹雨. 两个莲香楼的启示[J]. 广西师范学院学报(哲学社会科学版), 2016, (06):135-139+151.

[49] 陈春声, 刘志伟. 贡赋、市场与物质生活——试论18世纪美洲白银输入与中国社会变迁之关

系[J]. 清华大学学报(哲学社会科学版), 2010, (05).

[50] 陈志明, 丁毓玲译.马六甲早期华人聚落的形成和涵化过程[J]. 海交史研究, 2004(2):1-11.

[51] 丁晓蕾, 王思明.美洲原产蔬菜作物在中国的传播及其本土化发展[J]. 中国农史, 2013, (05).

[52] 段颖, 梁敬婷, 邵荻.原真性、去地域化与地方化——沙县小吃的文化建构与再生产[J]. 北方民族大学学报(哲学社会科学版), 2016, (06):74-79.

[53] 胡乂尹. 明清民国时期辣椒在中国的引种传播研究[D]. 南京农业大学, 2014.

[54] 黄章晋. 穷人重口味, 富人淡口味？[A]. 神州民俗杂志社.2015年01月民俗非遗研讨会论文集[C]. 神州民俗杂志社, 2015:5.

[55] 蒋慕东, 王思明. 辣椒在中国的传播及其影响[J]. 中国农史, 2005, (02):17-27.

[56] 蓝勇. 中国古代辛辣用料的嬗变、流布与农业社会发展[J]. 中国社会经济史研究, 2000, (04):13-23.

[57] 蓝勇. 中国饮食辛辣口味的地理分布及其成因研究[J]. 人文地理, 2001, (05):84-88.

[58] 李鹏飞. 历史时期"代盐"现象研究[J]. 盐业史研究, 2015, (01):72-79.

[59] 李昕升, 王思明.中国古代夏季蔬菜的品种增加及动因分析[J]. 古今农业, 2013, (03):50-55.

[60] 彭兆荣, 肖坤冰. 饮食人类学研究述评[J]. 世界民族, 2011, (03):48-56.

[61] 尚雪云. 民国西安饮食业发展初探[D]. 陕西师范大学, 2015, 16.

[62] 史幼波. 百味咸为先, 中国国家地理, 2005年 01期.

[63] 吴燕和. 港式茶餐厅——从全球化的香港饮食文化谈起[J]. 广西民族学院学报(哲学社会科学版), 2001, (04):24-28.

[64] 许琦, 徐玉基. 箬岭古道明珠·许村[M].合肥:合肥工业大学出版社, 2011:181.

[65] 姚伟钧. 民国时期武汉的饮食文化[J]. 楚雄师范学院学报, 2013, 28(07):6-10.[2017-08-18].

[66] 叶静渊. 我国茄果类蔬菜引种栽培史略[J]. 中国农史, 1983, (02):37-42.

[67] 张光直.郭于华译. 中国文化中的饮食——人类学与历史学的透视.中国食物[M]. 南京：江苏人民出版社, 2002.

[68] 郑南. 关于辣椒传入中国的一点思考[J]. 农业考古, 2006, (04):177-184.

[69] 林青. 中国本草传说的分型、叙事特征及价值[D]. 中央民族大学, 2010.

[70] 中国都市之分布. 地理学报, 1937年, 第四卷 第一期.

[71] 朱多生. 民国时期的成都餐馆初探[J]. 楚雄师范学院学报, 2013, 28(07)：11-19+26.[2017-08-18].

[72] 资中筠. 从文化制度看当代中国的启蒙. 爱思想,
　　http://www.aisixiang.com/data/100858.html, accessed2017/10/17.

[73] "Chile Heat"(PDF). Chile Pepper Institute, New Mexico State University.2006.

Archived from the original(PDF)on October 16, 2012.Retrieved September 14, 2012.

[74] Boecker H, Sprenger T, Spilker ME, Henriksen G, Koppenhoefer M, Wagner KJ, Valet M, Berthele A, Tolle TR(November 2008). "The runner's high：opioidergic mechanisms in the human brain". Cerebral Cortex.18(11)：2523-31.

[75] Collins, M.D.；et al.(1995). "Improved Method for Quantifying Capsaicinoids in Capsicum Using High-performance Liquid Chromatography". HortScience.30：137-139.

[76] Gilles Deleuze and Félix Guattari. 1972. Anti-OEdipus. Trans .Robert Hurley, Mark Seem and Helen R. Lane. London and New York：Continuum, 2004.

[77] Lévi-Strauss, Claude(Autumn 1966). Peter Brooks(trans.). "The Culinary Triangle". The Partisan Review.33：586-96.

[78] Peter, K.V.(2012). Handbook of Herbs and Spices. Elsevier Science. p.127.

[79] Pickersgill, Barbara. The archaeological record of chili peppers(Capsicum spp.) and the sequence of plant domestication in Peru. American Antiquity, 1969, Vol.34, No.1, pp.54-61.

[80] Rozin, Paul；Guillot, Lily；Fincher, Katrina；Rozin, Alexander；Tsukayama, Eli. Glad to be sad, and other examples of benign masochism. Judgment and Decision Making；Tallahassee8.4(Jul 2013).

매운맛의 중국사: 고추의 문화인류학

1판 1쇄   2025년 11월 18일
ISBN   979-11-92667-43-0 (03910)

저자   차오위
번역   윤지산
편집   김효진
교정   이수정
제작   재영 P&B
디자인   우주상자
펴낸곳   마르코폴로
등록   제2021-000005호
주소   세종시 다솜1로9
이메일   laissez@gmail.com
페이스북   www.facebook.com/marco.polo.livre

책 값은 뒤표지에 있습니다. 잘못된 책은 교환하여 드립니다.

마르코폴로의 책

기억의 장례:
문화대혁명 이후의 나날들
타냐 브레니건 지음 | 박민희 옮김

타냐 브레니건은 "문화대혁명을 이해하지 않고서는 오늘날 중국을 이해하는 것은 불가능하다"고 썼다. 1966년부터 1976년까지 마오이즘 광신주의가 10년 동안 지속되는 동안 아이들은 부모에게 등을 돌렸고, 학생들은 교사를 비난했다. 무려 200만 명이 정치적인 이유로 인해 목숨을 잃었고, 수천만 명이 배척당하고 투옥되었다. 그러나 중국에서는 이 잔혹하고 끔찍한 시기의 기억이 비어 있는 공간처럼 남아 있다. 공식적인 탄압과 개인적인 트라우마가 공모하여 국가 기억 상실을 초래한 것이다.

『기억의 장례: 문화대혁명 이후의 나날들』은 광기 속에서 살아온 개인들의 인터뷰를 통해 40년의 침묵을 폭로한다. 이 시대가 어떻게 한 세대를 정의하고 오늘날 중국에 계속 영향을 미치는지를 탐색하면서 저자는 다음과 같이 묻는다. "가장 가까운 사람들을 더 이상 신뢰할 수 없게 되면 사회는 어떻게 될까요? 과거가 묻히고, 착취되고, 다시 그려지면 현재는 어떻게 될까요? 그리고 최악의 상황이 지나갔을 때 어떻게 혼자 생활하시나요?"

『매운맛의 중국사』는 고추라는 식물을 통해 인간의 미각, 계급, 신체, 사회의 변화를 추적한 문화인류학적 역작이다. 16세기 남미에서 출발해 17세기 중국 귀주(貴州)에서 음식 재료로 정착하기까지, 고추는 단순한 향신료가 아니라 생존의 기술이자 사회적 은유로 기능했다.

책은 세 부분으로 구성된다.
1부에서는 고추의 전래와 확산 과정을, 2부에서는 매운맛이 중국인의 몸과 문화 속에 어떻게 편입되었는지를, 3부에서는 고추가 사회 계층과 정치적 변동 속에서 어떤 상징으로 기능했는지를 탐구한다. "매운맛은 혀의 문제가 아니라 권력의 문제"라는 저자의 분석은, 고추가 서민의 밥상에서 시작해 결국 중국의 정체성을 형성하게 된 과정을 설득력 있게 보여준다.

한국 독자에게도 이 책은 특별한 의미를 가진다.
매운맛을 사랑하는 한국의 식문화는 중국 남부의 '마라(麻辣)' 문화와 긴밀히 연결되어 있으며, 오늘날 한·중 양국의 식탁은 서로의 향신료와 감각을 주고받고 있다. 『매운맛의 중국사』는 이처럼 '맛의 교류사'이자 '감각의 인류학'이며 미각의 역사서다.

값 22,000원
ISBN 979-11-92667-43-0 (03910)